LA
SOCIÉTÉ FRANÇAISE

DU XVIᵉ SIÈCLE AU XXᵉ SIÈCLE

PAR

VICTOR DU BLED

VIᵉ SÉRIE

XVIIIᵉ SIÈCLE

LES MÉDECINS AVANT ET APRÈS 1789
L'AMOUR AU XVIIIᵉ SIÈCLE

Librairie académique PERRIN et Cⁱᵉ

LA SOCIÉTÉ FRANÇAISE

DU XVIe AU XXe SIÈCLE

XVIIIe SIÈCLE

OUVRAGES DU MÊME AUTEUR

La Société française du XVI au XX siècle : LA SOCIÉTÉ, LES FEMMES DU XVI SIÈCLE ; L'ACADÉMIE DE CHARLES IX ET DE HENRI III ; LE ROMAN DE L'ASTRÉE ; LA COUR DE HENRI IV ; L'HOTEL DE RAMBOUILLET ; LES AMIS DU CARDINAL DE RICHELIEU ; LA SOCIÉTÉ DE PORT-ROYAL. 1re série, 1 vol. in-12. Perrin.

La Société française du XVI au XX siècle : LES PRÉDICATEURS ; LE CARDINAL DE RETZ ; LA FAMILLE DE MAZARIN ; LE SALON DE Mlle DE SCUDÉRY ; LES AMIS DE Mme DE SÉVIGNÉ ; MODES ET COSTUMES, 2 série, 1 vol. in-12. Perrin.

La Société française du XVI au XX siècle : LES DIPLOMATES ; LES GRANDES DAMES DE LA FRONDE ; LA COUR, LES COURTISANS, LES FAVORIS, 3 série, 1 vol. in-12. Perrin.

La Société française du XVI au XX siècle : LA SOCIÉTÉ ET LES SCIENCES OCCULTES ; LES COUVENTS DE FEMMES AVANT 1789 ; LES LIBERTINS ET SAINT-ÉVREMOND ; LA GRANDE MADEMOISELLE ; L'AMOUR PLATONIQUE AU XVII SIÈCLE, 4 série, 1 vol. in-12.

La Société française du XVI au XX siècle : LES MAGISTRATS ET LA SOCIÉTÉ FRANÇAISE ; UNE FEMME PREMIER MINISTRE ; LE SALON DE LA MARQUISE DE LAMBERT ; Mme DE TENCIN ; LA COUR SOUS LOUIS XV ET LOUIS XVI, 5 série, 1 vol. in-12. Perrin.

Histoire de la Monarchie de Juillet, 2 vol. in-8. Calmann-Lévy, éditeur.

> Couronné par l'Académie française : Prix Thérouanne.

Les Causeurs de la Révolution, 1 vol. in-12. Calmann-Lévy.

> Couronné par l'Académie française : Prix Montyon.

Le Prince de Ligne et ses Contemporains, 1 vol. in-12. Calmann-Lévy.

Orateurs et Tribuns (1789-1794), 1 vol. in-12. Calmann-Lévy.

La Société française avant et après 1789, 1 vol. in-12. Calmann-Lévy.

La Comédie de Société au XVIII siècle, 1 vol. in-12. Calmann-Lévy.

LA
SOCIÉTÉ FRANÇAISE

DU XVIᵉ SIÈCLE AU XXᵉ SIÈCLE

PAR

VICTOR DU BLED

~~~~~

VIᵉ SÉRIE

XVIIIᵉ SIÈCLE

LES MÉDECINS AVANT ET APRÈS 1789
L'AMOUR AU XVIIIᵉ SIÈCLE

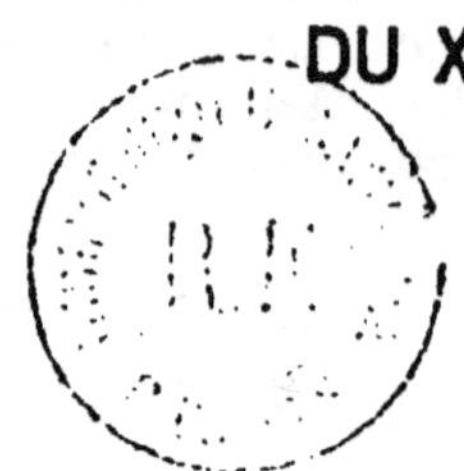

PARIS

LIBRAIRIE ACADÉMIQUE
PERRIN ET Cⁱᵉ, LIBRAIRES-ÉDITEURS
35, Quai des Grands-Augustins, 35
1908
~~~~~

A MONSIEUR LE PROFESSEUR LOUIS LANDOUZY

Membre de l'Académie de Médecine

Doyen de la Faculté de Médecine de Paris

TRÈS RECONNAISSANT HOMMAGE D'UN MALADE, D'UN AMI FIDÈLE

VICTOR DU BLED

LES

MÉDECINS AVANT ET APRÈS 1789

———— ❊ ————

Comme le drame, la médecine en Grèce a une origine religieuse : les temples d'Asclépios ou Esculape, dieu guérisseur par excellence et fils d'Apollon, sont les premiers hôpitaux, les prêtres les premiers médecins; les malades viennent en foule chercher la guérison dans ses sanctuaires de Cos, Cnide, Rhodes, Cyrène, Épidaure, etc... Peu à peu une tradition médicale s'établit; autour de chaque temple se forme une corporation de médecins qui, se plaçant sous le patronage d'Asclépios, s'appelaient Asclépiades, confrérie laïque indépendante, allant exercer son art dans différentes villes. A côté de ceux-ci surgirent, au ve siècle, des philosophes, des sophistes, qui prétendaient échapper à toute tradition, tout savoir, tout expliquer, ne relever que de la raison, et qui portaient dans leurs recherches plus d'indépendance scientifique, plus de méthode et d'esprit positif. Les médecins grecs furent alors les premiers du monde civilisé, et le nom d'Hippocrate domine tous les autres.

Les temples d'Asclépios, installés comme de vérita bles sanatoria sacrés, étaient tapissés d'innombrables *ex-voto*, reproductions partielles de la personne guérie, plaques, bas-reliefs, vases, cassolettes, encensoirs, pierres précieuses, instruments de musique, trépieds sacrés, terres cuites de formes variées représentant souvent un coq (la mode de consacrer un coq à Esculape se prolongea fort longtemps). Un autre usage bien plus raisonnable était de ne payer les dieux et les médecins qu'après guérison. Chaque temple avait son grand prêtre, désigné par le sort, pour un an en général, chargé de gouverner le *zacore*, le *cleidouque*, le *pyrphore*, les femmes attachées au sanctuaire, de régler les dépenses et l'entretien des serpents et des chiens, toujours associés dans le culte d'Esculape.

Les prêtres n'étaient pas médecins, mais la vue d'une foule de malades leur donnait quelque expérience empirique ; avant tout, ils servaient d'intermédiaires entre le dieu et le dévot, et combinaient avec soin la mise en scène, afin d'obtenir un miracle dans l'imagination du client; d'où sacrifices publics, fêtes religieuses, Epidauria, Asclepeia, incubation. Le malade, une fois purifié par l'immersion dans l'eau de la source de l'Asclépeion, assistait à une sorte d'office, puis s'installait sous les portiques. La nuit sacrée commençait. Alors, dans l'émotion mystique de l'attente exacerbée par la souffrance, Asclépios appa-

raissait en songe, indiquant à chacun, soit un traitement, soit une expiation préparatoire. Le lendemain
matin, les prêtres se chargeaient d'exécuter ou d'inter-
préter l'ordonnance divine. Comme le culte s'étendait
sans cesse, qu'Asclépios et sa fille Hygieia se
voyaient en quelque sorte débordés, les prêtres en
vinrent à faire de la médecine sacrée une véritable
entreprise médicale ; le dieu choisit des intermédiaires, comme Apollonius de Tyane, qui pouvaient guérir
à sa place. Puis les prêtres et les gardiens du temple
purent se livrer aux songes, et il y eut ainsi des *son-
geurs attitrés* : ou bien encore, ils se présentaient
sous le déguisement d'Esculape aux malades, et ceux-
ci croyaient l'avoir vu en personne, avoir entendu ses
oracles. Cette thérapeutique, assez variée, obtenait
souvent de bons résultats ; le traitement hygiénique y
jouait un rôle important. Asclépios-Esculape recommande la chasse, l'équitation, la gymnastique, l'hydro-
thérapie froide, les spectacles plaisants, la musique ; à
la gymnastique du corps, il joint, suivant les circonstances, la gymnastique intellectuelle.

Jaloux des gros honoraires du dieu spécialiste,
l'Olympe entier, dit Vercoustre, voulut faire de la
médecine ; Vénus se mit à guérir les tumeurs du men-
ton, Diane d'Éphèse traita les maladies des yeux,
Apollon fit concurrence à son fils. Mais la médecine
scientifique avait grandi, faisant reculer sur tous les
points la médecine miraculeuse ; Galien, couronnant
l'œuvre d'Hippocrate, jeta les fondements de la physiologie, en allant voir aux fêtes religieuses comment

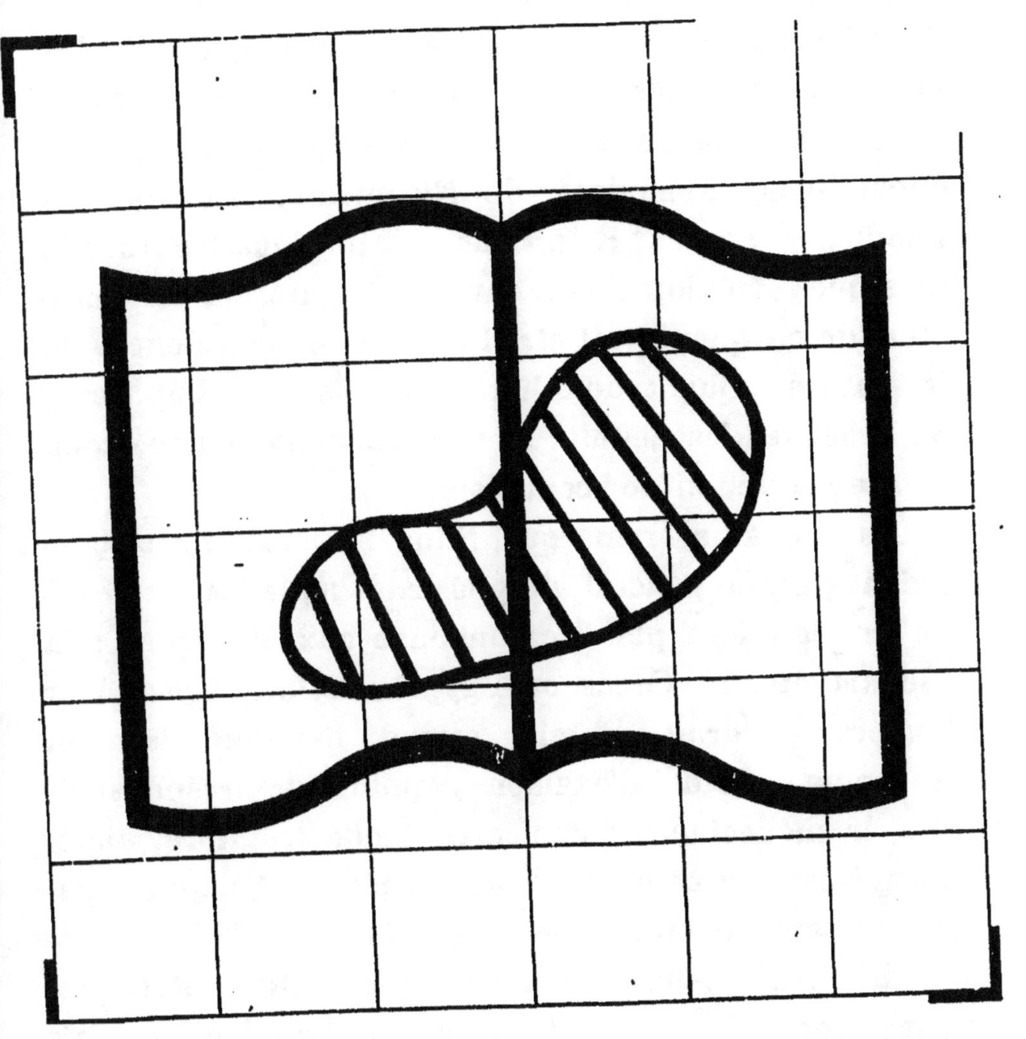

tombent et meurent les victimes : vers l'an 400, les temples d'Asclépios avaient à peu près disparu, mais non la médecine religieuse, qui persista pendant des siècles encore.

M. Victor Brochard, dans sa belle étude sur les *Sceptiques grecs,* cite parmi les médecins qui, dans les premiers siècles de l'ère chrétienne, opposèrent l'expérience ou l'observation (*térésis*) à la philosophie et au dogmatisme, Ménodote de Nicomédie, Théodas de Laodicée, Sextus Empiricus, Saturninus. Personne plus que Ménodote n'eut, dans l'antiquité, un vif sentiment de ce que devait être la méthode des sciences de la nature. Quant aux livres de Sextus Empiricus, V. Brochard les définit : l'œuvre collective d'une école, la *somme* de tout le scepticisme.

Les Romains, remarque Pline l'Ancien, ne s'occupaient pas, en général, de guérir les malades, et ceux-ci témoignaient plus de confiance aux étrangers : la plupart étaient Grecs ou Égyptiens. Jules César leur conféra le droit de cité quand ils s'établissaient à Rome. Point d'examens, point de responsabilité, la médecine est une sorte d'industrie libre, nullement asservie à des règlements, n'offrant d'autres garanties aux malades que celles résultant du caractère et du talent. Aussi des gens de condition inférieure, sans vocation, sans instruction, tentaient parfois l'aventure; cordonniers, charpentiers, forgerons, gladiateurs, croque-morts, s'improvisaient médecins, ou *vice versa,* ce qui fait dire à Martial :

Nuper erat medicus, nunc est vespillo Diaulus (1).
Quod vespillo facit, fecerat et medicus.

Thessalus, fils d'un tisserand, d'abord apprenti de son père et médecin fort célèbre au temps de Néron, déclare que six mois lui *suffisaient* pour enseigner le métier ! Les médecins, dans leurs visites, étaient escortés par un essaim d'élèves qui incommodaient fort le malade.

Languebam, sed tu comitatus protinus ad me
Venisti centum, Symmache, discipulis.
Centum me tetigere manus aquilone gelatæ.
Non habui febrem, Symmache, nunc habeo (2).

Priscien décrit une scène du même genre : « Le patient, dans toute la force du mal, est ballotté par la tempête de la maladie. Aussitôt accourt la troupe de notre collège médical. Chacun cherche à se faire admirer : on se croirait dans un cirque. Celui-ci veut

---

(1)   Diaulus, médecin, l'effroi de son quartier,
     Qui causa plus de maux que la peste et la guerre...
     Il s'est fait croque-mort, et met les gens en terre :
         Il n'a pas changé de métier.

Nous avons, en français, l'équivalent de cette épigramme :

     Paul, ce grand médecin, l'effroi de son quartier,
     Qui causa plus de maux que la peste et la guerre,
     Est curé maintenant, il met les gens en terre :
         Il n'a pas changé de métier.

(2) « J'étais indisposé : tu vins chez moi, Symmaque, accompagné d'une centaine de tes élèves. Cent mains glacées par l'aquilon me tâtèrent. Je n'avais pas la fièvre, Symmaque ; je l'ai maintenant. »

briller par l'éloquence, celui-là par la dialectique, et cet autre en établissant des thèses qu'il soutient avec force gestes et cris. Tous songent à la gloire, aucun n'a souci du malade. »

Les lettrés d'alors ne tarissent point en épigrammes collectives ou individuelles :

« Andragoras s'est baigné et a soupé gaiement avec nous, et cependant Andragoras a été trouvé mort le lendemain matin. Vous demandez, Faustinus, la cause d'une mort si subite ? Il avait vu en rêve le médecin Hermocrate. » (MARTIAL : *Épigrammes.*)

Charidèmus n'ignore point que sa femme a des bontés pour son médecin ; il ferme les yeux, car il tient à mourir tranquille et de mort naturelle.

Hérode, pendant sa visite, dérobe une coupe précieuse ; pris sur le fait, il réplique sans se troubler : « Malheureux, tu voulais donc boire, malgré ma défense ? »

Un malade, devenu subitement fou furieux, poignarde Hylas, son médecin. Et voici l'oraison funèbre de Martial : « Il me semble que ce malade se portait assez bien. »

Les spécialistes étaient fort nombreux ; il y en avait pour les hernies, les fistules, les maladies de la luette, même pour brûler les poils qui gênent la vue. Il y a aussi des médecins femmes, les unes pour les accouchements et les soins du corps (ce sont les *medicæ*), les autres, parfois très instruites, pour le traitement de toutes les maladies féminines ; et ce sont les *clinicæ*. Galien lui-même ne ménage pas les éloges à quelques-unes d'entre elles. A tous et à toutes, le jurisconsulte accorde les mêmes droits, reconnaît les mêmes titres.

Quant aux honoraires des Esculapes romains, ils atteignent un chiffre fort élevé. Les historiens citent un cas où deux cent mille sesterces (plus de 54,000 francs) furent stipulés comme récompense pour le médecin s'il réussissait sa cure. « Ce n'est pas, dit Pline, la délicatesse des médecins qui modère les demandes d'honoraires auxquels ils savent si bien faire acquiescer les malades au moment du danger, c'est la concurrence seule. » Le charlatanisme médical s'épanouit sous toutes les formes, depuis les grands mots, le froncement des sourcils, les drogues très compliquées, les instruments précieux, jusqu'à l'exaltation de remèdes universels, et la mode d'opérer publiquement comme dans un théâtre devant une foule de spectateurs. Les habitudes de la vie antique entraînant une certaine publicité, les médecins rendaient leurs oracles, vendaient leurs remèdes, faisaient même leurs opérations dans des boutiques ouvertes sur la rue : ils finirent cependant par confier à d'autres la préparation des remèdes, ce qui produisit des inconvénients plus graves encore. Beaucoup débitaient des cosmétiques, composaient des poisons et des contrepoisons (1) : la

---

(1) Cette société serait tombée bien bas si l'on devait ajouter foi aux diatribes de Juvénal :

Ocius Archigenem quære, atque eme quod Mithridates
Composuit, si vis aliam decerpere ficum,

magie, l'astrologie, venaient à la rescousse en mainte circonstance ; d'ailleurs les médecins de l'antiquité partageaient presque autant que les clients ces superstitions.

La plupart des villes ont leurs médecins attitrés, exemptés de prestations municipales ; un grand nombre se casent dans les écoles de gladiateurs, dans les armées. Ils reçoivent de beaucoup de familles des traitements fixes, payables le 1er janvier, donnent des consultations par lettres : ainsi Galien a en Asie, en Espagne, dans les Gaules, dans la Thrace, une foule de clients qu'il n'a jamais connus.

Comme on voit, les moyens de rendre tributaire de leur caisse l'humanité presque tout entière ne manquaient pas.

A Rome, ailleurs aussi, les confrères indignes portent préjudice aux praticiens intègres, instruits ; ceux-ci, quoi qu'on ait prétendu, ne manquaient point, et Plutarque prend plaisir à citer le méthodiste Moschion, Tryphon, Nicias, Zopyre. Pline le Jeune protège, célèbre de toutes les façons Harpocras et Posthumus Marinus ; Galien loue en termes touchants ses vieux maîtres, en même temps qu'il flétrit « ces brigands qui, dressant leurs embûches dans les villes, sont plus

---

Atque alias tractare rosas. Medicamen habendum est
Sorbere ante cibum quod debeat et pater, et rex.

(Cours chez Archigènes, fais emplette du contrepoison de Mithridate, si tu veux cueillir encore la figue et les roses l'an prochain. Les pères et les rois doivent, avant le repas, faire usage de cet antidote.)

redoutables que les brigands cachés dans les montagnes. » Mais les bons eux-mêmes proclament, déplo-
rent la rareté de ceux qui sont vraiment dignes du nom
de médecins qu'ils portent.

Plus difficilement encore déjouent-ils la redoutable
concurrence des devins et des faux prophètes, des
prêtres et des dieux païens. « A l'origine, remarque
Maurice Albert, la religion était la base de la médecine (1); elle en est aujourd'hui (sous les Césars),
la contrefaçon et l'appoint. » Éclairés par les découvertes des laïques, par les ouvrages recueillis dans les
bibliothèques sacrées, les ministres d'Esculape à Épidaure, Pergame, Rome, ont appris à connaître la médecine, à se servir d'elle pour produire des phénomènes
en apparence surnaturels.

A la cour de Claude, Scribonius Largus, médecin grec,
a la science et la conscience ; il a fait son portrait en
définissant pour son protecteur Calliste l'idéal du véritable médecin. « Je n'ai ni ambition, ni cupidité ; je n'ai
d'amour que pour mon art ; et j'estime le plus beau des
arts, un art presque surhumain, celui qui permet de
soulager les malades et de les rappeler à la santé.
C'est là son but, son but unique. Méprisables sont les
inutiles et les égoïstes, mais méprisables entre tous, et

---

(1) Ovide donne ce conseil aux médecins :

Vos quoque, Phœbea morbos qui pellitis arte,
Munera de vestris pauca referte Deæ.

(Et vous, disciples d'Apollon, qui chassez les maladies, portez à
la déesse une légère part des dons que vous recevez.)

dignes de la haine des hommes et des dieux, les médecins dont l'âme n'est pas remplie de compassion et
d'humanité. Le médecin ne doit pas mesurer son intérêt
et ses soins à la fortune et à la situation de ses
clients... Les ennemis même de la patrie ont droit à sa
sollicitude. Comme soldat et comme citoyen, il les com-
battra sans merci ; mais comme médecin il les soignera,
il les guérira : et, fidèle aux obligations sacrées que
lui impose sa profession, il ne leur donnera jamais un
mauvais remède. Si elle ne se dévoue tout entière au
service des malades, la médecine trahit la promesse
qu'elle a faite aux hommes d'être bienfaisante et misé-
ricordieuse. »

Sénèque le philosophe parle noblement des médecins,
de celui qui le soignait entre autres ; les médecins de
l'âme et les médecins du corps savaient se comprendre,
s'estimer et s'aimer. Cicéron leur rend justice à son tour,
mais avec des réserves ; par lui, par les poètes eux-
mêmes, qui presque tous ont eu pour amis des médecins célèbres, nous percevons les progrès accomplis.
Horace est intime avec Musa, Perse avec Claudius Aga-
thernus. Paul Ménière a consacré un volume à Cicéron
médecin ; de nombreux Esculapes, Métrodore, Alexion,
Asclépion, Ascalpon, Craterus, défilent dans la correspondance et les ouvrages de Cicéron : il y parle souvent
des habitudes de la pratique médicale, et fait preuve de
sagacité dans ses appréciations. On y voit aussi que
beaucoup de médecins s'occupent d'intrigues politiques :
successivement Cicéron attaque, écrase, défend Vati-
nius, parce que César et Pompée protègent ce misérable
agent de leurs ambitions.

Voici un trait de mœurs assez macabre :

Certains chirurgiens, à Rome, vont jusqu'à disséquer des corps vivants. (Voyez CELSE, QUINTILIEN, TERTULLIEN, DEZOBRY au tome III de l'ouvrage intitulé : *Rome au siècle d'Auguste*.) Ils attachent leur victime sur une table, insinuent le fer dans le corps avec précaution, plongent doucement leurs mains dans ses entrailles palpitantes, afin de lui donner la mort le plus tard possible, et de surprendre dans le sujet animé les secrets de la vie. Ils prolongent son agonie par des boissons fortifiantes, arrêtent l'effusion du sang, referment ses blessures pour les rouvrir plus tard, en un mot la tuent avec mille précautions. Hérophile disséqua de la sorte six cents individus. C'étaient, dit-on, des criminels qui lui furent envoyés par des rois barbares. Est-il bien certain, toutefois, que des médecins aient pratiqué ce genre de vivisection ? Néron aurait offert à son médecin de lui faire disséquer des hommes vivants, ce qui semblerait prouver que c'était un raffinement de cruauté impériale, non une pratique. D'ailleurs le respect de la vie humaine est un sentiment assez moderne ; il semble que l'antiquité mette en pratique cette réflexion hautainement méprisante d'un écrivain parlant d'une peste qui emporta des millions d'Asiatiques : « Dieu fait si facilement des Hindous ! »

Esclaves, affranchis, Grecs ou citoyens romains, les médecins jouèrent un rôle assez considérable à la cour des Césars ; ils sont d'ailleurs presque aussi nombreux que les médecins à la cour de Louis XIV. Une ancienne inscription distingue un médecin en chef, *supra medicus* ou archiâtre, et un décurion des médecins, *decu-*

rio medicus. Q. Stertinius fait valoir comme un sacrifice à la maison impériale de s'être contenté de cinq cent mille sesterces, alors que sa clientèle ordinaire lui en rapportait au moins six cent mille. Son frère obtint un traitement égal de Claude. Tous deux consacrent des sommes énormes à embellir la ville de Naples, obtiennent force faveurs, et chacun laisse, à sa mort, trente millions de sesterces. Les ennemis des médecins les accusent souvent d'empoisonnement ou d'adultère avec les princesses de la famille impériale, auprès desquelles, de par le privilège de leur profession, ils ont libre accès ; et ces imputations semblent souvent fondées. Eudème, médecin et ami trop intime de Livia, belle-fille de Tibère, empoisonne Drusus, mari de celle-ci. On conçoit la défiance de Tibère, défiance que lui permit sa santé d'athlète, défiance telle qu'il ne voulut supporter la présence et les assiduités que du seul Chariclès ; il aimait sa conversation, mais lui intimait l'ordre exprès de garder ses remèdes pour les imbéciles. Vettius Valens fut un des favoris de Messaline, et il y perdit la vie. Stertinius Xénophon, médecin de Claude, l'empoisonne et mérite ainsi le titre d'ami de Néron (Philonéron).

Dans une énumération de quelques professions libérales, Cicéron cite les orateurs, généraux, chefs de république, formés à l'école de Platon et d'Aristote ; puis les mathématiciens, poètes, musiciens, enfin les médecins. Au temps de Cicéron, la plupart étaient des esclaves ou des affranchis.

Pendant tout le moyen âge, et même au XVIIᵉ siècle, la médecine se hérisse de mille préjugés, superstitions, formules théosophiques, qui embarrassent, obscurcissent cette science et produisent trop souvent de funestes effets pour l'humanité souffrante. On dirait d'un grimoire magique, avec ces aphorismes pédantesques, ces ordonnances inintelligibles, ces costumes solennels, cette brumeuse scolastique, qui justifient les attaques répétées de tant d'écrivains. Hippocrate et Galien, les préceptes de l'école de Salerne, les vers-sentences de Gilles de Corbeil, l'anatomie de Théophile, quelques traités arabes d'Avicenne, Abulcasis, Rhasès, Averroès (1), Isaac, — voilà, jusqu'à Fernel, qui fut le premier médecin du XVIᵉ siècle comme Ambroise Paré en fut le premier chirurgien, la loi et les prophètes, les seuls ouvrages classiques. Semblable à une *rouille mystérieusement poétique*, l'astrologie envahit les âmes, de puissants esprits subissent son joug, imaginent les rapports les plus inattendus entre le corps humain, les planètes et les signes du zodiaque. D'après la doctrine exposée par Corneille Agrippa, médecin de Louise de Savoie, mère de François Iᵉʳ, dans sa *Philosophie occulte :*

Le Soleil préside au cerveau, au cœur, aux moelles, à l'œil droit.

Mercure influence la langue, les mains, les jambes et les nerfs.

----

(1) La médecine des Arabes n'est autre que celle des Grecs et des Romains, appropriée à leur génie particulier.

Saturne, le sang, les veines, les narines, le dos.

Vénus, la bouche, les reins.

La Lune, l'estomac, le cerveau et les poumons.

De même, le Bélier, les Gémeaux, le Cancer, le Lion, la Balance, le Scorpion, le Sagittaire, le Capricorne, exercent une action directe sur quelque partie de l'être humain ; et, dans une époque de crédulité universelle, les comètes gardent aussi leur crédit, leur prestige, comme ces fées, ces enchanteurs qui apportent aux nouveau-nés des dons ou des maléfices.

Et non seulement l'homme relève des astres, mais il obéit aux nombres ; il y a des années climatériques ou critiques. Au XVIIIe siècle, on disait encore qu'une personne décédée à soixante-trois ans était morte dans son année climatérique. Le même Corneille Agrippa attribue au nombre 7 et à ses multiples un sens sacré, hermétique, il en fait un symbole, un argument, une joie, une épouvante tour à tour. Ainsi,

Le monde a été créé en sept jours.

Adam et Ève restent sept heures dans le Paradis.

Les animaux entrent sept par sept dans l'arche.

Isaïe énumère sept dons du Saint-Esprit.

Il y a dans l'Évangile sept béatitudes.

Jésus-Christ ressuscite le septième jour de la semaine.

La septième heure décide de la vie de l'enfant.

L'enfant, à vingt et un mois, commence à parler.

Les dents apparaissent à sept mois.

A sept ans tombent les premières dents.

A quatorze commence la puberté.

A vingt et un l'homme cesse de grandir.

A quarante-deux ses forces cessent d'augmenter.

Septante ans est le terme ordinaire de la vie.

Tout ceci, sans parler de l'action des jours critiques, des jours pairs et impairs, fait l'objet de gros traités, que le médecin astrologue doit connaître à fond. Appelé près d'un malade, il étudie l'état du ciel, établit son dia-gnostic. Au xvie siècle, beaucoup de princes, de grands seigneurs, quand ils ont un enfant, demandent son thème de nativité, son horoscope, quelque chose comme une notice signalétique céleste, un passeport de l'infini pour le fini.

Ambroise Paré prône comme une de ses plus belles trouvailles l'application d'oignon cru pilé avec du sel sur les brûlures ; il exulte d'avoir obtenu d'un chirurgien de Turin la recette de son huile de petits chiens bouillis, croit aux sorciers, aux enchanteurs, aux écrouelles, aux influences astrologiques.

La peste étant survenue en 1348, Gui de Chauliac, le plus fort chirurgien de son temps, l'attribue à la con-jonction de Saturne, Jupiter et Mars dans le signe du Verseau ; en 1568, nouvelle peste, le docteur Claude Fabri signale comme présages avant-coureurs de l'épi-démie les mouvements célestes, éclipses ou comètes. Charles V, Charles VII, Louis XII, Henri III, ont des médecins astrologues attachés officiellement à leurs per-sonnes, qui reçoivent des traitements et des grâces de toute sorte. On sait quelle confiance Catherine de Médi-cis témoigne à Luc Gauric, Michel de Nostradamus, Co-simo Ruggieri. Henri IV lui-même paie tribut à cette croyance, charge Le Baillif de tirer l'horoscope du dauphin, le récompense plus tard par le titre de premier médecin du roi ; et le nouveau-né reçoit dès son enfance le surnom de *Juste,* parce qu'il est né sous le signe de la Balance.

Vallot, premier médecin de Louis XIV, annonce au début de chaque année nouvelle les principales maladies à redouter, prédictions fondées, dit-il lui-même, sur son expérience et sa connaissance des astres. En janvier 1659, il écrit dans son *Journal de la santé du roi :* « Et pour le regard de la constellation, je la vois si propice et si favorable, que nous n'aurons point sujet de craindre pour la présente année des maladies contagieuses, malignes, ni extraordinaires. »

Le docteur Vautier, prédécesseur de Vallot, se piquait de trois choses, d'après Gui Patin : de savoir la chimie, l'astrologie et les secrets de la pierre philosophale.

Ainsi le xviie siècle, qui a trouvé la circulation du sang et le quinquina, appartient encore dans une certaine mesure à l'astrologie.

Certains remèdes ne sont guère moins étranges. Voici, par exemple, Charles de L'Orme, premier médecin de Louis XIII, intendant des eaux minérales de France, réputé en son art et fort bon courtisan, grand collectionneur d'estampes, homme d'esprit et poète à ses heures, recevant à sa table des lettrés tels que Racan et Mlle de Gournay, la noblesse, la finance et la robe, fort recherché dans tous les cercles de la capitale. Il vécut cent ans. C'était le plus élégant des médecins et il *gentilhommait* la médecine, selon le mot de Henri IV; si vaniteux, par exemple, si envahi par l'hypertrophie du moi, qu'il se crut l'*Esculape de son siècle, l'ange de la piscine probatique* de Bourbon, et voulait que les habitants de cette station lui érigeassent une statue sur le puits. Est-ce cette même vanité qui le conduisit à se remarier à quatre-vingt-six ans, comme fit plus tard le maréchal de Richelieu?

Quoi qu'il en soit, ses recettes, ses ordonnances nous font parfois l'effet de remèdes de bonne femme, ce qui n'empêche pas les clients de lui obéir aveuglément. En voici un qui souffre d'une fluxion, de quelque dent gâtée. « Guérir, ne point arracher, voilà ma devise. Prenez-moi de la fiente d'oie, faites-la fricasser avec de la graisse de porc mâle, et appliquez-la toute chaude du côté de la dent malade, sur un morceau de taffetas. »

« Votre fils, Madame, a un flux de sang que rien ne saurait arrêter. Je sauverai votre fils. J'ai bien guéri du flux de sang au siège de La Rochelle plus de dix mille malades, tant de la cour que de l'armée. Je faisais faire un feu de vieilles savates sous un escabeau percé par le haut, et je faisais asseoir dessus le patient tout nu; après s'y être mis ainsi pendant trois ou quatre heures, en trois ou quatre jours il était guéri. »

La maréchale souffre d'un embarras gastrique; vite, qu'elle prenne une huile médicinale dont une vieille poule est la base; une vieille poule bouillie toute vive, sans la plumer, sans la vider, avec des purgatifs de toutes sortes. Grimace de la maréchale; une de ses femmes ayant objecté que le même remède, récemment appliqué, a failli la faire mourir : « Cela prouve, repart d'un ton hautain notre Esculape, qu'elle serait morte si elle ne l'avait pas pris (1). »

______

(1) BERNARDIN : *Charles de L'Orme, Revue de Paris*, 1" juillet 1896. Voir aussi : Maurice ALBERT : *Les Médecins grecs à Rome*. — Alfred FRANKLIN : *La Vie privée d'autrefois*, t. XI. — RAYNAUD : *La Médecine au temps de Molière*. — *Journal de la santé de Louis XIV*, par VALLOT, DAQUIN et FAGON. — CHÉREAU : *Le Parnasse médical français*, 1878. — *Mémoires de Saint-Simon*, de M⁸ DU HAUSSET. — SAINTE-BEUVE : *Causeries du lundi*, t. VIII et X. — GUILLOIS : *Le Salon de Mme Helvétius*. — Docteur CABANÉS : *Le Cabinet secret de l'histoire*, 5 vol.; *Les Curiosités de la Médecine*, 1900; *Les Morts mystérieuses de l'histoire*. — *Comment se soignaient nos pères. Remèdes d'autrefois*. — CABANÈS et L. NASS : *Poisons et sortilèges*, 2 volumes. F. HELME : *Les Jardins de la médecine*. — Comte Gabriel MARESCHAL DE BIÈVRE : *Georges Mareschal, seigneur de Bièvre, chirurgien et confident de Louis XIV*. — *La Chronique médicale*, Revue bimensuelle, 11 volumes in-8°. — Docteur WORMS : *Le Médecin dans la société moderne*. — WITKOWSKI : *La Médecine littéraire et anecdotique; Le Mal qu'on a dit des médecins, Anecdotes médicales; Les Joyeusetés de la médecine; Tetoniana*, 3 vol.; *Les Médecins au théâtre, de l'antiquité au XVIIᵉ siècle*. — Docteur LE MAGUET : *Le Monde médical parisien sous le Grand Roi*, suivi du *Portefeuille de Vallant*, 1899, Maloine, éditeur. — Docteur LEGUÉ : *Médecins et empoisonneurs au XVIIᵉ siècle*. — CORLIEU : *L'ancienne Faculté*. — *Souvenirs du président Bouhier*. — *Mémoires du duc de Croy*. — *Correspondance de Mᵐᵉ de Rémusat*, t. V et VI. — Comtesse DASH : *Mémoires des autres*. — Léon DE LA BRIÈRE : *Mme de Sévigné en Bretagne*. — PERRENS : *Les Libertins au XVIIᵉ siècle*. — KERVILER : *Le Chancelier Séguier*. — *Correspondance de l'abbé Galiani*, 2 volumes. — *Lettres de Gui Patin*, 3 volumes. — *Mémoires de Mᵐᵉ de Motteville*. — *Historiettes de Tallemant des Réaux*. — Lucien PEREY : *La Vie intime de Voltaire*, ch. v. — *Mémoires du président Hénault*. — Etienne PASQUIER : *Conseils donnés aux médecins*. — DIONIS, *Cours d'opérations de chirurgie*. — BOUCHER : *L'Hospice de la Salpêtrière*. — G. CORNU : *A l'Hôpital il y a deux siècles*. — DANCOURT : *L'Opérateur Bary*, 1702. — DESNOIRETERRES, *Grimod de la Reynière*. — *Journal des Savants*, novembre 1847, article de FLOURENS sur Guy Patin. — *Souvenirs du comte de Tressan*, publiés par le marquis DE TRESSAN. — SOULIÉ et BARTHÉLEMY : *Journal de Jean Héroard*, 2 vol. — *Mémoires de Dufort de Cheverny*, t. I", pp. 371, 402, 424; t. II, pp. 32 et 33. — *Mémoires de Mᵐᵉ de Chastenay*, t. I", p. 43. — GA-

C'est presque le mot d'un médecin à l'ambassadeur qui lui demande pourquoi il a ordonné trente-deux saignées à l'un de ses pages : « Il était mort, Monsieur, s'il n'eût été saigné que trente et une fois et demie. »

En théorie, remarque Lecoy de La Marche, l'art du médecin n'était pas en faveur au XIIIe siècle, parce qu'il avait pour objet le soin du corps, et non la culture de l'intelligence. C'est la raison textuelle qu'invoque l'auteur de l'*Image du Monde,* pour le rayer du nombre des arts libéraux. Dans le *Mariage des Sept Arts et des Sept Vertus,* petit poème allégorique de la famille des Débats et Disputes, la Grammaire, après avoir marié ses filles, Dialectique, Géométrie, Arithmétique, Musique, Rhétorique, Théologie, et s'être mariée elle-même à Clergie, voit se présenter à elle dame Physique (c'était le nom donné autrefois à la médecine, comme le nom de physicien était celui du médecin), qui demande, elle aussi, à prendre un époux. Mais cette nouvelle venue est très mal reçue. On lui répond :

Vos n'estes pas des nostres, ce sachiez sans cuidier;
Por ce ne voš volons de riens à consellier,
La dame fu honteuse; si s'en ala arier.

Pour la même raison, la dame Physique était assez

RAT, *Mémoires historiques sur le XVIIIe siècle,* t. II, p. 19. — A. DU-PUY : *Les Écoles et les Médecins en Bretagne au XVe siècle.* — Dr A. MASSON : *La Science des poisons au XVIIe siècle.* — A. BAU-DOR : *Études historiques sur la pharmacie en Bourgogne avant 1803.*

mal vue dans les cloîtres, où cependant elle passe pour avoir eu son berceau : quelques conciles provinciaux avaient même interdit aux clercs de s'adonner à un art qui les ferait manquer aux règles de la pudeur ; interdiction partielle et demeurée sans effet, car on rencontre au xiiie siècle des médecins distingués parmi les prêtres. Cette science avait une tache originelle : on l'effaçait en spiritualisant la médecine (1).

On reconnaissait aux médecins le droit de se faire

----

(1) Autrefois à la campagne le médecin s'appelait le *mir*, le *mière*, le *mège* ; mir signifie en gaulois éminent, *mirus* en latin, *merveilleux* en français. Le rebouteur était aussi *mège, bailleul, renoueur, rhabilleur*. Mirabeau, dans le discours sur l'*Education politique*, écrit : « Les mèges et les charlatans sont l'une des plus grandes plaies du peuple ; il faut en purger la société. » Fourcroy, dans son rapport sur la loi du 19 vendémiaire an XI, dit : « Des rebouteurs et des mèges impudents abusent du titre d'officiers de santé pour couvrir leur ignorance et leur crédit. « Le docteur Callamand, passant à Vaux-les-Molinges, dans les environs de Saint-Claude, aperçoit une fontaine surmontée d'un buste, interroge : « Ah ! lui répond-on, c'est le père Clerc, le *rhabilleur*, autrefois célèbre dans le pays à dix lieues à la ronde. Habile et bienfaisant, jalousé de la Faculté, les médecins l'ont persécuté jusque dans la mort ; *ils ne lui ont pas permis les bras.* » Dans le val d'Ajol, près de Remiremont, florissaient des familles de paysans anatomistes qui, dès leur enfance, travaillaient sur un squelette de bois, lequel se démontait et se remontait pièce par pièce. On mettait ce mannequin anatomique dans un sac fermé, et l'enfant s'exerçait à disloquer sans les voir, et à raccommoder ensuite tous les membres séparés. Au xve siècle, les bourgeois de Rennes avaient à leurs gages un rebouteur et deux médecins. « Le nom du rebouteur, observe Balzac, appartient à quelques génies bruts qui, sans étude apparente, mais par des connaissances héréditaires, et souvent par l'effet d'une longue pratique dont les observations s'accumulent dans une famille, *reboutaient*, c'est-à-dire remettaient les jambes et les bras cassés, guérissaient bêtes et gens de certaines maladies, et possédaient des secrets prétendus pour le traitement des cas graves. »

payer, et, grâce à cette précaution, quelques-uns arrivaient à une jolie fortune. Gilles de Corbeil reproche à plusieurs leur trop grande jeunesse, et l'anecdote du *Médecin malgré lui*, les plaisanteries classiques se retrouvent dans beaucoup de recueils. Jacques de Vitry ne leur ménage pas les reproches. « Dieu dit : Veillez ; le médecin dit : Dormez. Dieu dit : Jeûnez ; le médecin dit : Mangez. Dieu dit : Mortifiez vos corps ; le médecin dit : Flattez-les. » Et voici un conseil d'Arnaud de Villeneuve *(Cautelæ predicorum)* à ses disciples, qui justifie critiques et railleries : « Vous ne saurez peut-être pas reconnaître le mal que vous étudierez. Dites alors : Il y a obstruction au foie. Si le malade répond : Non, maître, c'est à la tête que je souffre ; hâtez-vous de répliquer : Cela vient du foie. Servez-vous de ce terme d'obstruction parce qu'ils ne savent pas ce qu'il signifie, et il importe qu'ils ne le sachent pas. »

La Faculté de Montpellier était la plus célèbre ; un curieux universel allait apprendre la théologie à Paris, le droit à Bologne ou à Orléans. Saint Louis créa, en 1260, un collège de chirurgiens régi par des statuts célèbres que complétèrent Philippe le Hardi et Philippe le Bel. Les femmes, semble-t-il, étaient admises, à titre d'auxiliaires, dans certaines opérations, et le traitement des plaies fit partie de l'éducation des jeunes filles de la noblesse : en Allemagne, en Angleterre, en Italie, les lois autorisent les femmes seules à traiter certaines maladies de leur sexe. Dans la charte même de leurs privilèges, saint Louis enjoint aux chi-

rurgiens de soigner gratuitement les malheureux et les
incurables : le médecin des indigents est en général
indemnisé par l'État ou par les municipalités. Saint
Antoine déclare coupable de péché mortel celui qui
refuserait aux pauvres le secours gratuit de la science
et des médicaments.

La charité, voilà, au moyen âge, le grand moyen de
suppléer à l'insuffisance de la thérapeutique : d'après
Mathieu Paris, on ne comptait pas moins de dix-neuf
cents léproseries en Europe au xiiie siècle.

Le cordelier Olivier Maillard met en scène certain
physicien, pas trop charlatan, si l'on en juge d'après
ses instructions : « On mande un des meilleurs médecins de toute la ville ; quand il entre, toute la chambre
est tendue d'épais rideaux, et l'on n'y voit rien. Il prend
la chandelle et dit : « Longue vie, Mademoiselle ! » Il
inspecte les yeux, le nez et le visage ; puis il dit :
« Dame, vous êtes bien, consolez-vous ; votre maladie
n'est point mortelle. » Il demande ensuite à la servante si sa maîtresse a le sommeil facile ; et à la hâte
il écrit, non des ordonnances comme ses confrères modernes, mais plusieurs prohibitions, disant : « Je vous
défends de manger de la viande de bœuf, ni des pois-
sons sans écailles, comme anguilles et lamproies. Ne
buvez pas votre vin sans eau ; surtout ne parlez pas
trop, et ne vous laissez pas refroidir, autrement vous
êtes morte. Prenez de la tisane et du sirop, je m'engage ma vie que je guérirai la vôtre. » Celui-là
n'abuse pas des drogues, mais combien, paraît-il, prennent des contrats avec les pharmaciens pour tromper

les pauvres gens, ou se contentent d'indiquer, sans l'écrire, le nom d'un remède afin de permettre au pharmacien de donner ce qu'il voudra. » Du même coup le moine dénonce les *et cætera des notaires;* rien, après eux, n'est plus perfide et plus ténébreux que les *quiproquos* des apothicaires.

Les femmes du xvi⁰ siècle commencent à exercer la médecine; d'ailleurs elles se bornent à un certain cercle d'études. Sitôt son mariage consommé, la femme entre en lutte avec la maladie, puis il y a les enfants à soigner; ensuite le devoir de rester belle et avenante : voilà une carrière médicale bien tracée. Dans son excellent livre sur les *Femmes de la Renaissance,* mon regretté ami de Maulde remarque : « Sauf à guetter l'heure propice pour reprendre leurs avantages, les médecins se résignèrent... On entendit même dans les chaires officielles prêcher la médecine aimable, la médecine philosophique; en plein amphithéâtre de Paris, dans une cérémonie officielle, un *prince de la science* déclare que la Nature a un certain cachet féminin, qu'elle a enrichi spécialement les femmes, et les a rendues plus complètes que les hommes... Un exilé politique de Milan, dressé au manège des causeries féminines, le médecin Marliano, acquit une influence inouïe dans les Pays-Bas par le simple attrait de sa conversation : c'était à qui célébrerait sa « suavité », sa « céleste ambroisie », son « miel », sa « douceur (1). »

------

(1) Rabelais adresse à Paul III une supplique dans laquelle il demande trois choses : l'absolution publique de s'être enfui de

D'ailleurs, si les médecins eurent le bon esprit de transiger, cela tient sans doute à ce qu'il y avait contre eux une menaçante levée de boucliers. « On ne se contentait plus de rééditer de vieilles plaisanteries ; les malades prétendaient être guéris... On allait jusqu'à rendre les médecins responsables de leurs actes, et à soutenir qu'on leur devait de l'estime au prorata de leurs mérites. Il ne manquait pas de sceptiques, même parmi les femmes. Marguerite de France, dans une de ses comédies, nous représente un malade ballotté entre son médecin et sa femme, et elle le fait guérir par les prières de la cuisinière. « O céleste médecin, s'écrie sainte Thé-« rèse, vous ne ressemblez que de nom à ces médecins « de la terre ! Vous visitez les malades sans qu'ils vous « en prient, et plus volontiers les pauvres que les « riches ! » Dolce s'amuse à nous raconter la mésaventure d'un jeune mari qui, après avoir confié à un médecin son vif désir de devenir père, se plaignit ensuite devant les tribunaux de l'être devenu trop rapidement... Champier, qui était médecin à Lyon, accuse formellement ses confrères de devenir de véritables agents de démoralisation, et de pervertir le sens moral chez leurs clientes... » Il n'est pas inutile de faire remarquer qu'aux

---

chez les moines ; la permission de rentrer, s'il en est besoin, dans une abbaye de Bénédictins, et l'autorisation d'exercer en tous lieux la médecine gratis, *par piété*, aux seules conditions de ne se servir jamais ni du fer ni du feu, qu'il a en horreur, malgré l'aphorisme d'Hippocrate : « Les maladies qui ne pourront être enlevées par le fer, qu'on y emploie le feu. » Il veut être « le libre infirmier du genre humain. »

époques grecque, romaine, salernitaine, au moyen âge et dans les temps modernes, en France et ailleurs, en dépit des lois (1) ou avec leur autorisation, des femmes ont exercé la médecine. Elles sont six à sept mille aujourd'hui, sur notre globe terraqué, elles étaient peu nombreuses autrefois, mais ne laissaient pas de rendre de grands services à leur sexe, en luttant pour le progrès, pour la justice, contre l'orgueil et les prétentions exclusives des hommes. Dans les guerres de la seconde partie du XIXe siècle, beaucoup de femmes anglaises, américaines, russes, ont rang de chirurgiens, de médecins : et ce ne sont plus seulement des femmes déguisées en hommes, comme cette Maclod qu'un officier raillait de vivre « comme une demoiselle. » Maclod se leva, provoqua le lieutenant, le souffleta et, le lendemain, le tua d'un coup de pistolet. A sa mort, on constata que le chirurgien Maclod était une femme, issue d'une ancienne famille anglaise.

En 1400, un prêtre allemand, installé à Cracovie, écrit à la reine Hedwige : « A ce moment, parmi les étudiants, il y en avait un qui se distinguait par son zèle. *On découvrit que c'était une jeune fille.* La Faculté en

---

(1) Marcel BAUDOUIN : *Femmes médecins d'autrefos.* — LIPINSKA : *Histoire des Femmes médecins ; Les Études médicales des Femmes françaises du XVIe au XIXe siècle ; Les Femmes médecins à Rome ; Progrès médical,* 1899 ; *Les Femmes médecins en Suisse, Allemagne et Angleterre,* FRONDE, Paris, 1900, 13 janvier. — DELACOUX : *Biographie des sages-femmes célèbres, anciennes, modernes et contemporaines.* — WALDEYER : *Les Femmes et l'étude de la médecine, Semaine médicale,* 1888, p. 369. — DORA D'ISTRIA : *Les Femmes par une femme,* 2 volumes.

fut scandalisée, car c'était un crime d'échanger les vêtements féminins contre ceux d'un homme. La jeune fille fut mandée devant le tribunal ecclésiastique. Quand on lui demanda quel était le mobile de son crime, elle répondit : *L'Amour de la Science.* Ses collègues ne purent que témoigner en faveur de la jeune étudiante, qui, s'étant consacrée avec enthousiasme à ses études, donnait à tous le bon exemple. Impressionnés par cet aveu, les juges se montrèrent cléments et la condamnèrent seulement à la réclusion dans un couvent, où elle vécut depuis comme institutrice des nonnes, et dont elle devint plus tard supérieure... »

L'odyssée sociale d'une autre Polonaise, Salomée Rusiecki, est plus curieuse encore. Née en 1718, mariée à un ophtalmologiste allemand, le docteur Halpir, qui résidait à Constantinople, collaboratrice de son mari, guérissant des imans, des chefs de brigands, un prince transylvanien qui devint amoureux d'elle, passant de la fortune à la pauvreté, aux pires détresses, exploitée, grugée par son second mari, doctoresse à l'ambassade turque de Vienne, exerçant son art dans plusieurs villes de la Pologne, médecin de la famille du sultan vers 1740. Son autobiographie ne va pas plus loin que 1760, elle n'avait que quarante-deux ans, et nous ne savons comment sa vie s'est continuée : « Elle souffre comme femme, comme épouse, comme mère, dit Mlle Lipinska, elle souffre comme esprit indépendant ; pourtant elle va droit devant elle, et toute sa vie est un modèle de courage féminin et d'honneur professionnel. »

Encore une existence féminine et médicale mouve-
mentée : Henriette Faber, née à Lausanne, mariée (elle
le déclare du moins) avec un officier français tué à
Wagram ; déguisant son sexe, et servant comme chirurgien à la Grande Armée, prisonnière de guerre en
Espagne. En 1818, sous le nom d'Henry Faber, elle
gagne Cuba, passe des examens et exerce avec succès,
épouse en 1819 une jeune fille du pays, Juana de Léon ;
mais, trois ans après, une brouille éclate, et la voilà
dénoncée, condamnée comme sacrilège à la réclusion et au bannissement. Il paraît que, pour remédier à
cette situation... anormale, Henriette Faber proposa à sa
femme de prendre un amant ; mais celle-ci refusa avec
indignation. Enfermée à l'hôpital des femmes de Saint-
François de Paule, elle scandalisa tout le monde par ses
attitudes de révoltée ; on l'envoya chez les Recueillies
de Saint-Jean Népomucène, où son humeur belliqueuse
ne s'apaisa nullement, tant et si bien qu'elle trouva le
moyen de s'enivrer, et de s'ouvrir avec un clou les
veines du bras droit : de guerre lasse, elle fut transpor-
tée en Floride (1825), où elle reprit son métier de chirurgien avec ses habits d'homme ; enfin, à partir de 1848,
une dernière incarnation la montre soignant les malades
dans les hôpitaux de Vera-Cruz et de la Nouvelle-
Orléans, sous le costume de Saint-Vincent de Paul,
sous le nom de Sœur Marie-Madeleine.

Quand cette médecine d'autrefois n'est pas homicide,
elle se lance trop souvent dans le rêve et la chimère.
Compliquée de recettes gothiques et de drogues arabes,

elle transforme l'estomac du patient en un alambic d'alchimiste. Telle ordonnance du temps rappelle les ingrédients baroques que les sorcières de Macbeth jettent dans leur chaudière. Il entre trente-deux substances dans un électuaire que Sennert préconisait contre les maux de cœur, parmi lesquelles de l'or, de l'émeraude, des perles, du saphir, de l'ambre et du corail. Plus prodigue que Cléopâtre, Sennert faisait boire à ses malades un écrin dissous. La fameuse thériaque de Venise se composait de soixante substances baroques. Récemment encore, dans l'Inde, où la thérapeutique musulmane a conservé des adeptes, le mémoire d'un médecin indigène déféré à une cour anglaise montait à 120,000 francs : il y avait porté des pilules composées d'une dissolution de diamants, d'une poudre de nombrils de chèvres et de singes du golfe Persique.

Qu'aurait dit Argan de ce compte d'apothicaire asiatique, lui qui se récrie si fort sur « les soixante-trois livres seize sols six deniers » du mémoire de M. Fleurant ?

Il n'en est pas moins vrai que les médicaments d'autrefois coûtent fort cher ; 2 fr. 45 pour le moindre clystère, le prix moyen est de 4 francs ; les *clystères dorés*, 40 à 50 francs ; un électuaire *restaurant*, 12 à 20 francs ; un électuaire *confortatif de pierres précieuses*, 25 francs et même davantage. Les prix de la pharmacie ont énormément diminué de nos jours, et cependant les bénéfices fantastiques que réalisent encore les pharmaciens appelleraient une législation sévèrement organisée.

Raynaud, Franklin, les lettres de Gui Patin, Saint-Simon, les ordonnances royales, les arrêts du Parlement nous disent la querelle plusieurs fois séculaire entre la médecine et la chirurgie, l'organisation intérieure de la Faculté de médecine et du collège de Saint-Côme, la rivalité violente des chirurgiens et des barbiers, les éternels procès de privilèges, la chirurgie si glorieuse au XVIe siècle avec Ambroise Paré, dédaignée cependant par les médecins en vertu du préjugé féodal que c'est là un art manuel, partant servile ; les rixes à main armée entre écoliers en chirurgie, apprentis barbiers et la maréchaussée pour se disputer les cadavres fournis par les bourreaux, les seuls dont on pût se servir pour l'étude de l'anatomie ; d'où ce résultat fâcheux qu'une exécution était une fête pour les écoles. Ces auteurs n'oublient pas non plus les velléités d'indépendance des apothicaires, leur concurrence aux médecins par la consultation à huis clos : et ils ne sont pas les seuls : femmes, étudiants, moines, rebouteux, se mêlent aussi de prescrire, d'appliquer des remèdes, sans compter les rois de France qui guérissent les écrouelles par l'imposition des mains. Ce sont encore les controverses entre la Faculté de Montpellier et la Faculté de Paris, la poursuite acharnée de celle-ci contre Théophraste Renaudot, fondateur de la *Gazette de France* et d'un cabinet de consultations gratuites, la querelle intestine au sujet de l'antimoine qui engendra de si furieuses polémiques. Il faut entendre Gui Patin tonner contre l'antimoine et ses partisans qu'il voue, ou peu s'en faut, aux flammes de l'enfer. Cependant Gui Patin a de l'esprit, en même temps que l'hyperbole gaie et amusante, un style bigarré, mais savoureux, coloré ; c'est par les lettres qu'il arrive à la célébrité ; il fait, comme il le dit, sa débauche avec les livres. Fort indépendant, très satirique, il déteste les apothicaires, les moines, les jésuites, les chirurgiens, Mazarin, Richelieu traité par lui de « Jupiter massacreur », autant qu'il aime le Parlement, la liberté, Tacite, son ami le président de Lamoignon, Gassendi, Rabelais, Montaigne, le roi : « J'ai souvent loué Dieu, dit-il, de ne m'avoir fait ni femme, ni Turc, ni prêtre, ni juif. » C'est un collectionneur de thèses, au caractère frondeur, franc-parleur, franc-jugeur, fort injuste pour les littérateurs contemporains et pour tous ceux qui contrecarraient ses systèmes. Oui, mais en même temps qu'il a les convictions et les vertus de son état, il en garde les colères, les préjugés, les routines. Son symbole n'est pas chargé de beaucoup d'articles : saigner, purger, voilà le grand secret, et il professe que la multitude des remèdes est fille de l'ignorance. Aussi simplifie-t-il, saigne-t-il à outrance ses malades, aussi estime-t-il, avec Botal, « que le sang, dans le corps humain, est comme l'eau dans une bonne fontaine : plus on en tire, plus il s'en trouve ». Treize fois en quinze jours il saigne un enfant de sept ans, il en saigne un de deux mois, un autre de trois jours Ici, la monomanie tourne au molochisme ; il aurait envié, s'il eût vécu de notre temps, ce médecin dont parle Claude Bernard qui se saignait tous les jours et arrosait ses fleurs de son sang. « La chimie, dit Gui Patin, est la fausse monnaie de notre métier. »

La saignée demeure pour lui un article de foi, une obla-
tion sainte, presque une religion. Il ne se contente pas
de condamner ceux qui la repoussent, il les damne tout
vifs. On eût dit Torquemada sous la perruque du Sangrado de *Gil Blas.* Son confrère Gui de Labrosse, mé-
prisant la saignée comme le remède des pédants san-
guinaires, et aimant mieux mourir que d'y recourir :
« Ainsi a-t-il fait, observe férocement Gui Patin ; le
diable le saignera, comme le mérite un fourbe et un
athéiste. » Amelot de La Houssaye rapporte que Bouvard, son beau-père, fit avaler à Louis XIII, en une seule
année, deux cent quinze médecines, le saigna quarante-
sept fois, et lui administra deux cent douze de ces
remèdes dont il est question dans le *Malade imaginaire.* Que vouliez-vous qu'il fît contre tant de médecines ? Aussi mourut-il à quarante-deux ans. Voilà le
résultat de doctrines poussées à l'absurde, sans perspec-
tive sur la nature et sans vue sur l'humanité : fabriquer
des bourreaux en robe. Et si quelque médecin, comme
Duret, simplifie à l'extrême, n'ordonne en général que
de l'eau claire et une pomme cuite, les apothicaires
cherchent à le faire passer pour fou.

« L'antre de Trophonius, déclare Paul de Saint-
Victor, n'était ni plus noir ni plus enfumé que les écoles
où professait cette médecine ignare. Rien de pratique,
rien d'expérimental ; jamais le maître n'amenait l'élève
au lit d'un malade ; jamais il ne lui faisait étudier le
mal sur la chair, la vie sur la mort. Tout se passait en
argumentations et en tournois dialectiques. Nourri d'in-
sanités, repu de formules, le nez dans les livres, l'étu-

diant restait aussi étranger à la nature que peut l'être un fakir indien, accroupi au fond de sa grotte, et marmottant éternellement une syllabe mystique. Son éducation tournait dans un cercle de logomachie byzantine. Les thèses qu'on lui donnait à débattre auraient déformé le cerveau de Bacon. C'étaient des questions de cette importance : « Les héros naissent-ils des héros ? Sont-ils bilieux ? » — « Est-il bon de s'enivrer une fois par mois ? » — « La femme est-elle un ouvrage imparfait de la nature ? » —.« L'éternuement est-il un acte naturel ? » — « Les bâtards ont-ils plus d'esprit que les enfants légitimes ? » — « Faut-il tenir compte des phases de la lune pour la coupe des cheveux ? » La gloire de l'écolâtre était de ferrailler des heures entières contre ces moulins à sottise, bâtis par ceux-là mêmes qui leur couraient sus. Les jours de grande thèse, le bachelier soutenait, de cinq heures à midi, l'assaut de tous ses condisciples et de neuf docteurs de la Faculté. Sept heures durant, il lui fallait combattre des arguments connus, rétorquer des objections ineptes, syllogiser dans l'absurde, bombyciner dans le vide. Des mots ! des mots ! des mots ! se serait écrié Hamlet. Lutte d'enfants, d'Éoles gonflant et dégonflant leurs joues pleines de vent. Au coup de midi, le disputeur s'arrêtait, ivre de sons, étourdi de bruit, idiot, hébété. Il était *dignus intrare in illo docto corpore.* »

Ceci explique la vogue dont jouissaient les charlatans empiriques et opérateurs de tout genre, vendeurs d'orviétans qui parfois guérissaient des maux imaginaires avec des remèdes non moins imaginaires. Quelques-uns, comme Contugi et Melchissédec Barry, opéraient au Pont-Neuf, à la place Dauphine, sur des petits théâtres où une troupe de farceurs jouaient d'abord une bouffonnerie pour amorcer les badauds.

Barry jouissait d'une assez grande et légitime vogue. Il guérit de la peste les habitants de Rome, et le Pape fit frapper en son honneur une médaille d'or portant, d'un côté, son effigie, et de l'autre cette inscription : « *Innocentius decimus Barrido, urbis Sanatori, anno salutis 1644.* » A Rouen, le pourpre sévissait : il en purgea rapidement la ville. En 1702, Dancourt et Gillet firent jouer une comédie sous ce titre : l'*Opérateur Barry*. Celui-ci résumait en ce couplet sa philosophie médicale.

> Les chagrins, la mélancolie,
> Sont les plus grands maux de la vie.
> Les secrets dont je les guéris
> Sont les plaisirs, les jeux, les ris,
> Un peu d'amoureuse folie,
> Et l'usage des meilleurs vins.
> Avec cela, quel mal peut vous surprendre ?
> Que mes remèdes sont bénins,
> Et qu'ils sont faciles à prendre !

Voici d'autres versiculets qui se rapportent à ce même Barry :

> Sur leurs santés un bourgeois et sa femme
> Interrogeaient l'opérateur Barri,
> Lequel leur dit : « Pour vous guérir, Madame,
> Baume plus sûr n'est que votre mari. »
> Puis se tournant vers l'époux amaigri :
> « Pour vous, dit-il, femme vous est mortelle. »

« Las ! dit alors l'époux à sa femelle,
Puisqu'autrement ne pouvons nous guérir,
Que faire donc? — Je n'en sais rien, dit-elle,
Mais, par saint Jean, je ne veux point mourir. »

D'autres individus, qui s'intitulent dentistes, oculistes, botanistes, chimistes, herboristes, exercent leur industrie sur le Pont-Neuf ; quelques-uns sont vraiment habiles, tel Carmeline, dentiste à la mode au début du règne de Louis XIV, qui prétendait arracher les dents sans douleur, et sans *clavier, pélican, élévatoire, poussoir* ou *rifragan ;* il avait pour devise : *Uno avulso non deficit alter.* Gens à secrets, souffleurs ou alchimistes, chimistes de tout poil et de tout pays, inondent les rues d'affiches où ils ne se gênent point pour mettre en garde les malades contre l'ignorance des médecins des Facultés. La crédulité populaire, quelques cures heureuses les rendent parfois célèbres. Détail typique, un duc de Bouillon, en 1667, obtient de Louis XIV un privilège spécial pour la vente « d'un petit sachet de la grandeur d'une pièce de 15 sols, pour garantir toute sorte de personnes de la vermine, et en retirer ceux qui sont incommodés sans mercure ».

A leur tour, les empiriques ne laissent pas de faire une concurrence sérieuse aux docteurs patentés. Nicolas de Blégny définit la médecine empirique : « Celle qui est pratiquée par des particuliers dont l'étude n'a pas été assez réglée pour parvenir aux degrés, et qui se fonde principalement sur les épreuves de quelques recettes médicales. » Les plus fameux empiriques étaient les Capucins du Louvre, inventeurs du Baume tranquille ; le Fr. Jacques, qui le premier pratiqua la taille latéralisée, et ce Fr. Ange que consultait le Dr Vallant lui-même : « S'il faisait du tort à la médecine, observe Vallant, il n'était pas du tout charlatan. » Si merveilleuses éclatèrent certaines guérisons obtenues par d'autres capucins, que le roi les logea au Louvre et leur fournit l'argent nécessaire pour établir un laboratoire : mais cette grande vogue ne dura pas longtemps. Parmi les empiriques laïques figurait le chevalier Talbot, *avec son remède anglais,* qui n'était qu'une teinture de quinquina ; en 1679, il guérit le roi d'une fièvre intermittente, fut créé chevalier, gratifié d'une pension de 2,000 livres, installé au Louvre ; Louis XIV lui acheta son remède et le rendit public ; — la Martinière, « médecin chimiste et opérateur de Sa Majesté, » auteur de nombreux ouvrages sur l'art « de conserver sa santé par le régime de vivre », art recommandable en un temps où l'hygiène laissait fort à désirer ; — Nicolas de Blégny, qui avait l'esprit fort inventif, entendait à merveille la réclame, et, malgré des qualités assez rares, finit par être enfermé sept ou huit ans au château d'Angers. A la fin du xviiie siècle, certains demi-charlatans avaient reçu le surnom de *médecins d'urine :* l'inspection des urines était alors un grand point (voyez la *Femme hydropique* de Gérard Dou au Louvre) ; déjà Mme de Sévigné prenait de l'extrait d'urine et s'en trouvait fort bien, assure-t-elle.

Sévère, mais injuste, vivant resserré dans son horizon, Gui Patin écrit en 1664 : « Nous sommes arrivés à la lie de tous les siècles ! » Comme il exècre Guénaut,

un des adeptes de l'antimoine ! Comme il l'accuse
d'avoir empoisonné femme, neveu, filles, gendres, avec
l'antimoine !

Et avec quelle joie il enregistre une épigramme contre
le premier médecin du roi, Vallot, autre médecin chimique, qu'on accusait d'avoir tué la reine d'Angleterre,
fille de Henri IV, femme de Charles Ier !

> Le croiriez-vous, race future,
> Que la fille du grand Henri
> Eut, en mourant, même aventure
> Que feu son père et son mari ?
> Ravaillac, Cromwell, médecin,
> Tous trois sont morts par assassin.
> Henri, d'un coup de baïonnette,
> Charles finit sur un billot,
> Et maintenant meurt Henriette,
> Par l'ignorance de Vallot.

Comme Gui Patin rappelle que l'antimoine fut condamné par deux décrets solennels de la Faculté, en 1566,
en 1615 — et attaqué directement en pleine cour par
Benserade, dans le ballet de l'*Amour malade,* que dansa
le roi lui-même en 1657 !

Mais qu'est-ce que l'antimoine ? D'après une légende
peu authentique, Basile Valentin, moine bénédictin, et
de plus philosophe, alchimiste, astrologue, médecin,
ayant isolé un métal mal connu avant lui, en fit prendre
d'abord à des porcs auxquels il réussit à merveille. Le
minerai d'antimoine, en effet, contient certaine sub-
stance qui, absorbée à petites doses, engraisse. Encouragé par le succès, Basile Valentin aurait administré sa

découverte aux moines de son couvent, qu'elle rendit fort malades ; il en tira cette déduction : ce métal convient aux porcs, ne convient pas aux moines, appelons-le antimoine. Au reste, il fit de nouveaux essais, s'enivra de son idée, s'imaginant avoir trouvé la panacée universelle, et il publia un mémoire sous ce titre emphatique : *Le char triomphal de l'antimoine.*

Trente ans après, Paracelse préconise l'antimoine, l'introduction dans la thérapeutique des remèdes tirés du règne minéral, la rupture complète avec les traditions de l'antiquité le tout mélangé de théories nuageuses sur l'or potable, l'harmonie universelle, le panthéisme et l'alchimie. La querelle des partisans, des adversaires de l'antimoine, dura plus d'un siècle, et les Trissotins, les Vadius de la médecine s'y donnèrent libre carrière. On discuta pédantesquement la question de savoir si Adam qui, dans le paradis, donna, d'après la *Genèse,* un nom à toutes choses, nomma aussi l'antimoine ; s'il faut l'assimiler à un cercle qui n'a ni commencement ni fin ; Protée des métaux, métal ou minéral, racine des métaux parce qu'il les produit tous ; loup des métaux, parce qu'il les dévore, autant de sujets de lourdes dissertations pour et contre, avec dupliques, répliques et tripliques à l'infini.

Tout homme a dans le cœur un *cuistre* qui sommeille.

Ce cuistre était singulièrement éveillé et menait grand tapage. La plus belle promesse que, selon les antimoniaux, Dieu pût faire à son peuple, c'était de le loger dans un palais d'antimoine. Même les poètes se mirent de la partie, et non seulement les médecins (car il y a parmi eux presque autant de versificateurs que parmi les magistrats), mais les poètes sans épithète.

En 1658, le roi tombe gravement malade à Calais ; Guénaut le traite, emploie l'antimoine et le guérit. D'aucuns affirment qu'il dut son salut à un obscur praticien d'Abbeville, nommé du Saussoy, qui insista pour l'émétique. « Ce bonhomme, rapporte Voltaire, s'asseyait sur le lit du roi, au mépris de toute étiquette, et disait : « Voilà un garçon bien malade, mais il n'en mourra « pas. » Quoi qu'il en soit, la fortune de l'antimoine fut de ce jour assurée, au grand désespoir de Gui Patin, et Guénaut porté aux nues. Scarron s'institua l'interprète du bonheur public :

> A la cour où régnaient la tristesse et l'effroi,
> On faisait nuit et jour mille vœux pour le roi,
> Quand l'illustre Guénaut calma ce grand orage.
> Il vient, il voit le roi, l'entreprend, le guérit.
> Quel Dieu, quel Esculape en eût fait davantage ?

La réhabilitation officielle ne pouvait tarder indéfiniment : le 18 décembre 1666, Jacques Thévart présenta au Parlement une requête pour obtenir l'existence légale de l'antimoine, quatre-vingt-douze docteurs sur cent deux se prononcèrent pour, et le Parlement rendit un arrêt permettant à tous docteurs de la Faculté de Paris de se servir du vin émétique pour la cure des maladies. Beaucoup n'avaient pas attendu son autorisation. Disons aussi qu'au xviie siècle et avant le xviie siècle, avec la méthode *a priori* ou dialectique, avec la méthode expérimentale, et souvent aussi en dépit de ces méthodes, par le simple bon sens ou l'art des simples, de très nombreux médecins se montrent vraiment guérisseurs, soucieux de leur art et de leurs malades, désintéressés, courageux devant le danger, praticiens habiles et nullement charlatans (1).

Sous Louis XIV, le métier à Paris rapporte gros, la vie matérielle coûte peu, le médecin ne paie pas d'impôts. Eusèbe Renaudot gagne 7,000 livres en dix mois ; Nicolas Brayer se fait 80,000 livres par an et amasse 30,000 écus de rente : chaque visite se paie d'ordinaire un *écu blanc* ou un écu d'or, soit 120 sols, 12 francs de notre monnaie actuelle. Les Esculapes aiment la bonne chère et le bon vin, Gui Patin reproche à Guénaut son âpreté au gain. « Un grain de fortune, disait Guénaut, vaut mieux que dix onces de vertu. » Mais il faut se méfier des coups de langue de Gui Patin : lui-même n'a-t-il pas pris soin de nous avertir qu'il ne méprise nullement les honoraires ? « Quand j'étais jeune, je rougissais de recevoir de l'argent ; maintenant je rougis quand on ne m'en donne point. »

Aux yeux du gros public, et dès cette époque, l'argent que gagne un médecin n'est que trop devenu la cote de sa valeur.

Parmi les médecins beaux esprits, il faut citer : le Dr Bourdelot, ami des premiers écrivains de son temps, médecin du grand Condé et de Christine de

---

(1) BUSSI-RABUTIN écrit : « Il faut que j'aie une conversation avec Sa Majesté, c'est le vin émétique pour moi. »

Suède ; Bernier-Mogol, le *joli philosophe,* qui composa avec Boileau le fameux *Arrêt burlesque,* grand épicurien, ami intime de Saint-Evremond, Bois-Dauphin et d'Olonne : assez mauvais courtisan, il répondit à Louis XIV qui lui demanda quel pays il préférait : « La Suisse. » Bernier fut médecin d'Aureng-Zeb pendant huit ans. Libertin déterminé (1), il était devenu presque spiritualiste après ses voyages, écrivait à Chapelle : « Il me semble bien raisonnable de croire qu'il y a quelque chose en nous de plus parfait que tout ce que nous appelons corps ou matière. » — Marin Cureau de La Chambre, médecin ordinaire de Louis XIII, familier du chancelier Séguier, qui écrivit *Les caractères des passions, L'art de connaître les hommes ;* membre de l'Académie française, spirituel épistolier, il soumettait ses travaux philosophiques à Mme de Sablé, chez laquelle il retrouvait Pilet de La Mesnardière, son confrère à la Faculté et à l'Académie, rimeur et médecin tout ensemble. Costar rend cet hommage à Marin Cureau qu'il « est l'homme de France qui a le mieux écrit des sciences en français. » Son fils, l'abbé Pierre de La Chambre, fut aussi de l'Académie, il aimait les artistes, les lettres, la poésie, et fit un vers dans sa vie, ce qui donna lieu à Boileau de s'écrier : « Ah ! Monsieur, que la rime en est belle ! » — Vallant, qui rassembla avec soin dans ses portefeuilles tous les papiers qu'on appor-

---

(1) Libertin est ici synonyme de libre penseur, *athée* ou *athéiste,* comme on disait jadis. Voir mon troisième volume : *Les Libertins et Saint-Evremond.*

tait chez une illustre malade imaginaire, la marquise de Sablé : il y resta de 1663 à 1678 comme médecin, secrétaire, intendant, continua de fréquenter ce salon, fut premier médecin de Mme de Guise. Il est à l'affût des petits moyens, cause avec les chambrières qui lui révèlent les *formules mystérieuses* de leurs maîtresses. Cousin l'accuse de s'approprier les lettres de la marquise de Sablé, « même les plus intimes, aux dépens de l'amitié, et au plus grand profit de l'histoire ».

Née dans les cloîtres, la médecine du moyen âge demeure longtemps ecclésiastique, et presque seuls les clercs la pratiquent ; d'où ce singulier effet que les laïques médecins eux-mêmes se voyaient astreints au célibat, et que cette règle, plus ou moins observée, comme on l'a vu plus haut, survécut longtemps aux décrets des conciles qui défendaient aux prêtres l'exercice de la médecine. Le cardinal d'Estouteville, chargé, en 1452, par le pape Nicolas V, de réorganiser l'Université de Paris, déclara le célibat médical *chose impie et déraisonnable*, et le supprima. Autre conséquence : la qualité de prêtre empêchait l'homme d'église de verser le sang même dans l'intérêt des malades. *Ecclesia abhorret a sanguine.* Donc il doit se contenter de prescrire opérations et saignées à des subalternes, chargés d'exécuter ses ordonnances. Dès lors, l'Université de Paris repousse les chirurgiens, qui protestent contre cet ostracisme par le meilleur témoignage, en marchant, en progressant, tandis que la médecine s'affaisse dans une agitation stérile. Ils ont d'ailleurs une confrérie, leur collège de Saint-Côme, consacré, dès la seconde moitié du xiv⁵ siècle, par des édits et lettres patentes des rois de France. La bataille entre les chirurgiens et médecins commence au xv⁵ siècle, se poursuit à travers mille incidents jusqu'à la veille de la Révolution française (1).

« Durant tout le temps que la médecine a été unie à l'Église, les physiciens n'ont pas troublé la chirurgie. Mais depuis que le cardinal d'Estouteville leur eut donné des femmes au lieu de bénéfices, leur ambition se réveilla ; elle poursuivit les chirurgiens sans relâche, et elle retarda par des disputes opiniâtres la perfection de leur art. »

Ainsi parle Quesnay, défenseur naturel des chirurgiens, qui reprochaient aux médecins leur jalousie, tandis que ceux-ci dénonçaient les perpétuels empiètements de ces enfants ingrats. Les uns et les autres ne manquaient ni de bonnes ni de mauvaises raisons.

Troisième conséquence des origines hiératiques de la médecine : Esculape doit veiller sur l'âme du client. Pie V lui défend de faire plus de trois visites au malade non confessé (1566). Une Déclaration royale de 1712 approuve cette bulle en l'aggravant : le pape accorde trois visites, le roi n'en permet plus que deux ; à la troisième, le médecin doit se retirer si son client

---

(1) Rappelons cette définition, fameuse au xvii⁵ siècle : la chirurgie est un art manuel, borné à la diérèse, la synthèse et l'exérèse. Elle a dans ses attributions la lèpre, la syphilis, les accouchements aussi à partir du xvi⁵ siècle : jusque-là c'étaient les sages-femmes qui aidaient les princes à sortir « du cloître maternel pour commencer mortelle vie. »

ne lui présente pas un billet de confession, sous peine de trois cents livres d'amende pour la première fois, d'être interdit de toutes fonctions pendant trois mois, ou pendant toute la vie, en cas de récidive.

Observons encore qu'un médecin se fût perdu dans l'opinion s'il eût paru au théâtre. C'était un passe-temps trop frivole pour les professions sérieuses. D'Aguesseau, le chancelier, n'y va pas une seule fois pendant toute sa vie. Le XVIIIe siècle allait renverser ces règles de bienséance ; médecins et magistrats ne se feront plus scrupule d'aller applaudir Corneille au Théâtre-Français.

Le bâton de maréchal d'un docteur, sous l'ancien régime, c'est la charge d'archiâtre, premier médecin du roi, charge où la science ne suffit pas toujours : il y faut encore le tact, la souplesse du courtisan, de la complaisance sans servilité, — charge parfois très pénible, selon que le royal client est enclin ou non à tourmenter son Esculape, si pénible, que l'un d'eux, Dulaurens, mourut à la peine. Un autre, Nicolas Petit, premier médecin de Henri IV, « ne pouvant accommoder sa vie ni ses mœurs à celles de la Cour, obtint de se retirer en sa maison à Gien, aimant mieux gouverner là son compère le savetier et boire librement avec lui, que de courtiser et de gouverner les dieux de la Cour, avec envie possible et calomnie, à laquelle ceux de cet état sont volontiers exposés. »

A la fin du règne de Louis XIV, le premier médecin touche 40,000 livres d'appointements, il a la surintendance du Jardin des Plantes et de toutes les eaux minérales de France, le titre de conseiller d'État : son privilège le plus envié est de pénétrer tous les jours dans la chambre du roi encore couché, et avant les grandes entrées. Il doit aussi être présent, en robe de satin, au dîner de Sa Majesté; il a le titre de comte et transmet à ses descendants une noblesse réelle. Naturellement sa clientèle est immense, les courtisans assiègent son cabinet. « Il vaut mieux, dira Chamfort, offenser un ministre que l'homme qui l'assiste dans sa garde-robe. »

Le service médical de Louis XIV comprend encore : un médecin ordinaire et huit médecins servant par quartier, le premier recevant 5,500 livres, les autres 2,473 livres; un médecin anatomiste, un médecin botaniste, tous deux payés par la Faculté de Montpellier; un médecin mathématicien à 600 livres; 66 médecins consultants à 400 livres; quatre médecins « spagiriques » à 1,200 livres : ces derniers représentant l'école chimique, très en crédit auprès des malades, assez mal vue de la Faculté. Ces fonctions lucratives coûtaient cher; sous la forme de pots-de-vin secrets ou d'indemnités ostensibles, un nouveau médecin ordinaire du roi payait parfois plus de 200,000 francs (1).

Le médecin ordinaire succède en général au premier médecin, quelquefois même il le supplante, comme on peut le voir dans les *Mémoires* de l'abbé de Choisy. Je résume son récit.

« Mme de Maintenon protégeait Fagon depuis qu'il

---

(1) Sur les Premiers Médecins de Louis XIV, voir *Chronique médicale*, 1901, pp. 369, 465, 400, 433, 529.

avait accompagné le duc du Maine à Barèges. Le roi n'avait jamais le moindre mal de tête qu'elle ne le fît appeler, pas avant, toutefois, qu'il n'eût vu le premier médecin Daquin, dont l'autorité ne pouvait être ébranlée qu'à la longue. Louis XIV, étant à Marly, eut un fort grand accès de fièvre. Les médecins, vers minuit, voyant que la fièvre diminuait, lui firent prendre un bouillon. Daquin dit : « Voilà la fièvre qui est sur son déclin, je m'en vais me coucher. » Fagon fait semblant de le suivre, et s'arrête dans l'antichambre, murmurant entre ses dents : « Quand donc veillerons-nous? Nous avons un si bon maître, et qui nous paie si bien ! » Il se met dans un fauteuil, appuyé sur son bâton; il y était aussi bien que dans sa chambre, parce qu'il ne se déshabillait jamais, à cause de son asthme. Une heure après, le roi appela le premier valet de chambre, et se plaignit de la fièvre. — Sire, dit Niert, M. Daquin est allé se coucher, M. Fagon est là; le ferai-je entrer? — Que me dira-t-il? reprit le roi, qui craignait que le premier médecin ne le sût. — Il vous dira peut-être quelque chose, il vous consolera. — Fagon entra, tâta le pouls, fit prendre de la tisane, changer de côté, et enfin il se trouva seul auprès du roi pour la première fois de sa vie. Daquin eut son congé trois mois après sur une bagatelle dont on lui fit une querelle d'Allemand. Il avait demandé l'archevêché de Tours pour son fils; si demander plus qu'il ne devait avait été un crime, il y avait longtemps qu'il eût été criminel. Il était aussi connu pour son avidité que d'autres l'étaient pour leur ennui ou leur esprit. »

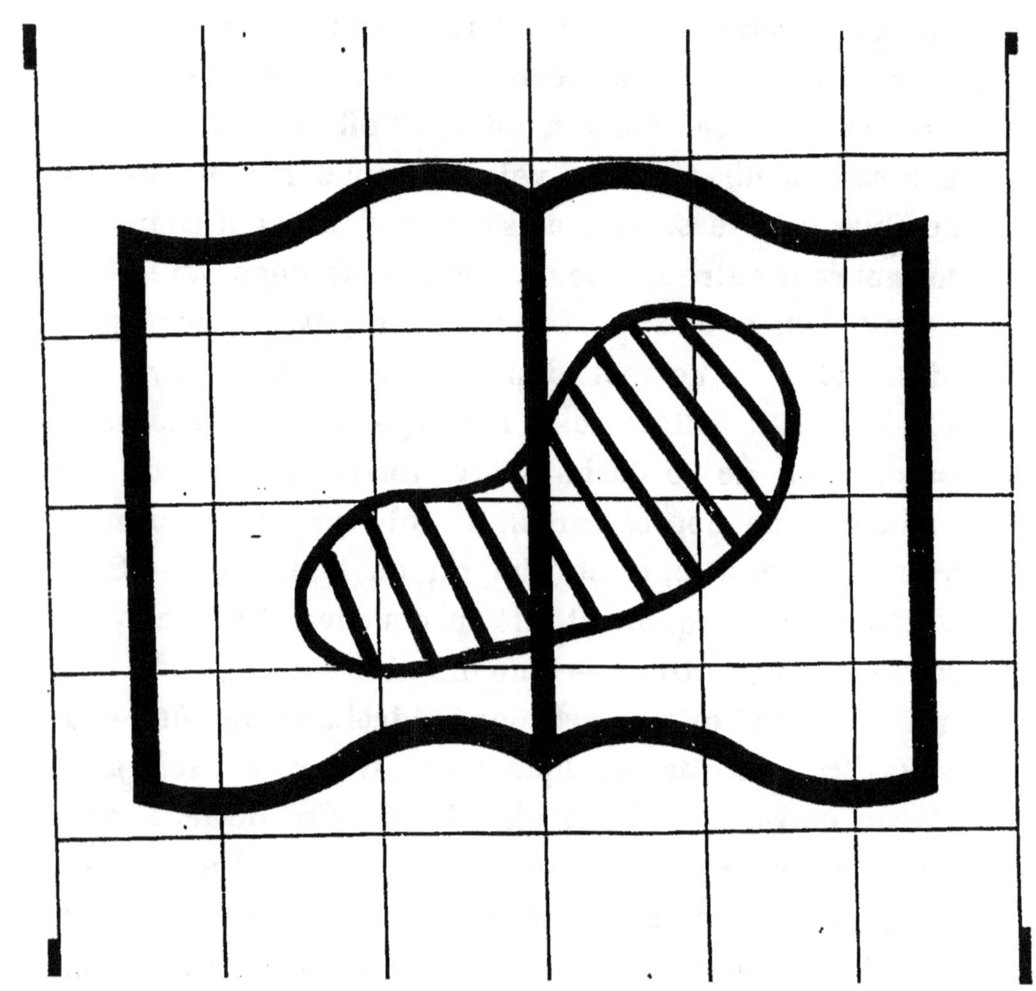

On vint dire au roi, un matin à son lever, qu'un vieil officier qu'il connaissait et qu'il aimait était mort dans la nuit. Louis XIV répondit qu'il en était fâché, que c'était un ancien domestique qui l'avait bien servi et qui avait une qualité bien rare dans un courtisan, c'est qu'il ne lui avait jamais rien demandé. En disant ces mots, le roi fixa les yeux sur Daquin, qui comprit bien ce que le roi voulait lui reprocher ; mais, sans se déconcerter, il dit au roi : « Oserait-on, Sire, demander à Votre Majesté ce qu'Elle lui a donné ? » Le roi n'eut rien à répondre, car il n'avait jamais rien donné au courtisan si discret. Ainsi parle Astruc dans ses *Mémoires* pour servir à l'histoire de la Faculté de Montpellier.

Quelquefois sa position, quelquefois aussi son caractère, jettent le premier médecin dans les hasards de la politique. Vautier se trouve ainsi métamorphosé en chef de parti : il passait pour dominer entièrement la reine Marie de Médicis, et les mémoires du temps parlent souvent du parti Vautier, qui faillit obtenir de Louis XIII la disgrâce de Richelieu. Ce fut la Journée des Dupes ; Vautier alla pendant douze ans méditer à la Bastille sur son imprudence, dans une captivité si rigoureuse que la reine-mère, retirée aux Pays-Bas et à Cologne, le réclama à plusieurs reprises et toujours en vain. La Bastille porte conseil : Vautier reparut à la Cour après la mort du cardinal, obtint force bénéfices, devint médecin de Mazarin, premier médecin de Louis XIV, et mourut fort riche en 1652. Un autre médecin de Louis XIII, Cérelle, fut envoyé aux galères

par Richelieu, parce qu'on le trouva porteur d'un horoscope qui concernait le roi et contrariait les projets du
ministre.

Dans l'antiquité et dans les temps modernes, dans le
présent et le passé, peu de professions ont été aussi
chansonnées et chansonnantes, attaquées et défendues
avec autant de violence, avec autant de justice parfois,
avec autant d'injustice en d'autres cas. Clients, poètes,
magistrats, auteurs dramatiques, romanciers, faiseurs
de mémoires, que de gens ont dénoncé la rapacité,
l'ignorance médicales! Combien aussi ont porté aux
nues la probité, la générosité, la science de la gent qui
guérit! Que de satires, que de calomnies, que de bon
et de faux esprit dépensés à propos des Esculapes,
par les Esculapes eux-mêmes, car ils se sont défendus,
ils ont attaqué, et ils se sont aussi trahis les uns les
autres devant le public!

Laissons de côté les violences et les gros mots, les
traits connus de Rabelais, Boursault, Brueys, La
Bruyère, Dufresny, ceux de ce Cyrano qui n'était pas de
Bergerac, mais de Paris : « Écuyers à mules, démons
gradués, dit ce dernier, ils enveloppent leur venin dans
de si beaux termes, que dernièrement je pensais que le
mien m'eût obtenu du Roi une *abbaye commendataire*,
quand il m'assura qu'il m'allait donner un *bénéfice du
ventre...* L'avocat tourmente la bourse, le médecin le
corps, et le théologien l'âme... » Qui ne se rappelle les
railleries de Molière, lequel d'ailleurs n'a fait que
reprendre les plaisanteries de Tabarin et de Gauthier-

Garguille, en les revêtant de son génie, en y ajoutant le fruit de ses observations personnelles? Il a pour amis particuliers les Drs Bernier, Liénard et Mauvillain, qui lui fournirent beaucoup des traits qu'il lança, non contre la médecine, mais contre une partie des médecins. Le Roi lui ayant demandé : « Vous avez un médecin, que vous fait-il? — Sire, répondit Molière, nous causons ensemble, il m'ordonne des remèdes, je ne les fais pas, et je guéris. » Le mot a-t-il été dit? En tout cas, c'est en faveur du fils de Mauvillain que Molière adressa à Louis XIV le placet qui se trouve en tête de *Tartufe*. La requête fut octroyée. Et l'on sait le mot de Louis XIV à propos du *Malade imaginaire :* « Les médecins font assez souvent pleurer pour qu'ils fassent rire quelquefois. »

Aussi bien Molière n'a rien inventé. Écoutez Saint-Simon parlant du médecin le plus éclairé de son temps : « A l'avis de Fagon, il n'était permis de guérir que par la voie commune des médecins reçus dans les Facultés, dont les lois et l'ordre lui étaient sacrés. » C'est la doctrine du docteur de Molière qui, « quand on devrait crever, ne démord pas d'un iota des règles des anciens, et, pour tout l'or du monde, ne voudrait pas avoir guéri une personne avec d'autres remèdes que ceux que la Faculté permet. » Les Mémoires du temps sont remplis des homicides imputés à Fagon; à entendre Paul de Saint-Victor qui, d'ailleurs, l'accuse un peu à la légère, il tue le Grand Dauphin, il expédie Barbezieux; si l'on écoute Saint-Simon, des cris de détresse retentissent par les salles et les galeries de Versailles. En plein xvıı^e siècle, la médecine demeure trop souvent un sacerdoce grotesque et terrible, exercé dans les ténèbres de la routine, par des pédants tyranniques.

Voici cependant quelques anecdotes, épigrammes, mots plus ou moins connus, à l'adresse des médecins, ou lancés par eux.

Montaigne, qui médit longuement des médecins, affirme qu'il y avait en Égypte une loi en vertu de laquelle le médecin prenait son patient en charge, les trois premiers jours, aux risques et périls de celui-ci ; mais, passé ce délai, c'était aux siens propres. Et on lit dans un volume du xvıı^e siècle qu'en Chine, comme ils sont médecins et apothicaires, ils sont payés quand ils ont guéri le malade, et ne reçoivent rien si le remède n'a pas eu d'effet.

« Docteur, votre malade est mort, malgré vos belles prophéties ! — Vous n'avez pas suivi les progrès de la maladie, il est mort guéri. »

« Tout ce que les médecins ont pu faire pour le rhume de cerveau, c'est de l'appeler coryza. »

« Il n'y a qu'aux médecins qu'il est permis de tirer la langue. »

Un client remet, après la consultation, une indemnité que son docteur juge trop modeste. « Est-ce pour mon domestique ? interroge-t-il avec hauteur. — Non, repart le client, c'est pour vous deux. »

Le mot de Dumas à un médecin : « Oui, je fais des tragédies comme vous ; seulement vous les faites relier en sapin. »

Celui de Villemain, mot déjà fait à Rome et au

xviie siècle, sur un de ses amis : « Il a une fièvre chaude compliquée de quatre médecins. »

Voici le sixain de d'Accilly qui paraphrase lui-même d'autres satiriques :

> Votre précieuse personne
> A quatre médecins aujourd'hui s'abandonne,
> Et suit aveuglément leur sentiment vénal.
> Gillet, mon amitié veut que je vous le die :
> Quatre médecins font un mal
> Plus grand que votre maladie.

Vers sur cinq candidats à l'Académie française en 1826, trois médecins et deux abbés :

> Trois docteurs de la Faculté
> Se présentent, dit-on, à notre Académie. —
> Elle est donc bien malade ? — On craint tout pour sa vie :
> Deux ministres de Dieu, déjà, par charité,
> A son guichet frappent de compagnie. —
> L'Académie est à l'extrémité !

Boutade du Dr X... devant lequel on faisait l'éloge d'un confrère. « Un médecin, lui ! réplique-t-il, c'est un *marchand de santé*, et pas autre chose. »

On demande à B... des nouvelles d'une malade : « Elle est morte dans d'horribles souffrances. Mais ce qu'il y a d'affreux, d'épouvantable, c'est qu'on a cru que je l'avais mal soignée. »

On parlait devant Francis Wey de deux frères, un colonel, un médecin, obligés par leur métier à tuer les gens. — « Au moins, dit-il, en temps de paix le militaire se repose. »

« Je suis harassé, mes malades me tuent. — Vous le leur rendez bien. »

« Docteur, je travaille comme un bœuf, je mange comme un loup, je suis fatigué comme un chien, je dors comme un loir. » — Le docteur : « Moi, dans ce cas-là, j'irais voir un vétérinaire. »

Un oculiste, à un de ses clients qui a perdu la vue, et qu'il va opérer : « Vous avez confiance en moi ? — Une confiance... aveugle. »

Un vieux général, qui vient d'épouser une jeune fille de dix-neuf ans, interroge son médecin : « Crois-tu que je peux espérer des enfants ? — Espérer, répond l'ami, oh non ! Craindre, c'est une autre affaire. »

« Si Z... a du talent ! Je crois bien ! Mon oncle était à toute extrémité, et c'est de sa faute s'il est vivant aujourd'hui. »

Un client du Dr A..., mari d'une charmante jeune femme, lui disait après sa consultation : « C'est que vous savez, je tiens à la vie ; je ne veux pas mourir encore. — Vous avez tort, riposte le docteur, votre femme ferait une bien jolie veuve. »

Un médecin de campagne allait visiter un malade au prochain village. Il prit avec lui son fusil pour chasser en chemin ; un paysan le rencontre et lui demande où il va. « Voir un malade. — Avez-vous peur de le manquer ? »

« Docteur, vous mangez du foie gras, et vous m'avez dit l'autre jour : « J'ai l'estomac dans le même état que le vôtre ; si vous voulez guérir, ne mangez pas de foie gras. — C'est vrai, je vous ai dit ça, mais moi... je ne veux pas guérir. »

Conseil d'un médecin à une danseuse qui engraisse : « Essayez de vivre deux ans rien qu'avec vos appointements ! »

Ce soupir d'un médecin enrhumé : « Je tousse comme un client. »

Entre médecins : « Tu sais bien, X..., notre confrère, il est mort. — Tiens ! le pauvre garçon ! il ne paraissait pas si malade. — Je sais bien, mais... — Mais quoi ? — Il a voulu se soigner lui-même. »

Le Dr Delpech, accosté à Montpellier par un petit mendiant qui n'a pas de nez, lui jette : « Je n'ai pas ma bourse, mais si tu veux venir avec moi, je te ferai un nez. » Il réussit à merveille, et ce fut sa première opération de rhinoplastie.

En 1814, Alexandre Ier, visitant la Salpêtrière avec l'empereur d'Autriche, dit, à propos d'un détail de service, qu'en Russie les choses se passaient autrement. « En Russie, c'est possible, sire, riposte Rostan, mais en France nous faisons mieux. »

« Ce Mouravief a un cœur de pierre, disait-on à propos de sa cruauté envers les Polonais. — Et son cœur lui est descendu dans la vessie, » ajoute Dolbeau. En effet, Mouravief avait la maladie de la pierre.

Un médecin des colonies, qui possédait une sucrerie, s'aperçoit qu'on lui a dérobé une somme considérable. Il assemble ses nègres : « Mes amis, le Grand Serpent m'est apparu pendant la nuit, il m'a dit que le voleur aurait en ce moment une plume de perroquet sous le nez. » Le coupable, aussitôt, porte la main à son visage.

« C'est toi qui m'as volé, tonne le maître, le Grand Serpent vient de m'en instruire. »

« La médecine est une science, mais la clientèle est un art. »

« Chère doctoresse, je vous adore ; si vous lisiez dans mon cœur ! — Soyez tranquille ! un jour je le disséquerai. »

« Mes clients disent beaucoup de mal de moi : si je disais ce que je pense d'eux ! »

Un médecin se bat en duel, étend par terre son adversaire, pâlit un peu, et s'étonne : « Je dois l'avoir tué ; c'est drôle, à l'épée ça fait quelque chose. »

Le médecin de Crébillon, pendant une grave maladie, lui adressa cette étrange requête : « Si vous mourez, laissez-moi ce que vous avez fait de *Catilina.* » Le poète répondit fièrement par ces vers de son *Rhadamiste :*

Ah ! doit-on hériter de ceux qu'on assassine ?

Une dame avait deux médecins, l'un très royaliste, l'autre forcené républicain, qui se disputaient sans cesse en sa présence : « Messieurs, je vous en supplie, sourit-elle, entendez-vous un peu mieux sur ma constitution que sur celle de l'État. »

« Il faut avoir un grand médecin qui vous conseille, et un petit médecin qui vous soigne... Entre toutes les fonctions civiles, le métier de chirurgien est celui qui ressemble le plus au métier du soldat : sa vie est une bataille ; comme un général aux prises avec l'ennemi, il doit avoir son plan d'attaque et de défense, et compter

sans cesse avec les accidents, conserver tout son sang-
froid et l'entière possession de lui-même dans tous les
instants critiques ; il est tenu, lui aussi, de travailler
dans le sang, et de n'avoir jamais l'esprit plus lucide
que quand la liqueur rouge coule à flots. Il faut enfin
que, comme un chef d'armée, il ait l'amour des grandes
responsabilités, qu'il les porte sans plier, qu'il les porte
avec joie. » (CHERBULIEZ.)

Après une longue maladie, C... reçoit la note de son
médecin, une véritable note d'apothicaire où l'Esculape
n'avait même pas oublié les visites qu'il faisait volontiers à l'heure du dîner ; une visite était aussi marquée
à une date où C..., convalescent, se rappelait être sorti
toute la journée, et comme il en faisait la remarque,
ajoutant qu'il avait arrêté son coupé boulevard de la
Madeleine, pour serrer la main du docteur : « Parfaitement, reprit celui-ci avec le plus beau sang-froid, je vous
ai tâté le pouls sans en avoir l'air, pour ne pas vous
inquiéter. »

> Affecter un air pédantesque,
> Cracher du grec et du latin,
> Longue perruque, habit grotesque,
> De la fourrure et du satin,
> Tout cela réuni fait presque
> Ce qu'on appelle un médecin.
>
> (CYRANO DE BERGERAC.)

Je tiens d'Alexandre Dumas fils, qu'en 1848, lors du
pillage des Tuileries, un certain nombre d'envahisseurs
avalèrent des diamants, en moururent à l'hôpital, qu'un
médecin racheta les corps et s'en fit une fortune.

On conte qu'à la troisième représentation d'une comédie de Brisebarre et Nus : *Les Médecins*, une dame s'étant trouvée mal au balcon, son voisin cria : « Un médecin, un médecin ! » et que l'orchestre se dressa comme un seul homme : « Voilà, voilà ! » Ce fut un éclat de rire général.

C'est une plaisanterie courante, à la Faculté de médecine, de rappeler la réponse du candidat à cet examinateur qui, après avoir accumulé les difficultés autour d'un cas chirurgical, interrogeait : « Que feriez-vous si, à ce moment de l'opération, telle complication se présentait ? — J'irais vous chercher, Monsieur. »

« Il n'y a qu'à voir ces messieurs pour ne vouloir jamais les mettre en possession de son corps. » (Mme DE SÉVIGNÉ.) Et à propos de son neveu, le jeune Grignan : « Il a tout ce qu'un médecin pourrait lui ôter de santé, si on le mettait entre ses mains. » Pascal : « Tous les maux viennent de ne pas savoir garder sa chambre. »

Connaissez-vous la légende médicale de l'amoureux ? Son amie est en danger de mort, et il se met à la recherche d'un médecin. Dans sa course, il rencontre une vieille femme qui lui demande l'aumône, et à laquelle il jette une pièce d'or, avec ces mots : « Priez pour elle ! » Mais la mendiante se transforme en fée et dit : « Tu as été bon, je veux te rendre service. — Alors, indiquez-moi un bon médecin. — Prends cet anneau, et tu pourras juger toi-même : il y a un médecin qui demeure en face d'ici, et c'est le plus fameux de la ville. » Le jeune homme ayant passé l'anneau à son doigt, sa vue acquiert une puissance magique. — « Grand Dieu !

Qu'est-ce que ces figures vaporeuses qui voltigent devant la porte? — Ce sont les âmes des malades qu'il a envoyés dans l'autre monde. » La fée disparaît, l'amant continue sa course éperdue, et voit avec désespoir un essaim semblable à la porte de chaque médecin. Enfin, dans un quartier éloigné, il avise une porte devant laquelle gambadait une seule petite âme. « Ah ! venez vite, savant docteur ! » Pendant qu'ils se hâtent vers la malade, Esculape demande comment il l'avait découvert. « Mais, dit le jeune homme, votre science, votre réputation, m'ont guidé. — Ma réputation ! C'est depuis huit jours seulement que je suis ici, et je n'ai encore vu qu'un seul malade. »

Molière, dans le *Festin de Pierre*, définit le médecin : « Un homme que l'on paie pour raconter des fariboles dans la chambre d'un malade, jusqu'à ce que la nature l'ait guéri, ou que les remèdes l'aient tué. »

L'habile médecin.

Je ne sais, mais, mon cher docteur,
J'éprouve certaine faiblesse,
Des éblouissements... Je suis fort mal, d'honneur,
Disait Chloé, la petite maîtresse,
A son médecin, un railleur. —
L'appétit ? — Bon. — Le sommeil ? — Avec l'aide
Du tempérament que voilà,
Je bois, mange et dors bien. — Patience ! Là ! là !
Dit le docteur, je sais plus d'un remède
Qui peut vous ôter tout cela.

Épitaphe d'un médecin qui laissa une fortune assez considérable aux pauvres de sa paroisse :

> Ci-gît, qui ne lut aucun livre,
> Ne savait ni grec ni latin,
> Et, tout mort qu'il est, nous fait vivre.
> Fut-il un plus grand médecin ?

Le docteur B..., sous prétexte qu'il adorait les gens de lettres, les harcelait un peu trop de ses visites. Un jour, on l'annonce chez Émile Augier. « Ah ! dites-lui que je ne peux pas le recevoir aujourd'hui... *Je suis malade...* »

« ... Il y a longtemps déjà que l'on improuve les médecins et que l'on s'en sert : le théâtre et la satire ne touchent point à leurs pensions ; ils dotent leurs filles, placent leurs fils aux parlements et dans la prélature ; et les railleurs eux-mêmes fournissent l'argent. Ceux qui se portent bien deviennent malades, il leur faut des gens dont le métier soit de les assurer qu'ils ne mourront point. Tant que les hommes pourront mourir et qu'ils aimeront à vivre, le médecin sera raillé et bien payé. » (LA BRUYÈRE.)

Le riche baron de S... se lamentait d'un ton dolent sur des souffrances plus ou moins imaginaires. « Dame, interrompit son médecin, je ne peux rien pour vous. Qui s'écoute vivre s'entend mourir. »

Z... avait parmi ses clients un conseiller honoraire qui tomba malade d'une fièvre intermittente compliquée d'insomnie. Aucun narcotique n'en pouvait venir à bout. Le docteur imagina un jour ceci. Plusieurs amis du malade prirent place sur des sièges autour de son lit, qui en robe rouge, qui en robe noire, et toque au front : une demi-heure après, le malade s'endormait profondément ; il s'était cru à l'audience.

Une dame un peu railleuse demandait au Dr Simon pourquoi il portait des vêtements clairs, tandis que ses confrères B..., C..., se mettaient plutôt en noir : « C'est tout simple, dit-il, ces messieurs que vous venez de nommer portent le deuil de leurs clients ; et moi, je porte la guérison des miens. »

Le professeur Hippolyte Royer-Collard, neveu du doctrinaire, n'avait pas su plaire aux étudiants, qui le trouvaient trop dandy, trop mondain : d'où leçons tumultueuses, bordées de sifflets, conduites à travers les rues. Un jour, escorté par une bande plus bruyante que respectueuse, Royer-Collard arrive au Pont-des-Arts qui, alors, était soumis au péage d'un sou : il tire de son gilet un louis, le remet à l'invalide : « Pour moi et ma suite », jette-t-il. Les bravos remplacent les huées : un geste, et le professeur était devenu populaire. En France, à Paris surtout, des mots, des traits d'esprit n'ont-ils pas édifié ou détruit de grandes fortunes ?

Un médecin fort savant, fort académicien, mais solennel, rogue et pédant à plaisir, affectait de mépriser l'esprit, sous prétexte que de nos jours il court les rues. Une dame se pencha vers son voisin et murmura : « Soit, mais alors cet Esculape eût bien fait de l'arrêter au passage. »

Quelques proverbes médicaux réunis par le médecin champenois Jean le Bon, l'auteur des *Adages de Solon :*

Trop de docteurs, peu de médecins.

Qui ne mange que pour se garder de mourir, ne lui faut point de drogue.

L'homme n'est faict pour la viande.

Quand le médecin meurt, il est hors d'apprentissage.

Bon est le médecin qui se peut guérir.

> Les médecins et les maréchaux
> Tuent les gens et les chevaux.
> Fy de la pute médecine
> Qui l'homme à mort enchemine.

De jeune médecin cimetière bossu.

On déclare ailleurs que, pour devenir bon praticien, il faut avoir *taupé* le cimetière.

On a plutôt sceu la mort que la maladie.

Le médecin est plus à craindre que la maladie.

Médecine, pauvre science ; médecins, pauvres savants ; malades, pauvres victimes.

« L'art de la consultation consiste à faire plaisir au client tout en préparant l'avenir. Aujourd'hui, il n'y a plus que ce moyen de réussir : avoir une maladie bien à soi. » (MICHEL PROVINS.)

Confession d'un professeur d'histoire à mon ami M. Henri Chabeuf : « L'histoire serait la plus inexacte des sciences, s'il n'y avait la médecine. »

N'épouse jamais un médecin : ce n'est qu'un demi-mari. (PROVERBE.)

Le chef de la maison de banque P..., se sentant malade à la campagne, prie son médecin habituel de faire venir le professeur G. S... en consultation. Celle-ci a lieu ; P..., après la guérison, dit à son docteur : « Il faut maintenant régler ce prince de la science ; il a perdu pour moi une demi-journée. Si je lui envoyais trois mille francs, ce serait bien, je pense ? — Oh ! j'ignore les habitudes de mon confrère en pareil cas ; peut-être vaudrait il mieux vous en assurer. — Très bien, je vais faire les choses largement ; je lui adresse un chèque signé de moi, et laisse la somme en blanc. »Le surlendemain, le chèque était retourné à P... avec ce chiffre : *vingt-cinq mille francs.*

Mercredi 25 janvier 1874. « Le dîner de la princesse (Mathilde) était ce soir bondé de médecins, Tardieu, Demarquay, etc. Les médecins ne fument pas, et quelqu'un, en leur absence, soutenait au fumoir qu'ils étaient les plus nuls des hommes. Moi, là-dessus, comme je me récrie, et que j'affirme que la classe la plus intelligente que j'avais rencontrée dans ma vie était celle des internes, Blanchard me donne raison sur ce point, mais il ajoute, qu'aussitôt leurs études finies, le besoin de gagner de l'argent —l'argent que gagne un médecin, un chirurgien, étant la cote de sa valeur — le retire de tout travail, de toute étude, émousse son observation par l'abêtissement de visites rapides et successives, par la fatigue même des étages montés... — Là-dessus, Flaubert s'écrie : « Il n'y a pas de caste que je méprise comme celle des médecins, moi qui suis d'une famille de médecins, de père en fils, y compris les cousins, car je suis le seul Flaubert qui ne soit pas médecin... ; mais quand je parle de mon mépris pour la caste, j'excepte mon papa... »Et Flaubert continue, et nous peint son père à soixante ans, les beaux dimanches de l'été, disant qu'il allait se promener dans la campagne, et s'échappant par une porte de derrière pour courir à l'*Ensevelis-soir,* et disséquer comme un carabin. Il nous le montre

encore dépensant deux cents francs de frais de poste,
pour aller faire dans quelque coin du département une
opération à une poissonnière qui le payait avec une
douzaine de harengs. »   *(Journal des Goncourt.)*

Henri IV, apprenant qu'un célèbre médecin s'était
converti du calvinisme au catholicisme, dit au duc de
Sully, dont il désirait la conversion : « Ventre Saint-
Gris, mon bon ami ! Ta religion est bien malade, car
elle est abandonnée des médecins. »

M. le Prince disait à un nouveau chirurgien : « Ne
tremblez-vous point de me saigner ? — Pardi, Monseigneur, c'est à vous de trembler, » répondit-il.

Alexandre Dumas père dînait à Marseille chez le docteur Gistal, qui lui demanda d'improviser quelque quatrain sur son album. Dumas prend un crayon, et écrit
sous les yeux de son hôte :

> Depuis que le docteur Gistal
> Soigne des familles entières,
> On a démoli l'hôpital...

— Flatteur ! interrompt l'Esculape.
Mais Dumas conclut :

> Et l'on a fait deux cimetières.

Le Dr Hellis était fort jalousé par ses confrères, ses
propres élèves d'hôpital ne l'épargnaient pas, criaient
en le voyant arriver : « Voilà le Pompier ! » — « Oui,
oui, réplique-t-il, un vrai pompier; car lorsque je suis
au milieu de vous, j'ai surtout des sots (seaux) autour

de moi. » Et de rire, et toute cette malveillance tomba aussitôt.

Le cri du cœur. Un médecin apprend qu'un de ses meilleurs amis vient de mourir d'une maladie que seul il a diagnostiquée, sans que personne y crût : « Et voilà, conclut-il, de ces choses qui font plaisir. »

En 1848, les médecins fonctionnaires ne manquaient pas. A l'Intérieur, le Dr Recurt ; aux Travaux publics, le Dr Trélat ; à la présidence de la Chambre, le Dr Buchez. Un de nos derniers Cabinets compta aussi trois médecins. Quelqu'un dit, à propos de cette invasion médicale : « Nous sommes, en vérité, sous le régime des ordonnances. »

Le comte de Rochester rencontre le Dr Barrow, célèbre mathématicien, qui le salue jusqu'à terre.

« Docteur, dit Rochester rendant le salut, je suis votre serviteur jusqu'au centre de gravité.

— Monsieur le Comte, je suis le vôtre jusqu'aux antipodes.

— Au revoir, docteur, je suis à vous jusqu'au fond de l'enfer.

— Adieu, Milord, permettez que je vous y laisse. »

Deux définitions de la vie :

L'existence est une pendule
Qu'avec grand soin l'on doit garder.
Malheur à l'homme trop crédule
Qui la donne à raccommoder !
Jamais médecin ne recule
Quand il s'agit de la régler.
Mais il l'avance sans scrupule,
Ne pouvant pas la retarder.   DE PIIS.

Le Dr Moreau répondit :

> L'existence est une pendule
> Qu'en vain soi-même on veut régler.
> Malheur à tout homme incrédule
> Qui ne la fait raccommoder !
> Sans doute Hippocrate calcule
> Quand il s'agit d'y regarder.
> Il la retarde sans scrupule,
> Quoiqu'on s'obstine à l'avancer.

Pajot, qui ne brillait point par la bienveillance, malmena en prose et en vers ses collègues. Rayer ayant donné sa démission de doyen, et ayant été remplacé en 1864 par Tardieu, Pajot fit circuler ce quatrain :

> Duruy trouve le seul remède
> Qui peut sauver ce docte lieu;
> C'est d'appeler le ciel en aide
> En invoquant un peu Tard-Dieu.

C'est encore de lui l'épitaphe de Civiale, le lithotriteur :

> De Civiale au cimetière
> Où la mort vient de l'envoyer,
> La tombe n'aura pas de pierre :
> Il sortirait pour la broyer.

Pajot, candidat à l'Académie de médecine, est reçu fraîchement par un de ses membres : « Qui êtes-vous? demande celui-ci. Je n'ai jamais entendu parler de vous. — Mon Dieu, Monsieur, excusez-moi, riposte Pajot en se retirant, on m'avait dit que vous étiez de l'Académic. » — Un autre membre lui dit : « Certes, vous avez tous les titres ; mais comment voulez-vous que je vous donne ma voix ? Voici trois ans que je dîne tous les huit jours chez votre concurrent. — Je repasserai quand vous aurez digéré, » répondit Pajot en s'inclinant.

N'oublions pas le joli sonnet de l'amoureux qui peste contre le médecin de l'aimée :

> Ah! Que je porte et de haine et d'envie
> Au médecin qui vient soir et matin,
> Sans nul propos, tastonner le tetin,
> Le sein, le ventre et les flancs de m'amye !
>
> Las ! Il n'est pas si soigneux de sa vie
> Comme elle pense — il est méchant et fin :
> Cent fois le jour il la visite, afin
> De voir son sein, qui d'aymer le convie.
>
> Vous qui avez de la fiebvre le soin,
> Parents, chassez ce médecin bien loin,
> Ce médecin amoureux de Marie,
>
> Qui faict semblant de la venir panser.
> Que plust à Dieu, pour l'en récompenser,
> Qu'il eust mon mal, et qu'elle fust guérie !
>
> (RONSARD.)

MALADE GUÉRI.

François Coppée nous fait ici le récit de ses impressions de malade :

« Tel que vous me voyez, je suis un poitrinaire guéri. Oui, quand j'étais jeune, il s'est passé dans mon appareil respiratoire une foule de choses sinistres. J'ai eu des tubercules, j'ai eu des cavernes. Tout cela s'est cicatrisé, grâce au ciel, mais non sans dégâts ; et ce n'est qu'avec une moitié de poumon — du côté droit — que j'ai le plaisir de vous haranguer. Ne croyez pas que je plaisante. Sans parler des souffrances qu'il me cause, l'accident fut sérieux et laissa des traces... Ayant voulu contracter une assurance sur la vie, je dus me soumettre à l'auscultation du médecin d'une compagnie qui n'eut pas confiance, et qui me déclara impropre au service, c'est-à-dire à verser mes cotisations. Il y a de cela plus de vingt ans, et je savoure aujourd'hui ma petite vengeance contre les assureurs, en me disant qu'ils ont refusé une bonne affaire... » (Discours de 1894 à l'assemblée générale de l'Œuvre des Enfants tuberculeux.)

N'oublions pas Mme de Sévigné ; si elle aime *fort la médecine,* elle croit *peu aux médecins ;* elle les consulte, n'applique guère leurs ordonnances, les collectionne, n'a pas de plus grand plaisir que de réunir quatre ou cinq docteurs, de les harceler de questions, et de faire naître entre eux une querelle. Si elle se défie d'eux, si elle se gausse de leur forfanterie, de leurs bévues, elle accueille avec une crédulité admirable les inventeurs non diplômés de remèdes, les capucins du Louvre, qu'elle appelle les *pères Esculapes,* les cures de Mme de Charost, les remèdes domestiques de Mme Fouquet, celui du chevalier Talbot, la thériaque céleste de la princesse de Tarente.

Voici un billet de Mme de Sévigné, écrit à Pomponne, qui en dit long sur la manière dont on pratiquait la médecine au XVIIe siècle, même dans le palais de Louis XIV : « J'ai vu la mère de M. Fouquet ; elle me conta de quelle façon elle avait fait donner son emplâtre par Mme de

Charost à la reine. Il est certain que l'effet en fut prodigieux ; en moins d'une heure, la reine sentit sa tête dégagée... et elle dit tout haut que c'était Mme Fouquet qui l'avait guérie... La reine-mère en fut persuadée, et le dit au Roi, qui ne l'écouta pas. Les médecins, sans qui on avait mis l'emplâtre, ne dirent point ce qu'ils en pensaient, et firent leur cour aux dépens de la vérité. »

Quand elle part pour la Bretagne, la marquise emporte quantité de drogues : « Je porte une infinité de remèdes, bons ou mauvais ; je les aime tous, mais surtout il n'y en a pas un qui n'ait son patron et qui ne soit la médecine de mes voisins ; j'espère que cette boutique me sera inutile... Mon tempérament fait précisément ce qui m'est nécessaire. » Parfois elle se raille elle-même : « Vous pouvez aussi vous moquer de mon infidélité qui me faisait toujours approuver les derniers remèdes, et maudire ceux que je prenais. » Ne confesse-t-elle pas aussi qu'elle est *bête de compagnie,* heureuse de suivre un guide, qu'elle cède aux influences étrangères? Au fond, elle a une passion pour la médecine vraie ou fausse, légitime ou de contrebande ; ses lettres en sont remplies, et son esprit fait passer sans dégoût tout ce rabâchage d'infirmerie. On y trouve, à chaque instant, des réflexions comme celle-ci, qui lui échappe pendant une cure thermale : « Nous nous gardons bien d'avoir une âme; cela nous importunerait trop ; nous retrouverons nos âmes à Paris. »

Et je note, au travers des lettres à Mme de Grignan, une foule de charmantes réflexions médico-sentimentales : on me pardonnera ces citations et les autres,

apportées sans lien, sans encadrement, un peu comme
une gerbe de fleurs entassées au hasard de la cueillette :
je n'ai jamais autant regretté de ne pouvoir introduire
ici l'ordre, la méthode, la composition, mais il faudrait
pour cela doubler, tripler les volumes, et je me sens
débordé, submergé par mon sujet, menacé aussi par
l'âge qui commande de me hâter, et, entre deux maux,
de choisir le moindre.

« Ayons pitié l'une de l'autre en prenant soin de notre
vie. — Je voudrais, pour votre soulagement et mon honneur, avoir quelques-unes de vos maladies... La bise de
Grignan me fait mal à votre poitrine... Mme de Schomberg vous conseille de mettre (dans votre café) du miel
de Narbonne, cela console la poitrine... »

Deux ou trois auteurs célèbres, dont on admire sans
réserve les moindres saillies, des causeurs de second
ordre, quelques intimes, un ou plusieurs abbés, voilà
les éléments indispensables d'un salon au XVIIIe siècle :
ajoutez-y le médecin devenu, surtout à partir de 1750,
un personnage qui joue, dans beaucoup de maisons, le
rôle du directeur de conscience à la fin du règne de
Louis XIV, homme d'esprit presque toujours, au tact
subtil, diplomate versé dans la connaissance du cœur
féminin, habile à feindre la sensibilité, à guérir l'imagination en prescrivant d'innocentes ordonnances contre
des maux plus ou moins chimériques.

Il sait l'art de guérir autant que l'art de plaire.

L'engouement vint à ce point que les femmes se mirent
à apprendre la médecine comme elles étudiaient déjà

l'histoire naturelle, la chimie, à l'exemple de cette duchesse de Chaulnes dont on disait plaisamment : « Elle veut toujours savoir qui a couvé, qui a pondu. » Les voilà qui manient la lancette, le scalpel, qui, à la campagne, font de la médecine gratuite, plus que gratuite même : ainsi Mme de Genlis donne trente sous à ceux qui se laissent saigner par elle ; mais elle eut bientôt trop de clients (1). L'anatomie a ses fanatiques, et la jeune comtesse de Coigny se passionne si fort pour cette science, qu'en voyage elle emporte dans le coffre de sa voiture un cadavre à disséquer (2). Tant et si bien qu'on mystifie la comtesse de Voisenon, en insérant dans le *Journal des Savants* un carton où elle lut avec bonheur sa nomination de présidente du Collège de médecine. Nous sommes loin, n'est-ce pas, de la délicate maxime de la marquise de Lambert : « Les femmes doivent avoir sur les sciences une pudeur presque aussi tendre que sur les vices. »

En même temps qu'ils font progresser leur art, Tron-

---

(1) Cette manie n'était pas nouvelle, Aïssé (1727) rapporte, non sans s'indigner, que le duc d'Epernon s'est pris de fantaisie pour la chirurgie : « Il saigne et trépane tout ce qui se rencontre. Un cocher, l'autre jour, se cassa la tête : il le trépana. Je ne sais s'il aurait dû échapper, mais ce qu'il y a de sûr, c'est que le pauvre homme fut bientôt expédié par un pareil chirurgien. Ce n'est pas tout : ils ont voulu se procurer des fêtes champêtres ; et M. le duc de Gesvres a doté une fille. M. d'Epernon souhaita de saigner le mari la nuit de ses noces : ce pauvre misérable ne le voulait pas, et, pour obtenir de lui de se laisser saigner, M. le duc de Gesvres lui donna cent écus. »

(2) On a dit de la femme du xviiie siècle qu'elle aimait son médecin pour la satisfaction de pouvoir médire impunément d'elle-même et de s'entendre démentir.

chin, Bouvard, Lorry, Bordeu, Malouin, Sylva, accomplissent une révolution dans les habitudes et l'hygiène de la société. Lorry entre si bien dans les peines de ses clientes, il les décrit avec une telle exactitude, qu'il arrache ce compliment à l'une d'elles : « Ce pauvre Lorry, il est si au fait de nos maux que l'on dirait qu'il a lui-même accouché. »

Vicq d'Azyr (1) le peint ainsi dans son *Éloge :* «... Il plaisait sans efforts, il n'avait pas besoin, pour paraître affable, d'étudier ses gestes, de donner à un corps robuste des attitudes contraintes, d'adoucir l'éclat de sa voix, de réprimer la fougue de sa pensée, de cacher les impulsions d'une volonté absolue ; la nature l'avait fait aimable, c'est-à-dire qu'en lui donnant de la saillie, de la finesse et de la gaieté, elle y avait joint cette *sensibilité,* cette *douceur,* sans lesquelles l'esprit est presque toujours incommode pour celui qui s'en sert, et dangereux pour ceux contre lesquels il est dirigé. Son aménité se peignait dans ses manières, dans ses discours, dans ses conseils... Ce caractère devait surtout plaire aux femmes. Douées d'une sensibilité exquise, et exposées à un grand nombre de souffrances, elles sont surtout intéressées à chercher un consolateur dans leur médecin. »

Avant Jean-Jacques, Tronchin recommande aux dames le mouvement, la promenade, l'air pur, la diète, l'allaitement de leurs enfants ; excellent moyen de combattre

---

(1) Vicq d'Azyr remplaça Buffon à l'Académie française, en 1788, et Sassone comme médecin de Marie-Antoinette. Il mourut à quarante-six ans, en 1794. Voir sur lui l'étude de Sainte-Beuve.

ces langueurs, ces vapeurs qui tenaient dans la médecine d'autrefois une place si considérable, pseudonyme
commode des maux inconnus, prétexte de tant d'actions ou inactions qui déplaisent aux maris. Et marcher
sur ses pieds, courir, écrire debout, devient une mode,
comme bêcher, scier du bois, en devient une autre, parce
que Tronchin a donné ce conseil à une jeune femme qui
avait besoin d'exercice. Et l'on ne voit dans Paris que
belles promeneuses, habillées de robes nouvelles bapti-
sées de son nom, *tronchinant,* appuyées sur de longues
cannes. Les *bureaux à la Tronchin* sont à la mode. La
Harpe se fait presque une réputation parce qu'il donne
très bien le bras à la Maréchale de Luxembourg. Les
jeunes mères se font apporter leurs enfants au théâtre,
et les allaitent publiquement. Ce retour à la nature devait rendre de précieux services à la bonne compagnie, qui, pendant l'émigration, se montra plus apte à
supporter vaillamment des rigueurs de tout genre.

Un des premiers, Tronchin (1) adopte, préconise
l'inoculation. « La petite vérole nous décime, remarque-
t-il, l'inoculation nous millésime ; il n'y a pas à ba-
lancer. » L'inoculation fut pendant longtemps un objet
de grande crainte, mais la petite vérole exerçait de terribles ravages parmi les femmes de qualité, con-

---

(1) Henry TRONCHIN : *Un médecin du XVIII* siècle, Théodore
Tronchin, 1700-1781*, in-8*, Plon ; du même auteur : *Le Conseiller
François Tronchin.* — D* Paul DELAUNAY : *Le Monde médical
parisien au XVIII* siècle*, 1906. — D* VERNAY : *Correspondance inédite de Albert de Haller, Barthès, Tronchin, Tissot, avec le D* Rast,*
1856. — COLLÉ : *Journal historique.*

traintes, par une étiquette absurdement cruelle, de s'enfermer avec leurs maris, dès que ceux-ci ressentaient les premiers symptômes de la maladie ; il fallait donc la combattre à tout prix.

Et cependant, lorsqu'en 1756, le duc d'Orléans fit inoculer le duc de Chartres et Mlle de Montpensier, il passa pour un héros, un téméraire. Louis XV, conseillé par lui, répondit d'une manière qui indiquait assez son blâme secret : « Vous êtes le maître de vos enfants. » L'archevêque de Saint-André avait déclaré en chaire que greffer ainsi une maladie, c'était tenter Dieu, et que le mal de Job était sans doute l'inoculation pratiquée par le diable en personne. Tronchin, assisté par Hosty et Kerpatry, réussit à merveille l'opération : il y eut un engouement prodigieux, et l'on vit surgir les *bonnets à l'inoculation* avec des rubans ornés de pois imitant les boutons de la petite vérole. L'enthousiasme grandit encore, et pour Tronchin, et pour l'inoculation, après celle du fils unique de don Philippe, duc de Parme. Mais les ennemis ne désarmèrent pas si vite, et en 1763, le Parlement de Paris rendait un arrêt suspendant l'inoculation jusqu'à ce que les Facultés de théologie et de médecine eussent donné leur avis : en 1769 seulement, la Faculté s'étant partagée à voix égales, le roi autorisa cette pratique à l'École militaire.

Tronchin était très beau ; quand il parut pour la première fois au cours de Boerhave, à Leyde, celui-ci dit tout haut : « Une si belle chevelure doit faire perdre bien du temps. » Le lendemain, il reparut à l'école, la tête rasée, et devint le disciple favori du célèbre professeur, qui plus tard le recommandait à ses clients comme un autre lui-même. Voici un trait qui témoigne de sa passion pour son art. M. de Puisieux, son ami intime, tombe mortellement malade d'une fluxion de poitrine : Tronchin, qui ne l'avait pas quitté depuis un jour entier, annonce vers trois heures du matin qu'il n'y a plus rien à faire et qu'il va se coucher. Trois quarts d'heure après, on apprend que Tronchin est rentré dans la chambre de l'agonisant, alors en proie à un rire convulsif, rire peu bruyant, mais distinct, continu, formant le contraste le plus affreux avec ce visage déjà envahi par la mort. Tronchin le contemplait fixement, avec la plus grande attention. Mme de Genlis demandant s'il restait quelque espérance : « Ah! mon Dieu non, répondit-il, mais je n'avais jamais vu *le rire sardonique*, et j'étais bien aise de l'observer. » C'est presque le trait d'un autre médecin : « Mon ami tomba malade, je le soignai; il mourut, je le disséquai. » Rappelons cette observation du Dr Gatti au grand-duc de Toscane : « Quand on est malade, c'est une dispute entre le malade et la maladie; on appelle un médecin qui vient, les yeux bandés, un bâton à la main, pour terminer la querelle. S'il frappe sur la maladie, il guérit le malade; s'il frappe sur le malade, il le tue. »

Voltaire ne jurait que par Tronchin, et contribua sans doute à le mettre à la mode. On venait de toutes parts consulter le célèbre médecin, il avait ses *dévotes* comme le patriarche de Ferney. « Esculape-Tronchin, écrit celui-ci, nous attire ici toutes les jolies femmes de Paris; elles s'en retournent guéries et embellies. Il est allé au-devant de Mme d'Espinay qui s'est trouvée mal sur le chemin de Lyon à Genève ; il lui rendra la santé comme aux autres. » D'ailleurs il se fixait à Paris vers 1766.

Tronchin ne se contente pas de guérir ; il a la grâce et la vivacité de la repartie, la parole pittoresque, le don de sympathie au service d'une volonté très ferme ; il est bon diplomate, s'entremet avec les pasteurs de Genève et d'Alembert pour obtenir la rétractation de l'article de Genève dans l'*Encyclopédie* ; il écrit bien, et il y a tel billet de lui à la marquise de Jaucourt qui démontre le fin psychologue, l'homme qui, pendant son séjour en Angleterre, avait souvent entendu causer Bolingbroke, Pope, Swift. « Je vous renverrai bientôt Mme de Muy, sa santé paraît s'être fortifiée ; si ses alentours étaient aussi tranquilles que les miens, j'espérerais sa parfaite guérison ; mais une petite âme extrêmement sensible, enchâssée dans un petit corps naturellement débile et singulièrement affaibli par les remèdes, s'ébranle au plus petit bruit et s'abat à la moindre secousse. Il faudrait bien de la culture pour que sa santé s'élevât au point de lui donner abri contre les vents et orages auxquels les plus petites âmes sont toujours exposées. Ce n'est pas à la cour, ni aux environs de la cour, que se fait ce genre d'agriculture ; le calme et la réflexion dont il a besoin en sont bannis. On ne court point la bague pendant l'ouragan, et on n'est pas heureux dans l'orage. Le moins malheureux a recours au plaisir, comme celui qui souffre use du narcotique ; il endort son cœur malade, mais il ne le guérit pas ; de même aussi, l'habitude du remède le rend enfin plus qu'inutile... »

Elle est aussi de Tronchin cette remarque : « En médecine, les péchés de commission sont mortels, et les péchés d'omission véniels. »

Tronchin dénonce sévèrement l'incapacité de la plupart de ses confrères : « Mieux vaudrait, écrit-il à un ami, qu'il n'y eût pas de médecins... mieux vaudrait que la vie des hommes fût confiée à la bonne nature dont les ressources sont infinies. La preuve en est tout ce qu'elle a fait pour conserver la vie des hommes malgré l'étourderie et les erreurs des médecins. » A Sénac : « ... On chercherait en vain de la délicatesse et des sentiments dans un ordre de gens qui n'ont que des besoins... Le plus beau des arts est devenu le plus méprisable et le plus funeste... » Ailleurs : « La marche tranquille de la nature vaut mieux que la course des médecins. C'est souvent le comble de la sagesse de ne rien faire. » Et puis il estime qu'on ne voit point de maladies quand on voit trop de malades.

Les succès, les critiques du médecin genevois irritaient véhémentement les confrères parisiens qui se vengeaient par des coups de langue, des libelles qu'ils rédigèrent ou inspirèrent. Il ne leur opposa qu'un dédaigneux silence, à la manière de Fontenelle qui jetait dans un grand coffre, sans les lire, les calomnies imprimées : là-dessus un de ses ennemis composa un nouveau pamphlet sous ce titre : *Réponse au silence de M. de Fontenelle.*

Aux gens de Cour qui menaient une existence agitée,

il prescrivit d'une manière presque solennelle trois pilules par jour : elles firent merveille, et ne contenaient que de la mie de pain. Mais en même temps Tronchin recommandait l'hygiène, la vie raisonnable, la diète blanche, la diète sèche, la diète lactée, l'eau, le travail du matin. Son maître Boerhave n'a-t-il pas remarqué que les gens de lettres qui travaillent la nuit sont plus sujets à tomber en enfance à un certain âge ? « Les veilles, les appartements trop chauds, le lit et les chaises longues sont quatre écueils qu'il faut éviter. » De même pour les liqueurs, « un instrument tranchant dont on se sert dans l'obscurité. »

Il définit les vapeurs « ce mal qu'on sent, mais qu'on ne peut expliquer, mot mystérieux qui exprime assez clairement que l'on n'y comprend rien. »

A propos d'un éloge de la sagesse : « ... Le bonheur n'est point une mosaïque, il n'est point fait de petites pièces rapportées ; c'est une pyramide dont la base est très ferme, les plaisirs frivoles n'en sont point les parties intégrantes, c'est la mousse que les vents y attachent, ils peuvent tromper les passants, mais ils ne tromperont point l'architecte... »

Tronchin est profondément chrétien, sévère même dans sa morale, et son biographe a joliment expliqué comment cet état d'âme avait fini par le refroidir vis-à-vis de Voltaire. Il déclare tout net que de tous les romans le plus romanesque est celui de la vertu des athées. Un peu comme Mme de Sévigné, Voltaire consulte sans cesse Tronchin, et se moque de ses émules. « Je ne les vois, prétendait-il, que pour le plaisir de la conversation quand ils ont de l'esprit, précisément comme je vois les théologiens, sans croire ni aux uns ni aux autres. » De son côté, Tronchin écrit, dès 1739, à son ami Jaucourt : « Il est bien mortifiant pour l'esprit humain de penser que, malgré qu'on en ait, Voltaire est un fripon, un étourdi, un homme sans jugement et sans conduite. » Le vieux brochurier, l'apôtre des mécréants, ajoute-t-il plus tard. Et il prédit que Voltaire sera « un plat mourant. » Il ne devait pas être beaucoup plus tendre pour Rousseau, auquel il écrit d'assez rudes choses. Ainsi : « Je vous dirai ce que les quakers disaient au roi Jacques : « Accorde-nous la liberté que tu prends pour toi-même. » ... Rousseau, déclare-t-il, pourra se vanter (après le quatrième livre de l'*Émile*) d'avoir fait bien du mal et d'avoir poignardé l'humanité en l'embrassant. ... Il a mis sa mèche sur nos barils de poudre... Cet homme est un charlatan de vertu... »

On voit, par ses consultations épistolaires, que Tronchin comptait dans sa clientèle des notabilités de tous les mondes, français et étrangers, souverains, princes, grandes dames, grands seigneurs. Clément XIV, après la guérison du cardinal Colonna, l'assure que nulle signature catholique ne l'emporte sur la sienne. Le duc d'Orléans l'avait pris comme médecin dès 1766; il avait un appartement au Palais Royal, un cuisinier, trois laquais, un carrosse et deux paires de beaux chevaux noirs attachés à son service : il donnait, le vendredi, de jolis dîners où s'empressèrent les gens les plus spirituels de Paris, cultivait les salons de quelques amis fidèles, la duchesse d'Anville, la comtesse d'Harcourt, Mme d'Épinay, soupait chaque mardi chez Mme Bertin, femme du contrôleur des finances. Et il consacrait deux heures par jour aux malades indigents, leur fournissant aussi l'argent nécessaire pour les médicaments. « Je suis, disait-il à sa fille, dans une paix profonde, attendant avec soumission le terme de mes maux, lequel, comparé à l'éternité, n'est qu'un point noir suivi d'une ligne blanche infinie. » De telles vies honorent la science et l'humanité.

Un autre apôtre de l'inoculation, l'Italien Gatti, eut beaucoup de vogue à Paris, et comme médecin et comme causeur : « C'est Gatti, prétendait Suard, qui aurait dû être le médecin de Molière; je ne sais pas si Gatti serait devenu plus incrédule; je suis sûr que Molière serait devenu plus croyant. » Et Gatti disait de Mme Suard : « C'est la seule jolie femme dont je n'aie pas été amoureux, et une de celles que j'ai le plus aimées. » Il divisait les maladies en deux classes : celles dont on meurt, et celles dont on ne meurt pas, — se montrait d'ailleurs assez incrédule envers la médecine, ayant cette justesse de l'esprit qui ne permet pas à la confiance d'aller au-delà de la science, soutenant avec verve que les arts et les sciences donnent aux peuples de l'Europe plus d'orgueil que de bonheur. « Je croirai, prétendait-il, aux félicités de votre civilisation, lorsque l'Europe ne sera plus remplie de ronces, de rustres, de pédants et de faux esprits. » Une thèse pareille ne pouvait manquer de rencontrer force contradicteurs dans cette société du xviiie siècle, si enivrée de progrès.

Bouvard, non moins célèbre que ses confrères, laisse surtout la réputation d'un faiseur de bons mots. Au plus fort de la vogue de l'écorce de l'orme pyramidal, panacée qu'on prenait en poudre, en élixir, même en bains, une de ses malades demande si elle doit y recourir. « Prenez, Madame, et dépêchez-vous, pendant qu'elle guérit. » On prétend qu'il répondit à l'abbé Terray, qui se plaignait de souffrir comme un damné : « Quoi, déjà, Monseigneur ! » Mot mordant qu'il dut prononcer à propos du malade, non devant le malade, que l'esprit de parti démarqua pour l'attribuer plus tard à Louis-Philippe, visitant Talleyrand à son lit de mort.

Pousse ne connaissait nullement l'étiquette de la cour : appelé à Versailles pour une maladie du Dauphin, il voit la dauphine, mise très simplement, vaquant adroitement à toutes les besognes. « Qu'on suive exactement, dit-il, ce que cette petite femme ordonnera, car elle entend à merveille tout ce qu'il faut. » Et s'adressant à Marie-Josèphe, il ajouta : « Comment vous appelle-t-on, ma bonne ? » Une fois édifié, il observa : « Que je voie nos petites dames de Paris faire les précieuses, et craindre d'entrer dans la chambre de leurs maris quand ils sont malades : comme je les enverrai à cette école ! » Un beau matin, il prit Louis XV par le bouton et lui servit ce petit discours : « Monsieur... Monsieur... je ne sais comment on vous appelle... Vous êtes un bon papa..., mais vous savez que nous sommes tous vos enfants. Nous partageons votre chagrin ; au reste, ayez bon courage, votre fils vous sera rendu. »

Barthez, le type du médecin de dames, qui, par raffinement d'élégance, employait dans les saignées une ligature à glands d'or, arriva à Paris précédé d'une grande renommée. Bouvard, qui avait la dent venimeuse, et craignait sans doute que le nouveau venu ne l'éclipsât, se fit interroger à son sujet : « Ce que je pense de M. Barthez, dit-il, c'est qu'il a bien de l'esprit, qu'il sait beaucoup de choses, et même un peu de médecine (1). » Et l'on a rapporté son oraison funèbre de Bordeu, médecin de la du Barry (2), qu'il accusait d'avoir escroqué un client : « Je n'aurais jamais cru qu'il fût mort horizontalement. » Mais la comtesse de Bussy dédommagea Bordeu de cette méchanceté : « La mort a eu peur de lui, dit-elle, elle l'a pris en dormant. »

Les jalousies entre médecins de cette époque peuvent marcher de pair avec celles de la nôtre entre artistes et comédiens : ainsi des confrères peu scrupuleux vont jusqu'à soudoyer les domestiques du fameux Pomme pour qu'ils versent du sirop de Rabel sur les purées de concombres et de chicorée qu'il composait pour ses clientes. Pomme demeura assez longtemps le médecin en vogue des femmes, et garda jusqu'au bout des dévotes. Partant de cette idée que les nerfs en état de santé sont en quelque sorte un parchemin trempé et mou, il affirmait que les vapeurs, cette maladie aristo-

---

(1) Le mot avait déjà été fait sur Astruc.

(2) On parlait de la rage chez la du Barry, et l'on disait que le plus sûr remède était le mercure. Elle demanda ce que c'était. Cette affectation ou cette simplicité fit rire, on la raconta à la maréchale de Luxembourg qui remarqua : « Ah ! il est heureux qu'elle ait son innocence mercurielle ! »

cratique, proviennent d'un desséchement du système nerveux, et les combattait avec l'eau de poulet, le petit-lait, surtout avec des bains tièdes prolongés. En moins d'une année, une de ses clientes passa dans l'eau douze cents heures.

Sylva, lui, fait appel à la coquetterie : d'un mot, il guérit les belles Bordelaises de leurs vapeurs, qu'il se contente de baptiser de ce nom effrayant : le mal caduc (l'épilepsie.) Ne voilà-t-il pas un excellent trait de comédie ?

Un fameux acteur de la comédie italienne vint consulter, pour cause d'hypocondrie, Sylva, qui ne le connaissait point. « Je n'ai pas d'autre remède à vous indiquer, formula le docteur, que d'aller souvent voir jouer Arlequin : son jeu naïf dissipera votre mélancolie. — Hélas ! soupira le client, je suis le seul homme dans Paris qui ne puisse en faire usage. — Et pourquoi? — C'est que je suis Arlequin... »

Autre trait de comédie. Lyonnais avait été mis en vogue par la guérison de la chienne de la marquise de Pompadour, ce qui lui avait valu la charge de médecin consultant des chiens de Sa Majesté. Aussi se rengorgeait-il, traitait-il de pair à égal les membres de la Faculté. L'un d'eux, dont il venait de guérir le toutou, insistait pour lui payer ses visites : « Allons donc, Monsieur le docteur, voulez-vous m'humilier? fit-il. Entre confrères vous savez bien que ce n'est rien (1). »

____

(1) Ce n'est pas seulement à Levret, le grand accoucheur du xviii⁰ siècle, qu'adviennent des aventures de ce genre. Mandé en

Un des médecins types du xviiie siècle, c'est Quesnay, attaché à la marquise de Pompadour, l'ami de Mme du Hausset, le meilleur homme du monde, dit celle-ci, et bien plus occupé à la cour de la meilleure manière de cultiver la terre que de tout ce qui s'y passait, devenu, sans y penser, le patron d'une secte économique, les physiocrates, qui l'appellent le *maître*. Dans l'entresol même de la Pompadour, il reçoit ses amis Turgot, Duclos, Buffon, Diderot, Marmontel; on y tient, j'imagine, maint propos téméraire, on y développe les paradoxes les plus risqués, et parfois la marquise daigne s'asseoir à cette table éloquente. D'ailleurs franc parleur, habitué à penser tout haut, estimé et respecté de tous.

Lors des disputes du clergé et du Parlement, il se rencontra, dans le salon de Mme de Pompadour, avec un courtisan qui, proposant au roi l'emploi des moyens violents, affirmait : « C'est la hallebarde qui mène un royaume. — Mais, interrompt Quesnay, qui mène la hallebarde? C'est l'opinion; c'est donc sur l'opinion qu'il faut travailler. » Un autre jour, le dauphin, père des princes qui furent Louis XVI, Louis XVIII, Charles X, se plaignant des soucis de la royauté, interroge Quesnay : « Que feriez-vous si vous étiez roi? —

---

toute hâte, au milieu de la nuit, il monte dans une voiture, on lui bande les yeux, on lui jette un voile sur la tête; il pénètre enfin dans la chambre où l'attend la patiente, le visage caché également par un masque. L'accouchement terminé, on lui bande de nouveau les yeux, on lui voile la tête, et il sent glisser dans sa main un portefeuille qui contenait une jolie consolation : 24,000 livres.

Monseigneur, je ne ferais rien. — Et qui gouvernerait ?
— Les lois. »

Tout absorbé par ses études d'économie politique, il regardait les poètes comme de grands joueurs de bilboquet, et ne se gênait guère pour juger les hommes à première vue. Ainsi pour le duc de Choiseul : « Ce n'est qu'un petit maître, et, s'il était plus joli, fait pour être un favori de Henri III. » Il pronostiquait plus sûrement sur certains personnages, et c'est ainsi qu'il annonça, plusieurs mois d'avance, au roi, la maladie du contrôleur général Séchelles. Louis XV, qui l'avait surnommé *le Penseur,* l'anoblit, et choisit lui-même l'écusson de ses armes : trois fleurs de pensées sur un champ d'argent, à la fasce d'azur, avec cette devise : *Propter cogitationem mentis.*

Quesnay professait pour Louis XV une grande affection qui n'excluait pas quelque appréhension. « Vous avez l'air embarrassé devant le roi, remarquait la marquise, et cependant il est si bon! — Madame, dit-il, je suis sorti à quarante ans de mon village, et j'ai bien peu l'expérience du monde, auquel je m'habitue difficilement. Lorsque je suis dans une chambre avec le roi, je me dis : « Voilà un homme qui peut me faire couper la tête, et cette idée me trouble. » — Mais la justice et la bonté du roi ne devraient-elles pas vous rassurer? — Cela est bon pour le raisonnement, mais le sentiment est plus prompt, et il m'inspire de la crainte avant que je me sois dit tout ce qui est propre à l'écarter. »

Ce qui ne l'empêchait pas d'admirer Louis XV, au point de l'estimer supérieur à Louis XIV, de préférer le xviiie siècle au xviie. Louis XIV, déclarait-il, « avait aimé les vers, protégé les poètes ; mais Louis XV avait envoyé au Mexique des astronomes pour mesurer la terre, ouvert les lumières à la philosophie, et l'Encyclopédie honorera son règne. »

Palissot qui, malgré les sarcasmes de Voltaire, avait de l'esprit et quelque talent, a écrit cette jolie scène dans sa comédie : *Le Cercle ou les Originaux*, jouée en 1755 pour la première fois à Nancy, par ordre du roi Stanislas Leczinski.

Scène XI.

Un médecin du bel air, Orphise, Lucinde, Ariste.

ORPHISE. — Ah ! bonjour, cher petit docteur; vous êtes charmant d'être venu. Je vous demande, Ariste, votre confiance pour Monsieur.

ARISTE. — Monsieur est un élève d'Hippocrate ?

LE MÉDECIN, *d'un ton précieux*. — Je suis médecin, Monsieur; je sais qu'Hippocrate était fort bon homme, plein de bon sens, voilà tout.

ARISTE. — On me l'avait dépeint comme un philosophe respectable dont les mœurs étaient simples, et qui guérissait.

LE MÉDECIN. — Il guérissait, oui, mais si maussadement... Quel triste régime (que le sien) pour les malades !

ORPHISE. — Mais s'ils s'en portaient mieux ?

LE MÉDECIN. — C'est au moins se bien porter d'une façon très malhonnête... Il en était encore aux seules maladies du corps; pour nous, nous avons sauté, par-dessus tout cela, aux maladies de l'esprit... C'est pitié de voir combien il se donnait de peine pour observer les maladies!... Nous, nous voyons des malades; pour des maladies, c'est autre chose.

Là-dessus notre homme interroge Lucinde dans son jargon musqué, et conclut:

« J'ai le coup d'œil d'une justesse! Vapeurs que cela! »

LUCINDE. — Comment! des vapeurs!

LE MÉDECIN. — Le terme vous choque? C'est, plus honnêtement, l'esprit éthéré, le fluide nerveux, devenu de nos jours électrique, qui vous cause des grippements de nerfs, des agacements, des mouvements spasmodiques.

ORPHISE. — Il est savant, au moins, le petit docteur...

LE MÉDECIN. — Ma belle malade, je vais vous ordonner de la poudre tempérante, un joli petit julep, une liqueur anodine.

LUCINDE, *avec impatience*. — Eh! Monsieur! je suis nourrie de tout cela.

LE MÉDECIN. — Ceci deviendrait sérieux. Voyons donc. *(Il lui tâte le pouls)*. Oh! oh! il y a de la fréquence dans ce pouls-là. Mais, la nuit, avez-vous le *sommeil doré*?

ORPHISE. — Le sommeil doré! C'est qu'il est charmant avec ses petites phrases! Je ne connais personne qui parle comme lui. Le sommeil doré!

ARISTE. — Effectivement, les malades de Monsieur doivent guérir le plus gaiement du monde.

ORPHISE. — Ce sont ses bulletins qu'il faut voir! En

vérité, cela se lit avec autant de plaisir qu'un joli madrigal. »

Le docteur ordonne encore du miel aérien, des siliques égyptiennes, c'est-à-dire de la manne, de la casse, et, se rengorgeant :

— Oh ! nous ne ressemblons pas à ces médecins de l'autre siècle, et nous avons mis la médecine sur un ton d'élégance qui ne laisse plus de prise au ridicule.

Orphise. — Vous en êtes la preuve ! Actuellement, je suis au fait de la différence qu'il y a entre voir un malade et une maladie. Ici, vous avez vu la malade, et même de très près ; pour la maladie...

Le Médecin. — J'avoue que je l'ai un peu *tirée au juger*. Il y a cependant beaucoup de vraisemblance que ce ne sont que des vapeurs. *(Il regarde sa montre.)* Comment ? déjà six heures ! J'ai cent visites encore à faire avant la nuit. Il faut que je vole au Marais, chez la présidente Bélise : c'est aujourd'hui son jour de migraine. On m'attend à une consultation au faubourg, pour tâcher de faire dormir une jeune duchesse dont l'insomnie a tenu bon contre un roman de sentiment en douze volumes. — De là le marquis Mondor m'a fait promettre de passer chez cette petite danseuse qui le ruine, et qui m'a recommandé la santé d'un jeune abbé qui garde l'incognito chez elle depuis six semaines. En vérité, je suis excédé ; je n'ai pas un moment à moi, et je ne conçois pas comment nos vieux médecins pouvaient se passer d'équipage. Adieu, Madame ; et vous, Mademoiselle, observez ce que je vous ai prescrit.

Poinsinet a démarqué cette scène dans la *Soirée à la*

Mode, jouée en 1764. Ici, le médecin veut traiter une personne qui se porte le mieux du monde, et comme un de ses auditeurs lui fait le reproche d'épouvanter l'humanité au lieu de la soulager, de la consoler, il repart avec le plus bel aplomb : « Voilà précisément ce que pense un peuple de médecins qui ne songent qu'à guérir. Mais moi, Monsieur, mais moi, j'étudie le caractère, la tournure d'esprit de mes malades ; je prévois les accidents, et j'aime mieux préparer, et même, dans l'occasion, prolonger une maladie, que de trancher dans le vif, et vous rendre en huit jours une santé grossière dont on ne jouit dans le monde que pour en abuser. »

L'esprit est le dieu du xviiie siècle, la clef des cœurs et des intelligences ; il a partout ses grandes et ses petites entrées, rapproche les distances, fait du plébéien l'égal du grand seigneur, *l'ami* des beautés de robe et d'épée, le pousse au ministère, à l'Académie, permet à Mme Geoffrin de correspondre familièrement avec Catherine II, à Voltaire d'avoir son brelan *carré de têtes couronnées ;* il revêt tous les costumes, se prête à mille transformations, s'adapte aux caractères les plus divers, tue l'ennemi par le ridicule, dénoue une situation embrouillée, répare une maladresse, décrète le succès, console d'une défaite. Ne vous contentez pas d'avoir des vertus, du talent même : l'honnêteté, sans grâce et sans piquant, n'est bonne qu'en famille ; montrez de l'esprit, et soudain toutes les portes vous seront ouvertes. Force est donc aux médecins de suivre le goût du temps et ils s'y prêtent avec une rare aisance. Sénac de Meilhan avait pour père un médecin du roi, homme fort avisé, qui recourut à cet ingénieux stratagème pour se faire écouter du dauphin. Louis XV l'avait envoyé à son fils, déjà atteint de l'affection à laquelle il devait succomber, et qui, dès la première visite, l'arrêta par ces mots : « Je serai toujours fort aise de vous voir pour causer de littérature et d'histoire avec vous ; mais mon appartement vous sera fermé si vous me parlez de ma santé ! » Quelque temps après, le docteur vient présenter ses hommages au prince, et, avisant un personnage de tapisserie qui décore la muraille, il fait semblant de s'adresser à lui, et lui prédit tout ce qui peut résulter d'un mal de poitrine négligé. Le dauphin ayant rappelé sa défense : « C'est à Alexandre que je parle, » répliqua Sénac, et son interlocuteur fut désarmé.

L'esprit alors servait à tout, et suffisait presque à tout, oui, à tout, sauf à prévoir le coup de tonnerre de 1789, à corriger les abus révolutionnaires, à exécuter les réformes conservatrices.

Ce qui distingue les médecins dans leurs rapports avec la société française à partir de 1789, c'est le rôle si considérable qu'ils y jouent, leur influence qui grandit à mesure que la science, les moyens de guérir, le goût du confortable, le sens de la pitié, se perfectionnent. Beaucoup d'ailleurs cumulent l'esprit et le talent, l'art de plaire et l'art de rendre la santé, *tuto, celeriter et jucunde*, sûrement, rapidement, agréablement. Ils remplacent de plus en plus le confesseur, le directeur de conscience de l'ancienne société, nous ramènent insensiblement au temps où on les vénérait comme des demi-dieux, des prêtres ou des thaumaturges : religion d'autant plus puissante qu'elle se fonde sur la reconnaissance, sur les services déjà rendus et ceux qu'on espère encore, qu'elle n'inspire pas aux objets de son culte un orgueil excessif, mais la noble ambition de se consacrer pleinement à l'humanité souffrante. Ils sont philosophes, nient trop souvent ce qu'ils ne comprennent point, méconnaissent parfois le pouvoir de ces doctrines spiritualistes qui planent au-dessus des doctrines positivistes, comme l'infini plane au-dessus du fini, qui demeurent un foyer inextinguible de joie, d'espérance et d'amour. Mais, dans le cadre de leurs recherches, que d'admirables découvertes ! Comme ils ont analysé, circonscrit les maladies de la volonté, de la personnalité, de la mémoire ! Légistes et législateurs, ils remplissent les Chambres, les Conseils généraux, et les tribunaux les appellent sans cesse à se prononcer dans ces questions si obscurément redoutables de la responsabilité et de la folie criminelle (1).

---

(1) MAUPASSANT : *Mont-Oriol.* — *Journal du Dr P. Ménière,* 1 vol., Plon. Du même : *Cicéron médecin ; Études médicales sur les poètes latins ; les Consultations de Mme de Sévigné.* — DRUHEN : *De la Médecine au temps de Mme de Sévigné.* — FRIEDLÆNDER : *Mœurs romaines du règne d'Auguste à la fin des Antonins, t. Ier.* — *Souvenirs de Mme Jaubert.* — *Les Mémoires d'une Inconnue.* — WALISZEWSKI : *La dernière des Romanow,* pp. 102 et suiv. — COURTOIS-SUFFIT : *Les Temples d'Esculape ; La Médecine religieuse dans la Grèce ancienne.* — Casimir STRYIENSKI : *La Mère des trois derniers Bourbons.* — Alfred CROISET : *Histoire de la littérature grecque,* t. IV, pp. 184 et suiv. — LECOY DE LA MARCHE : *Le XIIIe siècle littéraire et scientifique.* — DIEHL : *Excursions archéologiques en*

Hygiénistes, ils contribuent à l'assainissement des villes, aux règlements de police. Grâce à eux, nous percevons ce qui se cache derrière les prétendus mystères de l'occultisme, et que la plupart de ces phénomènes dérivent de lois naturelles encore inconnues ; nous apprenons aussi à définir ces victimes ou ces comédiens de l'hystérie : pythonisses, augures, sorcières, voyants.

A l'hôpital, à la caserne, au camp, auprès des Compagnies de chemins de fer, le médecin vit en rapports constants avec toutes les classes de la société, dont

---

Grèce. — P. Girard : *Asclépéion d'Athènes.* — Vercoustre : *Médecine sacerdotale dans l'antiquité (Revue arch.,* 1885). — Daremberg : *De l'état de la Médecine entre Homère et Hippocrate.* — Bassanville : *Salons d'autrefois,* t. I et II. — Antony Méray : *La Vie au temps des Libres Prêcheurs,* t. II, pp. 237 et suiv. — Samouilhan : *Olivier Maillard, sa prédication et son temps,* p. 280. — Charles Bripaut : *Œuvres complètes,* t. I et II. — *Ambroise Paré (Revue de Paris,* 1er septembre 1901), par le Dr H. Folet. — Victor Brochard : *Les Sceptiques grecs.* — George Sand : *Nouvelles Lettres d'un voyageur.* — Professeur L. Landouzy : *Le Mal du roi, le Toucher des écrouelles en France et en Angleterre (Presse médicale,* 10 mai 1902.) — Arsène Houssaye : *Confessions.* — Rivet : *Victor Hugo chez lui,* p. 91. — Poidebard : *Correspondance entre M. de Saint-Fonds et le président Dugas,* t. I, p. 56. — *Les Médecins au XVIIe siècle,* satire attribuée à Scarron ; préface d'E. de Barthélemy. — *Récamier et ses contemporains,* par le Dr Triaire, 1 vol. in-8°. Du même : *Bretonneau et ses Correspondants.* — Thirion : *La Vie privée des financiers au XVIIIe siècle.* — A. Fabre : *La Jeunesse de Fléchier,* t. II, pp. 219 et suiv. — De Maulde : *Les Femmes de la Renaissance.* — Jules Claretie : *La Vie à Paris,* années 1896 et 1905. — Valbert : *Hommes et Choses d'Allemagne ; Le Dr Strousberg.* — Sainte-Beuve : *Nouveaux Lundis,* t. II. — Brisebarre et Nus : *Les Médecins (comédie).* — Louis Legrand : *Louis La Caze.* — Paul Labarthe : *Les Médecins contemporains,* 1868. — Robert de Bonnières : *La Vie à Paris,* t. I, p. 130. — Balzac : *Le Médecin de campagne ; La Messe de l'athée.*

l'admiration pour lui se développe en raison directe de son intervention bienfaisante. Ami, conseiller, confident, il fournit aussi les remèdes de l'âme, et son langage, son ministère, crient à ceux qui souffrent les paroles d'un Pape réunissant à Florence ses partisans et ses adversaires : « Avant d'être Guelfes, avant d'être Gibelins, n'êtes-vous pas des hommes ? N'êtes-vous pas des frères ? Ne devez-vous pas vous secourir et vous aimer ? » Ainsi donc il est un apôtre de tolérance, sentiment mal connu jadis, mieux pratiqué et compris au XIXe siècle, malgré tant de douloureuses éclipses. Et, par les congrès internationaux, il est encore un missionnaire de civilisation, de fraternité, puisque ces congrès, eux aussi, deviennent des conférences de la paix où s'effacent préjugés, haines séculaires, où grandit le respect de la vie humaine, où se forme un nouvel idéal.

Ce sont là sans doute des résultats généraux, des éloges d'ensemble qui n'empêchent point la critique de détail. L'institution en bloc demeure admirable ; elle réalise toutes ces merveilles et d'autres encore, mais elle a pour interprètes des hommes, créatures faibles, ondoyantes, inquiètes, soumises à la tyrannie des milieux et des circonstances, sollicitées par les sept péchés capitaux et leur innombrable postérité. Ces hommes disposent de la vie d'autres hommes, et l'histoire enseigne qu'un grand pouvoir inspire la tentation d'en abuser. Ceux-ci ont le fanatisme de la science, ceux-là tombent du côté où ils penchent, abondent dans leurs systèmes jusqu'à ce qu'ils deviennent des chimères. De même que Bossuet voit dans la religion le tout de l'homme, d'aucuns voient dans la chirurgie le tout de la médecine; pour eux, chaque malade est un être taillable, charcutable et exploitable à merci. Aux yeux d'autres Esculapes, l'humanité disparaît presque, leur âme ne communie plus avec l'idéal de pitié ; les tortures du malade, transformé en cas plus ou moins intéressant, en numéro d'hôpital, ne les impressionnent pas plus que les cris de la chienne de Malebranche ne troublaient celui-ci ; pour eux, les larmes ne sont que des gouttes d'eau salée que les nerfs ébranlés font jaillir des glandes lacrymales. Ils ignorent — car la science, l'endurcissement professionnel, ont desséché leur cœur, ou peut-être le cerveau avait-il pris la place de celui-ci en naissant — ils ignorent que l'efficacité de l'art médical est en raison directe de la compassion et de la charité qui animent le praticien. Il en est beaucoup qui, véritables saints laïques, réalisent le type du *Médecin de campagne* de Balzac; et il y en a aussi qui méritent de figurer dans cette sombre galerie des *Morticoles* de Léon Daudet. La majorité demeure honnête, non exempte de défauts sans doute, — on sait quel passé de défaillances traînent après eux les meilleurs d'entre nous, — faisant honneur en somme à la profession, et contribuant pour sa part à élever ces monuments de bonté, de foi, de dévouement, cathédrales morales et forteresses d'infini, qui préservent les peuples de la barbarie et leur inspirent une plus haute conscience de leurs devoirs.

Chateaubriand et Méry figurent parmi les défenseurs

des médecins, et il me paraît équitable de reproduire quelques lignes de leurs plaidoyers : « ... Le premier médecin qu'ait vu le monde, affirme Chateaubriand, a été sans doute quelque mère qui cherchait à soulager son enfant. La pitié et le génie étendirent ensuite la médecine à tous les hommes : l'une découvre le malade, l'autre trouve le remède. On peut dire aussi qu'elle est fille de l'amitié et des héros...

« Dans quelque lieu que vous soyez jeté, vous n'êtes pas seul, s'il s'y trouve quelque médecin. Les médecins ont fait des prodiges d'humanité. Ce sont les seuls hommes, avec les prêtres, qui se soient sacrifiés dans les pestes publiques...

« Hippocrate, par une expression sublime, appelle notre corps *l'effigie* de l'homme : on pourrait aussi le comparer à un palais, dont, après la fuite de l'âme, le médecin parcourt les galeries solitaires, comme on visite les temples abandonnés que jadis une divinité remplissait de sa présence... »

Méry, à son tour, dans une de ces improvisations qui rappellent la verve de l'abbé Galiani, s'avisa de prendre en main la cause des médecins. « Pourquoi donc le divin Molière a-t-il mêlé tant de seringues à sa prose et à ses vers ?... Est-ce juste, ce majorat de plaisanteries ? Depuis 1789 jusqu'à nos jours inclusivement, il nous est permis de suivre des yeux les médecins. Que d'hommes utiles ! Que d'hommes illustres !... Le seul homme que Maximilien Robespierre pouvait souffrir à côté de lui était un médecin. Voyez donc ce que seraient les Girondins sans Cabanis, leur ami, leur complice! Napoléon, sans Corvisart, n'aurait pas vécu un an après le couronnement... Comment se passer des médecins dans la société moderne? Si Alfred de Vigny a eu un succès, c'est quand il a fait *Stello* ou *la Consultation du Docteur noir*. Que serait-ce que Léon Gozlan sans le *Médecin du Pecq?*... Triomphe de M. Honoré de Balzac : *Le Médecin de campagne*. Et Louis-Philippe qui ne voyait que par les yeux du Dr Marc, et Armand Marrast, votre ami à vous et à moi, qui disait : « Après mon père et ma mère, le Dr Bouilhaud est celui auquel je dois la vie. » ... Jetez les yeux sur une matinée de Paris, cette immense ruche d'abeilles où il y a tant de fleurs. Quel est l'homme qu'on attend le plus dans les quatre mille rues qui forment les alvéoles de la capitale? Ce n'est pas le poète, ce n'est pas le boulanger, ce n'est pas le peintre, ce n'est pas le facteur de la poste aux lettres, pourtant si désiré; ce n'est même pas le prêtre. Non! Non! c'est le médecin. Et vous voyez bien qu'en dépit de son abondance de seringues, Molière va contre l'opinion publique en ridiculisant les médecins. Est-ce que vous n'êtes pas de mon avis ? Est-ce que vous êtes du parti des seringues ? »

Jusqu'où cependant peuvent conduire l'abus de la logique, le fanatisme et la fatalité des circonstances, l'exemple du chirurgien Souberbielle le montre curieusement.

Premier élève du Fr. Côme, il excellait dans l'opération de la taille par la lithotomie : sa famille ne comptait pas moins de vingt médecins ou chirurgiens.

En 1789, il est nommé chirurgien-major des vainqueurs de la Bastille; ami et médecin des principaux Jacobins, en rapports intimes avec Danton, Camille Desmoulins, il les sacrifie à la rigueur des principes avec autant de sang-froid qu'il enlève à tel malade un membre gangrené. Chez lui, la cloison étanche est parfaite, trop parfaite, entre le cœur et le cerveau, et il a dû envier à un savant de l'époque cet aphorisme : « La guillotine, la Terreur, n'ont pas sensiblement augmenté les tables de la mortalité. »

Désigné pour faire partie du jury appelé à juger Danton, Fabre d'Églantine, Camille Desmoulins, il rencontre dans les couloirs du palais de justice un de ses bons amis, juré comme lui, qui pleurait à chaudes larmes. « Pourquoi pleures-tu ? — Ne vois-tu pas que nous allons avoir à juger un patriote comme Danton, un des fondateurs de la République ? — Voyons, mon ami, écoute; l'affaire est bien simple. Voilà deux hommes qui ne peuvent plus vivre ensemble, Robespierre et Danton; lequel est le plus utile à la République ? — C'est Robespierre. — Eh bien! il faut guillotiner Danton. Tu vois, *c'est simple comme bonjour.* » Et trente-six ans après, il continuait de raisonner avec cette logique aussi acerbe que peu sentimentale. Pendant la Révolution de Juillet 1830, il disait aux jeunes gens qui, avec lui, rêvaient de République : « Ah ! ce marquis de La Fayette, le voilà donc revenu ! J'espère bien que cette fois nous ne le manquerons pas. »

Lorsque fut décidé le procès de Marie-Antoinette, Souberbielle fit encore partie du jury qui la condamna à l'unanimité. Point ne s'étonnera-t-on que Louis XVIII lui ait gardé quelque rancune. Il remplissait en 1814 les fonctions de chirurgien en chef de la gendarmerie parisienne, et n'eut pas le bon goût de comprendre qu'il ferait mieux de ne point se joindre aux officiers de la garnison de Paris, invités à présenter leurs hommages à la famille royale. Quand la duchesse d'Angoulême entendit prononcer le nom du juge de sa mère, elle s'évanouit. On supprima la place de Souberbielle, on le mit d'office à la retraite. *C'était simple comme bonjour.* Pas si simple cependant, puisque le frère de Louis XVI agréa comme ministre le régicide Fouché, recommandé par l'élite du faubourg Saint-Germain (1).

Lithotomiste célèbre, Souberbielle recourait volontiers à des remèdes originaux. Dans une épidémie de dysenterie, la musique lui rendit de précieux offices. Il y avait, près de l'École de Mars, dont il dirigeait le service médical, une musique militaire : s'étant aperçu que lorsqu'elle se faisait entendre, elle réjouissait les malades, il eut l'idée de demander au chef de vouloir bien passer par le quartier de santé en revenant de la leçon ; ce qui fut fait avec beaucoup de grâce, et eut de si bons résultats qu'en 1832 il n'hésitait pas à recommander la musicothérapie aux pouvoirs publics : « Je me rappelle qu'un élève que je soignais pour affection cérébrale, en

____

(1) Dans une visite faite en 1794 chez le Dr Duplanil, les commissaires trouvèrent, parmi les liasses de papiers, quelques lettres de Louis XIV, de Turenne, de Bossuet, etc. « Ah ! s'écrièrent-ils, tu prétends que tu n'es pas aristocrate, et tu entretiens des correspondances avec ce tyran et ces suspects ! »

entendant la musique, sortit de son lit et de la tente, et se mit à danser sous une pluie battante. Il alla de mieux en mieux et, quatre jours après, il rentra dans le camp. »

Avec Souberbielle, l'humanité fléchit devant la rigueur implacable des principes, mais la science ne perd pas ses droits. Que dire de ceux qui n'ont ni science, ni principes, qui, par peur, descendent jusqu'aux abîmes de la férocité, et parodient le mot de Sieyès : J'ai vécu? Les *Mémoires* de Beugnot parlent d'un Dr Thierry dont le nom mérite cette flétrissure. Pendant les jours caniculaires de la Révolution, en pleine Terreur, les prisons de Paris étaient devenues les véritables, presque les seuls salons, le suprême rendez-vous de la bonne compagnie. Et, certes, la politesse, le tact, la coquetterie de l'esprit, les grâces de la conversation avaient quelque mérite à s'y déployer, si l'on imagine l'aspect de certaines maisons de détention. L'infirmerie de la Conciergerie semblait un véritable charnier : une sorte de boyau de vingt-cinq pieds de large sur cent de long, fermé aux extrémités par des grilles de fer, à peine éclairé par deux fenêtres en abat-jour; les lieux d'aisance placés au milieu même de cette salle, dégageant un tourbillon de méphitisme et de corruption, quarante à cinquante grabats, et dans chacun deux ou trois personnes atteintes de maladies différentes, nulle hygiène, aucun souci de purifier l'air, le médecin le plus insouciant et le moins humain qu'on vit jamais, ce Dr Thierry, visitant tous ses malades en vingt-cinq minutes, et, nouveau Sangrado, ordonnant un seul remède, de la tisane, de la tisane, et jamais rien d'autre que de la tisane. Les cris de douleur des uns, leurs rêves entrecoupés d'images de sang ; les morts laissés plusieurs heures à côté de leurs compagnons de lit, parce qu'il y avait une heure marquée pour les transporter, — tout contribuait à entretenir l'horreur de ce séjour. Un jour, le Dr Thierry s'approche d'un lit, tâte le pouls du malade : « Ah ! dit-il, il est beaucoup mieux qu'hier. — Oui, citoyen, répondit l'infirmier, il est beaucoup mieux, mais ce n'est pas le même : le malade d'hier est mort, et celui-ci a pris sa place. — Ah ! c'est différent ; eh bien ! qu'on fasse la tisane ! »

Il y eut pis encore, des médecins délateurs, espions des prisonniers, des médecins faux témoins pour faire condamner des accusés. Un misérable joue dans le procès des Hébertistes le rôle de prévenu, afin de se faire renseigner par les détenus sur la conspiration ; de Maillé est dénoncé par un ancien chirurgien de sa maison ; La Rouerie par un médecin que liait le secret professionnel ; un nommé Rousillon dépose faussement contre Marie-Antoinette, et justifie ainsi les auteurs des massacres de Septembre : « Ce qui prouve la légalité de ces meurtres, c'est que ceux qui en ont été les victimes ne se laissèrent enfermer dans les prisons par des tribunaux révolutionnaires que pour pouvoir en sortir en masse. » Je m'empresse d'ajouter que la majorité se montre honnête, libérale, que plus d'un s'élève jusqu'à l'héroïsme. Saucerotte compte 17 médecins à la Constituante, 22 à la Législative, 39 à la Convention ; 104 auraient été victimes de la Terreur ; 328 médecins et 540 chirurgiens quittèrent la France ou furent portés sur la liste des émigrés ; mais on a remarqué justement que la plupart étaient des émigrés par force majeure, des proscrits et non des émigrés par point d'honneur ou par principes ; ils rentrèrent en France à la faveur de l'amnistie de 1802 (1).

Trop souvent les hommes prennent la couleur des événements qu'ils traversent, des puissants qu'ils fréquentent. Combien mettent en pratique l'axiome de ce courtisan de l'ancien régime : Tenir le vase au ministre en place, et le verser sur sa tête aussitôt qu'il est tombé ! Schopenhauer a eu raison de déifier la volonté, à condition que celle-ci se mette au service de la bonté et de la justice.

Cabanis (2) possédait une volonté de cette sorte-là. Né en 1757, fils adoptif de Mme Helvétius, de *Notre-Dame d'Auteuil,* et dispensateur de ses bienfaits, unissant la grâce de l'âme, le charme à une rare fermeté de caractère, ami intime du poète Roucher, de Mirabeau, Condorcet, Dupaty, Chamfort, Franklin, nourri de

---

(1) Dr Constant SAUCEROTTE : *Les Médecins pendant la Révolution ; L'Histoire et la philosophie dans leurs rapports avec la médecine.* — Tony SAUCEROTTE : *La Profession médicale il y a cent ans.* — *Chronique médicale,* années 1890, 1903.

(2) A Maret, duc de Bassano, que les mines sévères de l'empereur troublaient au point de le rendre malade, Cabanis donna ce sage conseil : « Vous êtes un homme mort si vous ne faites usage d'un remède souverain dont voici la recette : toutes les fois que vous devez avoir une entrevue avec l'empereur, il faudra que vous prononciez ces paroles cabalistiques : « Je m'en f...iche. » Rien de plus prudent, en effet, que de faire un pacte avec soi-même contre la peur des événements et des hommes.

fortes études philosophiques, amoureux d'Homère au point d'entreprendre la traduction de l'*Iliade*, il étudie la médecine sous les auspices de Dubreuil, médecin réputé en son temps. Reçu docteur en 1783, il dit un dernier adieu à la Muse dans ce serment qu'il observa. toujours :

> ... Je jure qu'à mon art obstinément livrée,
> Ma vie aux passions n'offrira nulle entrée ;
> Qu'il remplira mes jours ; que, pour l'approfondir,
> L'embrasser tout entier, peut-être l'agrandir,
> Mon âme, à cet objet fortement attachée,
> Formera, nourrira par des efforts constants,
> Sa longue expérience et ses trésors savants...
> Que ma tendre pitié, que mes soins consolants
> Appartiendront surtout au malheur solitaire,
> Et du pauvre d'abord trouveront la chaumière...

Si les vers sont pitoyables, l'idée se dégage très noble : au reste, un nombre infini d'Esculapes, le *Parnasse médical* en fait foi, ont flirté avec la Muse, mais ils ne vont pas plus loin que le flirt. Y aurait-il donc antinomie entre la poésie et la médecine ? Et ces deux Muses disent-elles aussi : tout ou rien (1)? Peut-

----

(1) Dans son volume *L'Art et la Médecine*, le Dr Paul Richer fait ressortir fortement les liens étroits qui unissent *l'Art et la Science*. Il cite à propos cette pensée de Léonard de Vinci : « D'une manière générale, la Science a pour office de distinguer ce qui est impossible de ce qui est possible. L'imagination, livrée à elle-même, s'abandonnerait à des rêves irréalisables : la Science la contient en nous enseignant ce qui ne peut pas être. Il ne suit pas de là que la Science renferme le principe de l'Art, mais qu'on doit étudier la Science, ou avant l'Art ou en même temps, pour ap-

être. Un seul, jusqu'à présent, me semble faire exception à cette loi (1) : c'est le Dʳ Cazalis, qui mène de front, et avec succès, la science, la philosophie, la poésie, le monde. Des médecins bons prosateurs, il en existe (2), et parmi ceux-ci Cabanis : son livre sur les *Rapports du physique et du moral de l'homme* eut un grand succès. L'auteur cherchait à introduire la très pauvre philosophie du xviiiᵉ siècle dans la médecine, et la médecine dans la philosophie.

« Il y a, disait Benjamin Constant, une netteté dans les idées, une clarté dans les expressions, une fierté contenue dans le style, un calme dans la marche de l'ouvrage, qui en font, selon moi, une des plus belles productions du siècle... »

Et tel était en lui le don de sympathie, qu'Andrieux le compara à Fénelon, que les ennemis les plus avérés de ses idées restaient les amis de sa personne. Membre de l'Académie française, sénateur, affilié à ce groupe des *Idéologues* avec lesquels Bonaparte avait eu sa lune de miel, qu'il plaisantait volontiers en public, et qui l'inquiétaient au fond, — ils ne subirent qu'en gron-

---

prendre dans quelles limites il est contraint de se renfermer... » Taine dira dans le même sens : « La parenté qui lie l'Art à la Science est un honneur pour lui, comme pour elle : c'est une gloire pour elle de fournir à la beauté ses principaux supports ; c'est une gloire pour lui que d'appuyer ses plus hautes constructions sur la Vérité. »

(1) Des gens de goût, entre autres M. Félix Naquet, grand érudit et fin lettré, apprécient les sonnets du Dʳ Camuset.

(2) Flaubert ne leur accordait pas cela : « Il n'y a pas, s'écrie-t-il, de style plus long et plus vide que celui des médecins. Quels bavards ! Et ils méprisent les avocats ! »

dant son charme et son autorité — il se consacrait à
la science, à la nature qu'il adora aussi, à ses amis, à
sa famille, à quelques cercles d'intimité comme celui de
Mme Helvétius, de Mme de Condorcet dont il avait épousé
la sœur. C'est lui qui, en 1793, avait remis à ses amis,
à Condorcet, du poison, grâce auquel celui-ci put échapper à l'échafaud, poison formé d'opium et de stra-
monium, composé pendant la Terreur et surnommé le
pain des frères. Il avait connu Bonaparte chez Mme Helvétius, à Auteuil, au temps où elle essayait vainement
de faire comprendre au vainqueur de l'Italie le bonheur
qu'on peut goûter dans trois arpents de terre : Bonaparte l'avait conquis, et, longtemps après, les affinités
électives opéraient encore. De son côté, l'empereur ap-
préciait le caractère de Cabanis, aimait à causer avec
lui et se faisait fort, disait-il, de lui prouver l'existence
d'un Dieu personnel.

Dans les dernières années de sa vie (il meurt en 1808,
âgé de cinquante-un ans), Cabanis se rapproche des idées
spiritualistes; ni athée ni stoïcien, telle est alors sa confession, et l'on pourrait soutenir qu'il ne croit peut-être à
rien, mais qu'il espère tout.

Mais quel éloge aussi dans ces lignes de Droz : « Toujours il rendait meilleurs ceux avec lesquels il conver-
sait, parce qu'il les supposait bons comme lui, parce
qu'il avait une entière persuasion que la vérité se répan-
dra sur la terre, — et parce que nul soin, pour la cause de
l'humanité, ne pouvait lui paraître pénible. Ses paroles,
doucement animées, coulaient avec une élégante facilité.
Lorsque, dans son jardin d'Auteuil, je l'écoutais avec

délices, il rendait vivant, pour moi, un de ces philosophes de la Grèce qui, sous les verts ombrages, instruisaient les disciples avides de les entendre. »

« A Auteuil, ajoute Richemont, il était la providence des malheureux... ; chacun de nous lui faisait en secret l'application de ces paroles du vieillard de Cos : « Le médecin philosophe tient en quelque sorte de la nature des dieux. »

L'Empire a ses médecins célèbres, un Corvisart, un Desgenettes, Dubois, ce baron Larrey (1) que Napoléon proclame l'homme le plus vertueux qu'il ait jamais connu. Et voici le médecin de cour idéal, Boudois de La Motte, modèle d'urbanité, de politesse exquise, possédant au suprême degré la science du salon ; médecin du Ministère des Relations extérieures, un des familiers de Talleyrand, avec lequel il joue au whist, ayant lui-même un salon que Cicéri et Isabey ont tenu à décorer, où ils ont peint des scènes médicales : *Le Temple d'Esculape* et *le Jardin d'Epidaure*, un salon où s'empressent les hommes célèbres ou importants, ceux qui le deviendront. Bonaparte, qui l'a connu pendant le Directoire, le nomme médecin en chef de son armée d'Italie. Mal inspiré, Boudois se dérobe : sa femme, sa clientèle, son épicurisme intelligent, ses goûts casaniers le retiennent à Paris. Le maître le tient en demi-disgrâce, ne pardonne qu'en 1811, mais alors il le désigne comme médecin du Roi de Rome. Tout heureux de sa rentrée en

---

(1) LOMÉNIE : *Galerie des Contemporains*, t. V et VIII, articles sur Larrey et Dupuytren.

grâce, Boudois vient faire sa visite de remerciements. Au moment où il se retire, l'empereur lui dit en riant : « Depuis notre dernière entrevue, me trouvez-vous grandi ? » Et comme le docteur se confond en protestations dithyrambiques : « Non, non, observe Napoléon, ce n'est pas là ma pensée ; c'est de ma taille réelle qu'il s'agit. J'ai regretté souvent de n'avoir pas la vôtre. Ah ! si en Égypte j'avais eu les avantages physiques de Kléber, c'eût été pour moi d'une valeur immense. » Boudois de La Motte avait un traitement de 4,500 francs, une voiture, des dotations, il était baron, décoré de tous les ordres possibles.

Au nom de Boudois se rattache une historiette assez plaisante contée par Las Cases dans le *Mémorial,* t. III, pp. 138, 139. Le héros de l'aventure est Asker-Khan, ambassadeur de Perse sous Napoléon Ier : « Un jour, Asker-Khan, qui était malade et ennuyé de sa médecine persane, ordonna qu'on fût chercher M. Bourdois (*sic*), un des fameux médecins de Paris. On se trompa, et l'on fut chez M. de Marbois, ex-ministre du Trésor et alors président de la Cour des Comptes : « Son Excellence l'ambassadeur de Perse, lui dit-on, est fort malade et désire avoir un entretien avec vous. » M. de Marbois ne voit pas d'abord quels rapports il peut avoir avec l'ambassadeur de Perse. Toutefois, c'était l'envoyé d'un grand prince, et il n'est rien dont la vanité ne s'accommode. Il s'y rend avec pompe, et il faut convenir que son costume, son maintien, sa figure n'étaient guère propres à détromper Asker-Khan, qui, dès qu'il l'aperçoit, ·lui tire la langue, lui tend le bras et lui présente le pouls. Ces gestes étonnent M. de Marbois; mais ce pouvait être un usage de l'Orient. Il accepte la main et la lui serre; quand quatre estafiers entrent avec solennité et vont placer sous le nez de M. l'ex-ministre un vase des moins équivoques, pour sa meilleure information sur l'état du malade. A cette vue significative, le grave M. de Marbois se fâche tout rouge et veut savoir ce qu'on a prétendu. Tout s'explique : c'est M. Bourdois (*sic*) qu'on a voulu avoir, la seule consonnance des noms a fait toute l'erreur; mais voilà pourtant M. de Marbois la risée de la capitale, et de longtemps il ne pourra se présenter nulle part sans réveiller aussitôt en tous lieux une bruyante gaieté. »

Le service de santé auprès de Napoléon Iᵉʳ est ainsi constitué : quatre médecins par quartier, recevant chacun un traitement de 8,000 francs, suivant l'Empereur en campagne, recevant à Paris les ordres du premier médecin ; quatre médecins consultants à 3,000 francs et un médecin oculiste. Hallé, médecin ordinaire, membre de l'Institut, professeur au Collège de France, figure sur les états pour une somme annuelle de 15,000 francs, mais il ne vient guère depuis le jour où, à la toilette, l'Empereur s'étant avisé de lui tirer les oreilles (son geste familier quand il était de belle humeur) : « Sire, vous me faites mal, » observa Hallé avec humeur. On n'y voit pas non plus les chirurgiens : Boyer, premier chirurgien, avec 15,000 francs de traitement, ni les cinq chirurgiens par quartier, ni les quatre consultants. Seul, Yvon accompagne partout l'Empereur, et c'est une manière de favori : 12,000 francs de traitement, la

croix d'officier, titre de baron, dotation annuelle de
9,000 francs, gratifications annuelles de 25,000 à
30,000 francs. Le premier médecin, Corvisart, est aussi
un favori; il a guéri Napoléon d'une gale répercutée,
qui, mal soignée, l'incommodait beaucoup; aussi, disait-
il volontiers : « J'ai confiance, en fait de médecine, en
mon premier médecin Corvisart. » Traitement de
30,000 francs, dotation de 10,000 francs, titre de baron,
clientèle énorme; mais il dépensait beaucoup, aimant
fort le plaisir, les tableaux, les objets d'art.

« La cour, dit l'excellent historien Frédéric Masson,
ne lui plaisait point, et le monde officiel n'était point
pour l'attirer. Il passait son temps de loisir chez un
vieil ami, Guéhéneuc, qui aimait comme lui les plaisanteries grasses; soit dans une société plus gaie encore,
où se rencontraient des vaudevillistes tels que Barré et
Desfontaines, le maître de ballet Despréaux, mari de la
Guimard, quantité de bons vivants et de jolies femmes.
Ravrio, le marchand de bronzes, chansonnier à ses
heures, célébrait les vertus du docteur, et consacrait le
souvenir des petites fêtes auxquelles Corvisart assistait.
C'était de l'esprit à gros grains. »

Aux jours de service, le mercredi et le samedi, Napoléon l'accueillait par des plaisanteries : « Vous voilà,
grand charlatan! Avez-vous tué beaucoup de monde
aujourd'hui? » Et l'autre répliquait sur le même ton. Je
doute toutefois qu'il eût osé répondre comme ce médecin à Frédéric II : « Sire, 50,000 de moins que vous
dans votre dernière campagne. » Corvisart racontait la
petite chronique, les commérages de toute nature dont

l'Empereur était si friand, se laissait tirer et frotter les oreilles, obtenait ainsi des grâces de toutes sortes pour lui-même et ses protégés.

« Serait-il malheureux pour la race humaine qu'il n'eût jamais existé de médecins ? » Corvisart hésite d'abord à répondre, mais Napoléon insistant : « Eh bien ! fait-il, je pense que les médecins ont tué plus d'hommes qu'ils n'en ont sauvés ! »

Au besoin, cependant, il se montrait moins docile, et, par exemple, il refusa, d'après Mme de Rémusat, de prêter les mains à une comédie d'accouchement de Joséphine, qui aurait donné un héritier au trône, et sans doute empêché le divorce.

Il prenait parfois aussi d'étranges libertés, Corvisart, quand l'Empereur, craignant d'être empoisonné et ne pouvant vomir, se roulait sur le tapis, criait et se lamentait, perdant toute mesure. « Alors, dit Ménière, le médecin traitait fort rudement son maître, le poussait du pied, lui disant : « Relevez-vous! C'est honteux, c'est de la lâcheté ! Relevez-vous ! Vous n'avez que des crampes d'estomac, des douleurs nerveuses, etc. » Et le malade se relevait et se calmait peu à peu. Oui, Corvisart me l'a dit en propres termes, il le *poussait du pied,* lui montrant son mépris pour des faiblesses aussi coupables. »

Il avait d'ingénieux aphorismes, tels que celui-ci : « C'est un état que la maladie, il faut s'y soumettre, le savoir faire comme les autres ; et les gens du monde ont le tort de le compliquer par mille tracas étrangers. » Il disait encore que le grand secret de la médecine était

de saisir l'instant où le mal commençait à décroître
pour l'attaquer avec succès, et que, pour cela, on devait
lui accorder la liberté de déployer un peu à l'aise sa
première ardeur. — « Je le soignai, Dieu le guérit »,
disait Ambroise Paré. « Je le soignai, il a guéri, » se
contentait d'observer Corvisart.

Un matin, l'Empereur lui demande : « Qu'est-ce que
vous tenez à la main ? — C'est ma canne, Sire. — Elle
n'est pas jolie. Comment un homme comme vous peut-il
porter un vilain bâton comme cela ? — Sire, cette canne
me coûte très cher, et je l'ai eue à très bon marché.
— Voyons, Corvisart, combien a-t-elle coûté ? — Quinze
cents francs ! — Montrez-moi ce vilain bâton-là. » Napoléon examine la canne, remarque sur le pommeau une
petite médaille dorée de Jean-Jacques Rousseau : « Dites-
moi, Corvisart, c'est la canne de Jean-Jacques Rousseau.
Sans doute, c'est un de vos clients qui vous a fait ce pré-
sent-là ? — Pardonnez-moi, Sire, je l'ai payée quinze cents
francs. — Au fait, Corvisart, ce n'est pas payé son prix,
car c'était un grand homme, c'est-à-dire un grand charlatan... Oui, Corvisart, c'était un grand charlatan dans
son genre ; il a fait de belles choses. » Là-dessus, il tire
les oreilles de Corvisart et ajoute en riant : « Corvisart,
vous voulez singer Jean-Jacques ! »

On lit, dans le volume de lord Roseberry sur Napoléon, les lignes suivantes, qui, si elles traduisent la pensée de l'Empereur, indiqueraient une grande désillusion
sur Corvisart :

« Marie-Louise était l'innocence même. Elle m'aimait.
Si elle avait été bien conseillée, et n'avait pas eu près

d'elle cette canaille de*** et ce Corvisart qui, j'en conviens, était un misérable, elle serait venue avec moi à l'île d'Elbe... »

Croquis du *père* Baudelocque, célèbre accoucheur, par le Dr Ménière : « Il donnait des soins à toute la famille impériale... Chacun de ses accouchements était payé d'une somme de dix mille francs en billets de banque, renfermée dans une boîte d'or enrichie de diamants, ceux-ci valant bien dix mille francs encore... » Murat aimait beaucoup M. Baudelocque; il adorait les enfants, et les moutards du docteur étaient ses favoris. Un jour, chez M. Baudelocque, il prit sur ses genoux un petit garçon de cinq ans et lui dit : « Que veux-tu ? » Le moutard répond : « Moi, je veux voir le général Bonaparte. » Celui-ci était déjà premier consul. « Eh bien! je te le ferai voir demain ; viens à midi chez moi avec ta bonne, tu le verras ! » ...Le premier consul devait déjeuner chez Murat après la parade... Bonaparte combla l'enfant de caresses, l'embrassa, et, voyant près de la cheminée un petit cadre doré contenant un portrait de lui en biscuit de Sèvres, il le décrocha, le donna à l'enfant en lui disant : « Tiens, le voilà, le général Bonaparte ; je te le donne. » Quelques heures après, de retour chez son père, l'enfant reçut une grande caisse dans laquelle se trouvaient un buste du premier consul et une multitude de joujoux de toute espèce. Ce buste a été précieusement conservé par M. Baudelocque. »

On raconte qu'à l'âge de dix-neuf ans, léger d'argent, riche d'espérances, le futur abbé Maury fit, au sortir d'Avallon, la rencontre de deux jeunes gens, et que, bientôt, la candeur et la belle humeur de l'adolescence, une même situation les ayant faits compagnons de route et camarades, ils s'ouvrirent sur leurs ambitions. Portal, le médecin, voulait être de l'Académie des sciences ; Treilhard aspirait aux dignités de la magistrature, et l'abbé se voyait déjà prédicateur du roi. Arrivés près de Paris, le bourdon de la cathédrale résonne, et aussitôt les imaginations de se mettre en branle : « Entendez-vous cette cloche ? dit Treilhard à Maury ; elle dit que vous deviendrez archevêque de Paris. — Probablement, jette celui-ci, lorsque vous serez ministre. — Et qu'est-ce que j'aurai, moi ? demande Portal. — Le bel embarras ! Vous serez premier médecin du roi. » Rien de plus fréquent que ces sortes de prophéties après coup qui résument une destinée, dont les sujets ont eux-mêmes formé le canevas ; car souvent les personnages célèbres ont eu le pressentiment, l'affirmation, cette forte volonté du succès qui déterminent le succès lui-même. Puis viennent le metteur en scène, le panégyriste, qui prédisent la vérité, estompent les contours, mêlent le roman à l'histoire, car ils savent que le peuple aime la mythologie, et retient mieux un fait bien habillé, enjolivé ou même travesti, qu'un fait tout nu, sans broderie.

Portal fut baron, premier médecin de Louis XVIII, de Charles X, et mourut à quatre-vingt-dix ans ; il avait beaucoup d'esprit ; vers la fin de sa carrière, atteint d'une extinction de voix, il faisait lire ses discours au cours dont il était professeur. Assez sceptique envers la médecine, il croyait à l'utilité des médecins pour em-

pêcher les remèdes de bonne femme, et calmait beaucoup de prétendues souffrances en ordonnant à ses
belles malades de l'infusion de fleurs d'oranger.

Au début de sa carrière, il imagina un plaisant
moyen de capter l'opinion publique (1). Son domestique
sonnait précipitamment à la porte d'un hôtel du faubourg Saint-Germain : « M. Portal, le médecin, est ici,
n'est-ce pas ? » demandait-il au concierge. Réponse négative. — « Comment, vous ne connaissez pas M. Portal, le premier médecin de Paris ? Que va dire M. le
duc qui n'a confiance qu'en lui ? » Et Frontin s'en allait
en courant à la porte d'un autre hôtel, où il recommen-
çait le même jeu. Et bien des gens de se dire, surtout
quand ils ne tenaient pas à leur médecin : « Si nous
envoyions chercher ce Portal qui est si en vogue ? »

A côté de ces gros bonnets, plaçons un type de
médecin de campagne, le Dr Sauzay, qui professait
pour la famille de Montagu un culte si touchant :
« C'était un homme fort aimable, fort propre, toujours
poudré, parlant du geste et de la voix avec une vivacité
languedocienne ; mais assez sourd et n'entendant bien
qu'à l'aide d'un cornet, d'où résultaient souvent
d'étranges quiproquos ; au surplus, bon médecin, soignant gratis les pauvres gens, et tutoyant toute sa
clientèle à plus de six lieues à la ronde. Il avait pris
sur lui de relever autant que faire se pouvait la maison

---

(1) PAILLERON, dans *Cabotins*, a repris ce trait pour son Dr Saint-
Marin.

de Montagu, et dans cette pensée, depuis plus de six mois (1800), il trottait par monts et par vaux, sur sa petite jument grise, à la recherche des acquéreurs des biens de cette famille, les relançant au lit, à table, à la charrue, et jusque dans les foires. Il les avait si bien chapitrés que bon nombre d'entre eux vinrent au Puy, à sa requête, dans les dispositions les plus conciliantes. Ils offrirent de rendre, presque sans intérêt, les biens qu'ils avaient acquis à vil prix, et dont ils ne jouissaient pas sans quelque honte secrète. M. de Montagu leur fit à tous de généreuses conditions. Son seul regret était de n'avoir pas quelque argent comptant à leur donner. Mais le bon D⁰ Sauzay avait pensé à tout ; il lui apporta, le jour des contrats, quelques gros sacs remplis d'écus de six livres et de vieux louis d'or ; il y en avait pour cinq ou six mille francs ; aussi il dit que ce n'était qu'un acompte, et qu'il avait encore 25,000 francs à toucher qu'il voulait placer de la même manière, si M. et Mᵐᵉ de Montagu consentaient à s'en charger. »

« Certains vieux médecins de province, dit George Sand, sont des figures que l'on ne retrouvera plus : Lallemant et Cauvières, qui sont partis au milieu d'une sénilité adorable, Auban à Toulon, Maure à Grasse, Morère à Palaiseau, Vergne à Cluis, et tant d'autres qui... exercent dans leur milieu une sorte de royauté paternelle. Jamais riches, ils ont pratiqué la charité sur des bases trop larges ; tous aisés, ils n'ont pas eu de vices ; tous hommes de progrès, fils directs de la Révolution, ils ont été hommes du temps qu'on mettait sa gloire à être homme avant tout. Ils sont devenus savants avec un but d'apostolat qu'ils poursuivent encore, en dépit de la mode qui a créé le problème de la science pour la science, comme elle avait inventé l'art pour l'art dans un sens étroit et faux. Nos jeunes savants d'aujourd'hui mûriront et poseront mieux la question, mais ils seront généralement sceptiques. Ils auront le doute et le rire, l'esprit et l'audace. Ce ne sera plus le temps de l'enthousiasme et de l'espoir, de 'indignation et du combat. On retrouve ces vieilles énergies du passé sur de nobles fronts que le temps respecte, et on les aime spontanément. Qu'ils soient dans l'illusion ou dans le vrai sur l'avenir des sociétés humaines, c'est avec eux qu'on se plaît à songer, et l'on se sent meilleur en les approchant. »

Que chacun interroge sa mémoire, la tradition de sa famille : c'est par centaines que s'évoquent les physionomies de ces médecins provinciaux et ruraux, physionomies presque sacerdotales par la bienfaisance, le dévouement, la modestie ; praticiens ingénieux, dentistes, chirurgiens, oristes, oculistes au besoin, ayant, en un mot, toutes les spécialités, accourant par la pluie, par le froid, par la neige et la nuit, au chevet du pauvre aussi vite qu'au chevet du riche, possédant une foule de secrets et les gardant avec la discrétion d'une tombe, n'imposant à personne leurs croyances religieuses ou agnostiques, ne se servant point de leur influence pour entrer au parlement, ne se précipitant point vers les honneurs et les décorations, mais attendant qu'ils viennent à eux, et se contentant de l'estime affectueuse de leurs concitoyens, faisant contrepoids à une minorité bruyante et arriviste.

Ces médecins de province ont eu leur grand homme dans la personne du D' Bretonneau, de Tours, que les premiers praticiens de Paris considéraient comme leur égal, qui eut pour disciples Trousseau, Velpeau, guida leurs premiers pas et les protégea si utilement, qui fréquenta au début chez Mme Dupin à Chenonceaux, celle-là même qui l'avertissait finement : « Souviens-toi que ce que nous savons souffre de ce que nous ne savons pas. » Tout jeune encore, il épousait Mlle Marie Th. Adam, qui avait vingt-cinq ans de plus que lui ; à soixante-dix-huit ans, il se remariait avec une jeune fille de dix-huit ans. Le D' Triaire a bien mis en relief cette physionomie originale.

« Mlle Zeller, écrit Goncourt, me disait que le vieux D' Blanche s'écriait devant elle, à la sortie d'une personne de chez lui, à laquelle il avait fait une grosse aumône : « C'est moi, bien plus que d'autres, qu'on devrait enfermer dans une maison de fous ! » Et son fils Jacques lui répéta plusieurs fois : « Si mon père avait vécu dix ans encore, il nous aurait mis sur la paille ! » La bonne et douce figure du docteur disait un peu ses inépuisables charités. » Il rappelle ce général Drouot qui, selon Lacordaire, aimait les pauvres au point de se rendre semblable à eux-mêmes.

Un brillant causeur, M. Chéramy, m'a conté les dîners où il rencontrait chez le D' Blanche, Gounod, Berlioz, Antony Deschamps, Alexandre Weill, etc., les conversations ailées, Gounod se mettant parfois au piano, et, presque sans voix, chantant à miracle ses œuvres et celles de Berlioz, celui-ci expliquant avec éloquence sa musique, si bien qu'on croyait l'entendre, bien qu'il ne recourût à aucun instrument.

Oui, il y a en province, et même à Paris, des braves gens qui raisonnent comme le Dr Richon, dans *l'Évasion :* « J'ai deux sortes de clients : ceux que je soigne gratuitement, parce que cela me fait plaisir ; ensuite ceux qui me paient. Si je leur réclamais encore aux uns et aux autres de la reconnaissance, ce serait comme si je demandais à être payé deux fois. » Le Dr Blanche fut un des généraux de cette armée du bien.

Monneret, esprit original, prime-sautier, inventif, caractère entier, un peu roide, d'une probité sévère : c'est lui qui, le premier, a émis cet axiome : « Les hystériques mènent le monde. »

Et tant d'autres qui, tels Fonssagrives, Henry Holland, Hellis, honorèrent leur profession par le talent et le caractère. Fonssagrives finit comme il le méritait : en soignant des cholériques à la campagne, il gagna la maladie et succomba ; digne vie, digne mort. Il était aussi homme du meilleur monde, savait apprécier les choses artistiques et littéraires.

Dans une lettre de 1819 à son fils, Mme de Rémusat dit que les trois grands médecins de l'époque sont Corvisart, Bichat et Broussais. Plus tard, en février 1820, elle raconte force détails sur l'assassinat du duc de Berry, celui-ci entre autres :

C'est Dupuytren qui se trouvait maître, et qui ordonnait tout. Quand le prince a expiré après quelques minutes de douleurs violentes, il a dit au roi : « Sire, il faudrait faire retirer les femmes. — Je resterai, a dit le roi. Je ne suis point une femme ; j'ai un dernier soin à rendre à mon neveu. » Alors Dupuytren a été vers les princesses : « Mesdames, veuillez vous retirer ; le roi a dit qu'il a un dernier devoir à rendre à son neveu. » A ce mot de *devoir*, le roi s'est retourné gravement, et a repris : *un soin.* » N'est-ce pas aussi Louis XV que choquait cette formule dans la bouche de son médecin : « Sire, il faut... » Et le roi de répéter d'un ton blessé : « Il faut!... Il faut!... »

Aussi bien Dupuytren était bon courtisan, sachant l'importance des petites cartes, et que beaucoup de grands joueurs tournent le dos à la fortune faute de savoir s'en servir. Un jour qu'il assistait à la messe des Tuileries, il laissa tomber son livre d'heures. Quelqu'un en fit la remarque : « Voilà Dupuytren qui perd ses heures, mais qui ne perd pas son temps. » Il dut goûter le mot d'un autre savant faisant une expérience de chimie devant le duc d'Angoulême : « C'est ainsi, Monseigneur, que ces deux gaz vont avoir l'honneur de se combiner devant vous. » En même temps, Dupuytren appartient à la race des génies inquiets, misanthropes, des éternels mécontents ; travailleur héroïque, ambitieux acharné, à peine a-t-il atteint un but, remporté une victoire, il s'en dégoûte : il ne lui suffit pas d'être le premier, il veut être le seul ; dur à lui-même et aux autres, capable de dégrader publiquement un externe insubordonné, négligent ou maladroit, en lui arrachant de sa main le tablier de service, n'acceptant ni adjoint, ni suppléant à l'Hôtel-Dieu, se faisant à plaisir des ennemis par son caractère défiant, insociable, ses brusqueries et ses injustices, une sorte de Jean-Jacques Rousseau de la chirurgie ; en revanche, traitant avec quelque douceur ses malades, qu'il magnétisait presque par sa parole, et ne confiant à personne la moindre opération, doué d'une faculté d'intuition merveilleuse qui lui permettait de discerner du premier coup la nature, le siège d'une maladie. Un jour qu'il faisait sa leçon, il sent subitement le côté droit de sa figure frappé de paralysie ; mais un homme comme lui ne se laisse pas abattre : saisissant de la main gauche sa mâchoire qui dévie, il la contient fortement, et, avec un calme effrayant, il continue sa leçon jusqu'au bout, donnant à ses disciples stupéfaits le spectacle d'une âme indomptable aux prises avec une attaque d'apoplexie. Généreux par boutade, il donna 50,000 francs à sa ville natale pour une fontaine, 200,000 francs pour créer la chaire et le musée d'anatomie pathologique, offrit un million à Charles X exilé. Lisfranc l'appelait : « Le grand boucher du bord de l'eau »; Dupuytren surnommait Lisfranc : « L'assassin de la Charité. »

Dupuytren, plus célèbre alors que fortuné, se trouvant à Lyon, avise place Bellecour un charlatan, dont le magnifique équipage, les serviteurs galonnés, la clientèle immense, l'étonnèrent singulièrement, tant et si bien qu'il lui fit demander de venir le voir comme confrère. Le charlatan s'empressa d'accourir, et Dupuytren l'interrogea : « Je vous ai entendu annoncer que vous possédiez d'excellents remèdes contre toutes les maladies. En auriez-vous contre la curiosité, par hasard? Si oui, je vous prierais de vouloir bien m'en administrer une dose ; car, en vous voyant, je suis sûr de vous avoir rencontré quelque part, et je me donne au diable sans pouvoir deviner où.

— Vous n'avez pas besoin d'appeler Satan à votre aide, répliqua l'émule de Fontanarose. Pendant plusieurs années, j'ai servi en qualité de valet de chambre chez le Dr Portal ; puis, m'étant brouillé avec mon maître et m'étant aperçu que l'état de docteur valait mieux que celui de laquais, je me suis établi à mon compte. Seulement, n'ayant pas les papiers nécessaires pour exercer ma profession à domicile, je le fais en pleine rue, ce dont je me trouve très bien, car ma pelotte est assez ronde.

— Ah! vous faites fortune !... Et comment cela, je vous prie?

— Avant de répondre à votre demande, Monsieur le docteur, permettez-moi de vous adresser une question. Vous demeurez rue Saint-Honoré, je le sais : c'est une rue très fréquentée. Combien croyez-vous qu'on peut y voir de personnes par jour?

— Peut-être vingt mille ; après... ?

— J'accepte ce chiffre pour véritable... Et maintenant, combien pensez-vous que dans ces vingt mille personnes il y ait de gens de bon sens ?... Je ne dis pas de gens d'esprit, car on ne s'est pas encore bien entendu sur ce mot-là, mais de personnes ayant le sens commun ?

— Ah çà! mon cher ami, nous jouons aux propos ininterrompus, et je ne suis pas d'humeur à rire. Quel rapport y a-t-il, je vous prie, entre le sens commun et la profession que vous exercez?

— Il y en a beaucoup plus que vous ne pensez, Monsieur, et si vous ne voulez pas répondre...

— Parbleu, j'irai jusqu'au bout,... et je vous dirai net que, s'il passe par jour vingt mille personnes dans ma rue, j'estime que cent à peine ont vraiment le sens commun.

— Eh bien ! vous venez de répondre vous-même à la question que vous m'avez posée : les gens de bon sens sont vos pratiques et les fous sont les miennes : voilà pourquoi je fais fortune et pourquoi vous végétez. »

« Et, concluait Dupuytren, le charlatan avait raison, bien raison, mille fois raison. »

Voici un mot de Dupuytren qui a son prix. Un diplomate, sauvé par lui, interroge : « Comment va l'Empereur ? — Le courtisan revient, l'homme suivra, » prononce Dupuytren. — Il est probable, presque certain même que Balzac a voulu le peindre sous les traits de Desplein dans plusieurs de ses romans.

A côté du médecin courtisan, celui qui ne l'est pas, Bouchut, candidat à l'Académie de médecine, fait ses visites officielles, se rend chez X..., alors président, et, ne l'ayant pas trouvé, l'attend un jour au sortir de l'Académie; l'accostant alors dans la salle des Pas-Perdus :

« Maître, je suis allé deux fois chez vous pour ma visite de candidat, et je regrette de ne pas vous avoir rencontré. — Ah! vraiment? Vous êtes bien bon de vous être donné tant de mal. Vous n'arriverez pas cette fois, M. Y... doit passer avant vous. — Cependant j'ai plus de titres que lui. — Cela ne fait rien ; et puis, après M. Y..., il y a encore M. Z... — Mais il n'a rien fait pour la science ! Décidément je vois que je *n'arriverai jamais*, si vous ne recevez que ceux qui n'ont aucun titre. »

Quel joli volume on écrirait avec les conversations des candidats ! L'excellent Dr Franklin-Grout me racontait qu'un candidat à l'Académie des sciences se présenta chez un de ses électeurs, le jour même de l'enterrement de celui dont il convoitait le fauteuil. « Tiens, s'écria son hôte avec une naïveté plus ou moins sincère, vous êtes donc venu par le corbillard ! »

Un type très original, c'est le Dr Koreff, homme d'esprit et de savoir, dont la brillante conversation captivait la meilleure compagnie ; il mourut en 1855. Il était membre d'un dîner mensuel avec Mérimée, Musset, Eugène Delacroix, Stendhal, Mareste, Horace de Vielcastel, etc., et l'on se prend à regretter que les causeries de pareils convives n'aient pas été sténographiées. Sans foi ni loi, débauché, prêt à tout, un peu espion, tel le peignent ses ennemis. Norvins l'accuse tout net d'avoir publié des lettres de Jean de Müller qui lui avaient été remises en dépôt. Au contraire, la comtesse Dash, dans les *Mémoires des Autres*, le célèbre longuement, et je résume son apologie :

« Le Dr Koreff, conseiller du roi de Prusse, ne ressemblait à rien ni à personne. Je ne saurais le comparer qu'à Cagliostro ou au comte de Saint-Germain. Il les rappelait beaucoup. D'où venait-il ? Qui était-il ? Personne ne le lui a jamais demandé. Quant à moi, je crois qu'il a toujours vécu, et je ne me figure pas qu'il soit mort. Jamais on n'eut plus d'esprit et de meilleur aloi ; il n'avait d'un Allemand que le côté sérieux, la volonté. Il savait laisser et reprendre ce sérieux quand il le fallait, et son visage ne pouvait s'y faire. Ce visage, aussi excentrique que le reste de l'individu, ne semblait pas devoir appartenir à un homme grave ; il avait du Polichinelle dans les traits... »

Suit le portrait physique du docteur, accompagné de versiculets de Roger de Beauvoir :

> Ce docteur hoffmanique,
> D'un vieux conseiller aulique
> A la même didactique,
> La tabatière classique,
> Et l'ordre à son habit noir.
> Il ne guérit que les reines,
> Et les royales migraines
> Cèdent à son grand pouvoir.

« Telle était, en effet, sa spécialité. Il n'était pas en Europe de monarque, de souverain qui ne lui eût passé par la main. Il était Prussien, croyait-on. Quel âge avait-il ? On l'ignorait... Il connaissait l'univers entier... et parlait le français le plus pur, le plus fin, avec un admirable accent germanique... Il allait partout : il ne se donnait pas un dîner diplomatique ou joyeux qu'on ne l'invitât... Ami particulier de M. de Humboldt, de tous les savants de l'univers, il savait beaucoup aussi, sans aucune pédanterie... Il n'était guère le médecin habitué que de très grandes maisons, et il faisait payer très cher ses visites. En revanche, les amis peu riches, les pauvres qu'il ne connaissait pas et qu'on lui signalait, le trouvaient toujours disposé à les secourir sans intérêt... Les uns le portaient aux nues, les autres le traitaient de charlatan... Quelqu'un demandait à sa femme quelle était la spécialité du docteur : « Ce sont les cas désespérés », répondit-elle, et rien n'était plus juste. »

Donnait-il une soirée dans son appartement, aussi bizarre que sa personne, l'aristocratie étrangère, Français, gens de lettres, artistes célèbres s'étouffaient pour entendre les premiers chanteurs de Paris. Amateur éclairé, dormant à peine, visitant le monde, connaissant les pièces nouvelles, le roman du jour, le secret de demain, le scandale d'aujourd'hui, assistant aux séances des sociétés savantes, il semble avoir le don d'ubiquité. Enjôleur de malades, il guérit le moral autant que la guenille, et, par exemple, à une princesse russe atteinte de vapeurs, il prescrit certaines pilules rares, qu'il confectionne lui-même et qui dissipent son rêve de malade. Et la princesse de crier au miracle; il lui avait simplement administré des boules de gomme, à des heures voulues, fatidiques, en employant un nom bien obscur pour cette maladie imaginaire.

Koreff cependant se fit attraper sur le tard, tout comme un autre, par une femme qui le conduisit au mariage, en dépit de ses roueries et de ses subterfuges : tout le monde s'amusa en voyant ce vieux renard tomber dans le piège de cette poule.

Pourquoi l'association des idées éveille-t-elle ici le nom du Dr Gruby, un original d'un autre genre, qui eut ses fanatiques et ses détracteurs, ses fanatiques surtout, avec de bien singuliers procédés pour frapper l'imagination de ses clients (1)? Pourquoi pas après tout ? Il savait le prestige de la mise en scène, les vertus de la foi, la puissance de l'illusion, qui est un remède plus énergique que toutes les drogues des pharmaciens. Et qu'importe le moyen pourvu qu'on obtienne le résultat ? Or, le Dr Gruby arrivait à son but, et il a fait une foule de cures extraordinaires. Il vivait très mystérieusement, ses domestiques ne le voyaient pas quand il était malade — ses clients, et parmi eux Ambroise Thomas, Alexandre Dumas, Émile Ollivier, parlaient de lui comme d'un prophète ; il donnait à ses ordonnances des airs de magie : « Madame, vous mangerez une pomme tous les matins en montant l'avenue des Champs-Élysées, la moitié avant le Rond-Point, le reste après. » Et voilà Madame obligée de marcher. — « Madame, vous allez partir pour l'Égypte, et vous y mangerez tous les jours, pendant deux mois, un gibier qu'on ne trouve que là, et qu'il faut manger là. » Gruby est appelé par Mme F.... La première fois, il ordonne d'atteler sa voiture, l'y fait monter une demi-heure, sans qu'elle sorte de la cour de l'hôtel, puis lui dit de regagner sa chambre. La seconde fois, il commande des bains : « Vous ferez acheter une tête de veau, vous la mettrez dans le bain de manière que l'œil de l'animal vous regarde tout le temps. » Un ingénieur l'appelle, et voici l'ordonnance : « Vous allez prendre

---

(1) Sur Gruby, voir l'étude du professeur Raphaël BLANCHARD dans *Chronique médicale,* années 1899, 1900.

des bains. Puisque l'hôtel vous appartient, faites enlever chaque jour un pavé dans la cour, et qu'on le place dans votre baignoire. » Et l'ingénieur, tout esprit fort qu'il fût, obéit ponctuellement. Philanthrope, très libéral envers les sociétés hongroises et françaises de bienfaisance, avide de réclame, dur pour sa famille jusqu'à la cruauté, une vivante énigme : il est mort, âgé de quatre-vingt-dix ans, seul, isolé, retiré dans la tour d'ivoire de son orgueil, fermant sa porte à verrous, et le commissaire de police, appelé par les domestiques qui devinaient, sans la voir, cette agonie, l'a trouvé mort depuis douze heures.

Il était né en Hongrie (1810) de parents paysans, et ses débuts furent difficiles : naturalisé Français, il vécut et exerça cinquante ans à Paris.

A l'exemple de Boudois de La Motte, les médecins ne se contentent plus d'aller dans le monde, ils reçoivent, donnent dîners, soirées, concerts, bals, et les mauvaises langues ne manquent pas d'insinuer que c'est là un moyen de plus d'entretenir ou d'augmenter la clientèle. Les réceptions des Dʳˢ Alibert, Orfila, Ricord, Trélat, Fauvel, étaient fort suivies. Mᵐᵉ de Chastenay raconte agréablement une soirée du Dʳ Alibert sous le premier Empire.

« Je lui avais dit que j'aurais beaucoup de plaisir à rencontrer Talma, et à l'entendre converser sur l'art qu'il a porté si loin. M. Alibert eut chez lui une petite soirée de musique... J'y allai et j'y vis réunie comme la fleur de l'Institut : peintres, poètes, savants, tout y était ensemble... Aucun des invités ne songeait d'ailleurs à briller ; ils étaient eux-mêmes entre eux, et ne songeaient point à jouer le rôle de leurs noms... La musique fut courte, et le vieux Piccini en fit presque seul tous les frais, avec une jeune cantatrice, cliente de M. Alibert, qu'il accompagna au piano. M. Arnault, surpris de me trouver là, voulut bien faire quelques frais, et récita plusieurs de ces fables où des traits de satire font un contraste avec leur genre même, mais n'en pétillent pas moins d'esprit. Talma dit quelques vers, mais il n'était nullement en scène... Je l'entendis raisonner sur son beau rôle de Manlius ; il dit que la Révolution lui en avait donné le secret. Manlius, patricien fougueux, emporté au hasard par une passion violente, tandis que le plébéien Rutile, excitant ses emportements pour profiter du résultat, se sauve habilement du danger où il faut bien que l'autre succombe. »

Hier encore Mme Hardy, Mme Péan, Mme Chéron, avaient des salons agréables ; ceux de Mmes Péan, Second, Pozzi, Dieulafoy, Robin, restent entr'ouverts. Lucullus dîne chez Lucullus, et parfois aussi l'esprit se nourrit délicieusement, lorsqu'il n'y a pas trop de médecins. On a remarqué souvent que les médecins réunis dépouillent volontiers l'homme social pour reprendre leurs habitudes de savants ; ils se croient dans un congrès ou à l'école, vous accablent d'érudition, de grands mots, oublient de sacrifier aux grâces. Et puis, ils sont souvent tristes. Mettez-les à côté d'une jolie femme, ils redeviennent aussitôt aimables, et d'aucuns ont de l'esprit comme s'ils ne s'étaient jamais occupés d'autre chose, cultivent à merveille cet art de plaire qui a sa stratégie et sa tactique comme l'art de la guerre.

Parmi ceux-ci, Ricord mérite une mention spéciale.

Émile Augier souffrait au genou d'une douleur très vive qui ne cessait d'empirer ; son médecin ordinaire déclare l'amputation nécessaire. Augier appelle Ricord qui le console, lui fait suivre un traitement et le guérit. A quelque temps de là, Ricord reçoit une boîte hermétiquement fermée ; que découvre-t-il ? Un petit tableau dans lequel il se voit, lui Ricord, vêtu à l'antique, assis sur un trône, le front couronné de lauriers : au pied du trône se tenait, vêtu d'une toge rouge, Émile Augier, soutenu par une béquille, venant déposer à ses genoux un coq, des fruits, et brûler de l'encens sur un trépied.

Esprit mordant, parfois cruel, habile, donnant un tour plaisant aux moindres choses, surnommé le *Marivaux de la Médecine*, dévoué à ses amis, bienfaisant au pauvre monde, membre d'une foule de sociétés savantes, grand officier de la Légion d'honneur, décoré de tant d'ordres qu'il n'aurait pu les placer tous ensemble sur sa poitrine, Ricord a eu l'art de son talent comme les Parisiennes ont l'art de leur beauté. Il soignait sa gloire très tendrement, mettant au service de celle-ci autant de courage que d'humour, et voici de quelle manière il gagna sa croix de grand officier de la Légion d'honneur sur le champ de bataille du Bourget. J'emprunte le récit à H. Blanchon (le distingué Dʳ Maurice de Fleury) :

« Très jeune, puisqu'il n'avait alors que soixante-dix ans, chef des ambulances du siège, il pansait fort tranquillement les blessés sous une grêle de balles, assisté seulement de son valet de chambre. Vint à passer un officier d'ordonnance, lequel cria au domestique : « Dites au docteur de s'en aller de là, s'il ne veut point recevoir un mauvais coup. » Ricord avait entendu ; paisible et gouailleur comme Gavroche à la barricade, il répliqua dans le tapage des mitrailleuses : « Répondez que je ne reçois pas, je ne suis pas ici chez moi !... » Puis il se remit à la besogne. A lui seul, le mot vaut la décoration.

Deux autres mots de Ricord :

A propos de certains progrès médicaux et d'errements par la saignée : « Eh bien! la édecine a eu aussi son 93. »

Ricord écrivit à un artiste : « Vous voulez faire mon portrait. Tâchez qu'il soit assez ressemblant pour que les ingrats eux-mêmes soient forcés de le reconnaître. »

Beaucoup de médecins, en dehors de leur profession, ont une passion ou passionnette, goût ou manie, antithèse de l'esprit, besoin de se dédoubler, d'oublier les corvées obligatoires, car tout n'est pas rose dans le métier, et pour un malade intéressant, il en est vingt qui rabâchent la même antienne, sans parler des malades imaginaires dont il faut écouter avec recueillement les sornettes. Heureux ceux qui connaissent d'autres rues que celles qui conduisent à l'hôpital, ou à la Faculté ou même à la fortune ! On n'a pas toujours le feu sacré.

L'ennui naquit un jour de l'uniformité.

Alors surgit la délicieuse, la balsamique passionnette, elle repose, elle distrait, elle alimente encore l'amour-propre, car elle sera parfois un prétexte pour affirmer une nouvelle supériorité. Trousseau se piquait d'agronomie, ce même Trousseau qui regardait la médecine non comme une *science* dont les résultats sont certains, mais comme un *art* dont les jouissances sont imprévues. Ricord adorait les tableaux, Bretonneau l'horticulture, Nélaton le grec, on prétendit même qu'il avait composé une tragédie en quatre actes et en vers grecs ; Delpech jouait du violon, chantait et dessinait agréablement ; Richet raffolait de la chasse, et l'on a souvent célébré les battues de Mormant ; Doyen, Henri de Rothschild, Delbet, sont aujourd'hui de fidèles et brillants disciples de saint Hubert ; Velpeau avait le tic du calembour, et Guyon marche sur ses traces. Pajot cumulait : le coq-à-l'âne, sa petite chienne, la pêche à la ligne, faisaient son bonheur. On cite encore à la Faculté les mots de Velpeau : élu membre de la Faculté de médecine en 1842, à la place de Larrey, et apprenant que quelque concurrent jaloux discute ses titres, ses lauriers : « Il a raison, observe-t-il, de critiquer les lau_ riers de l'Institut, ils sont trop verts pour lui. » Un correspondant de l'Académie lisant un mémoire où il l'appelait un des maréchaux de la médecine : « Il paraît, sourit-il, que je finis comme j'ai commencé. » Il était né à La Brèche, où son père exerçait la profession de maréchal ferrant. Un ami lui reproche de ne pas se ménager, de trop travailler : « Vous mourrez sur la brèche. — Et pourquoi ne mourrais-je pas sur La Brèche ? J'y suis bien né. » Malgré son avarice extrême, il consentit, vers la fin de sa vie, à prendre part aux plaisirs du monde, et il remarquait devant un de ses élèves : « Je suis né vieux, j'ai vécu vieux et je vais mourir jeune. » J'en passe et... de pires.

On lui décocha cette épigramme :

> Ci-gît opérateur heureux
> Qui, sans jamais se battre,
> Coupe bien des hommes en deux
> Et des liards en quatre.

Velpeau écrivait à son cher maître Bretonneau : ... « Cette *ménagerie* qu'on est convenu d'appeler *Société,* est-ce autre chose qu'un amas de tigres et de pourceaux, au milieu desquels il faut vivre et s'amuser ? »

A côté des calembours de Velpeau, signalons les aphorismes humoristiques du Dr Latour, qu'on ne saurait certes comparer aux Pensées de Rivarol, de Carmen Sylva ou de Mme Barratin, mais plutôt à celles de Commerson.

En voici d'assez plaisants :

« Le médecin s'agite, la maladie le mène. »

« La vie est courte, la clientèle difficile, la confraternité trompeuse. »

« La clientèle est un champ dont le savoir-faire est l'engrais. »

« La clientèle est comparable à la flanelle ; l'une et l'autre ne se peuvent quitter un instant sans danger. »

« Le client qui paie son médecin est exigeant, celui qui ne le paie pas est un despote. »

« Simplicité, modestie, vérité ! Conditions charmantes

partout ailleurs qu'auprès du malade, car simplicité se traduira par *hésitation*, modestie par *doute de soi-même*, vérité par *impolitesse.* »

« Médecin ! la seule profession où le mensonge soit un devoir. »

« Le médecin qui s'absente court la même chance que l'amant qui quitte sa maîtresse ; il est à peu près sûr, au retour, de trouver un remplaçant. »

Puisque nous en sommes aux mots des médecins, rappelons celui de Broussais comparant la fièvre à un domino noir qui intrigue dans un bal masqué ; — les boutades pittoresques de Lassègue : « En réalité on ne meurt pas, on se suicide. Le nombre est considérable des gens qui, vers quarante-trois ans, à l'heure où il faudrait enrayer, se suicident au jour le jour, de gaieté de cœur, presque de propos délibéré, par le jeu, le vin, les femmes, pseudonymes du revolver ou du poison dans la vie moderne... » Il y avait plaisir, en vérité, à écouter ce docteur saint Jean Bouche-d'or, plaisir et profit.

« Dans la conversation familière, affirme Max Simon, Lassègue affectait la trivialité du langage... Quelques-uns ont pensé qu'il se faisait ainsi peuple pour ne pouvoir se faire aristocrate autant qu'il l'eût voulu. Beaucoup de gens ont cette vanité retournée. » Ce n'était pas le cas de Lassègue, il avait trop d'esprit pour cela. Ce même esprit « le faisait rechercher des gens de lettres et des artistes, et il se prêtait volontiers à ces relations ».

Le chirurgien Philips avait la rage d'opérer : « Il me

semble, soupirait-il, que je ne vivrais plus si je n'opérais plus ; *c'est mon absinthe.* »

D'Alembert, jouissant déjà de la plus grande réputation, se trouvait chez Mme du Deffand, où étaient le président Hénault et Pont de Veyle. Arrive un médecin nommé Fournier qui, en entrant, dit à Mme du Deffand : « Madame, j'ai bien l'honneur de vous présenter mon très humble respect. » Au président Hénault : « Monsieur, j'ai l'honneur de vous saluer. » A Pont de Veyle : « Monsieur, je suis votre très humble serviteur. » Et à d'Alembert : « Bonjour, Monsieur ! »

Il faut encore noter quelques types médicaux, des manies, des qualités, des défauts généraux ou professionnels, dans lesquels beaucoup, maintenant et plus tard, pourront se reconnaître.

LE MÉDECIN COLLECTIONNEUR

Portrait d'un des grands donateurs du Louvre, Louis La Caze, mort en 1869, par M. Louis Legrand.

« ... Il s'était mis à exercer la médecine parmi les pauvres de son quartier ; ses visites étaient d'autant plus nombreuses qu'elles étaient gratuites. Il se vantait parfois, en plaisantant, d'avoir la plus belle clientèle de Paris... A la suite du choléra de 1832, il reçut une médaille d'honneur pour soins donnés aux cholériques ; il avait bien mérité cette récompense, car on rapporte qu'en vue de ramener auprès des malades les populations terrorisées, il avait tenu à démontrer par l'expérience qu'on pouvait impunément partager le lit d'un mourant... Quoique son goût large et sûr ne restât indifférent devant les beautés d'aucune école, il s'était cependant attaché de préférence à l'école française du xviiie siècle, encore incomprise et dédaignée. Grâce à son flair et à sa compétence, grâce à une surveillance incessante de toutes les occasions, grâce aussi à l'habileté avec laquelle il savait acheter, il réussit à s'offrir de véritables merveilles à des prix dérisoires. Le tableau qu'il a payé le plus cher est le *Gilles* de Watteau, dont il a donné 16,000 francs à M. de Cypierre, mais il s'agissait d'un tableau longtemps convoité, unique par ses dimensions dans l'œuvre du maître... En vrai collectionneur qu'il était, il éprouvait un plaisir particulier à ne pas payer cher les chefs-d'œuvre qu'il découvrait... C'est ainsi que la *Chemise enlevée*, de Fragonard, a été achetée pour vingt francs à un marchand de la Place de la Bourse... Ses tableaux étaient pour lui une famille, il les soignait comme un père, leur sacrifiant tout, ne se lassant jamais de les contempler et de les étudier... S'il jouissait de ses tableaux en amoureux insatiable, il n'en jouissait cependant pas en égoïste. Il avait plaisir à les montrer, et ne se refusait même pas à les prêter pour des expositions : « Il y a, disait-il, trois sortes de collectionneurs : ceux-ci achètent les tableaux pour les avoir ; ceux-là pour que les autres ne les aient pas ; les troisièmes pour en jouir et en faire jouir... » Par un testament du 24 juillet 1866, il léguait au Louvre sa collection, 582 numéros, et laissait l'administration libre d'attribuer à des musées de province ceux qui ne paraîtraient pas dignes d'entrer au Louvre ; celui-ci en garda 275, — 307 furent envoyés dans les départements. »

LE MÉDECIN FAUX JACOBIN

« Il fallait cependant aborder ce docteur si jeune et si terrible ; mon frère alla le trouver chez lui. Au bout de quelques instants, la confiance fut entière et presque embarrassante. Ce jeune homme, à peine médecin, essayait d'échapper au risque affreux de ces temps (1794) ; à force d'exagérations dans le costume et les manières, par l'élévation et le rigorisme dont il faisait parade dans les systèmes et les principes, il inspirait de la terreur aux représentants mêmes, qu'il se fût fait un jeu de dénoncer, parce qu'il ne leur accordait aucune sorte d'estime. Il évitait de les voir, en paraissant les suspecter, et gagnait du temps de la sorte. Il mit mon frère en règle avec une grâce et une célérité inexprimables, et refusa de mettre les pieds chez nous, afin de soutenir son rôle. » *Mémoires de M*^{me} *de Chastenay*.

LE MÉDECIN ENVIEUX

Je cueille dans *Les Mémoires d'une inconnue* quelques lignes assez âpres sur le Dr Andral, médecin de la cour de Naples au temps du roi Murat : « Andral, le médecin de la cour, père de celui en renom aujourd'hui, qui était au fond vendu à la femme (Caroline Murat), quoiqu'en disant du mal quelquefois pour se reposer d'en dire toujours du mari..., était un singulier personnage, ayant de l'esprit, de la finesse, et pourtant commère, faiseur d'histoires, intrigant jusqu'au bout des ongles et ne se plaisant que dans les tripotages ; atteint de plus d'une triste infirmité, quoique faisant beaucoup souffrir ceux qui en sont dominés : l'envie, une basse et mesquine envie poussée chez lui à ce point de lui sortir par tous les pores. Quand il devait venir dîner chez moi, je disais à mon mari : « Ne mettez pas un habit neuf, ce pauvre docteur en serait jaune. »

LE MÉDECIN INTÉRESSÉ

« Médecin du roi, Sénac avait hérité de ses pères le génie de la spéculation. Longtemps dépositaire de la feuille des diplômes de charlatan, il en exploitait largement les bénéfices, et Mme Sénac, encore plus intéressée que lui, friponnait à son tour ce fripon. Tout coquin qui payait grassement était sûr d'obtenir une permission, délivrée par Mme Sénac, de vendre et débiter par tout le royaume des drogues, presque toujours funestes à la santé du peuple. Son règne fut celui de l'orviétan. Elle gagnait tous les ans, assure-t-on, cent mille livres avec les brevets qu'elle octroyait aux auteurs de remèdes particuliers, aux empiriques, à quiconque se mêlait de guérir les autres. » (THIRION.)

DEUX EXEMPLES DE FÉROCE VANITÉ MÉDICALE

Le comte d'Estourmel rapporte que le Dr M... avait annoncé la peste à Rome. « La peste que j'ai prédite, affirmait-il, c'est la vraie, c'est la bonne ; » et comme cette expression nous faisait rire : « Vous avez beau railler, continua-t-il en vrai médecin, on est bien aise de ne s'être pas trompé. » Le mot d'un de ses confrères me revint à ce propos, et je le lui citai... Ce médecin se trouvait aux bains Vigier, il entend tousser dans la baignoire séparée de la sienne par une cloison, et, à la récidive, il croit reconnaître que cette toux renferme un principe d'affection pulmonique. En sortant, les deux voisins se rencontrent, le médecin voit un homme de six pieds et fort à proportion ; il l'aborde et lui dit : « Monsieur, je suis médecin ; s'il m'est permis de vous donner un conseil, prenez garde à votre toux ;... il faut éviter de vous baigner. — Ah ! Monsieur, j'en suis bien fâché, répond le colosse, le bain me fait le plus grand bien, je me porte à merveille. » Et en s'en allant, il se disait probablement : « Voilà un médecin sans pratiques qui ne serait pas fâché de s'en faire. » Quelques mois après, au retour de la belle saison, le docteur se retrouve aux mêmes bains, se rappelle son tousseur et... en demande des nouvelles au garçon. « Ah ! Monsieur un tel ! Nous avons su qu'il était mort la semaine dernière. — Il est mort, reprend le docteur, mais de quoi ? — On nous a dit d'une maladie de poitrine ; il avait les poumons gâtés. » Et l'affreux médecin de s'écrier : « Eh bien ! voilà de ces choses qui font plaisir. » Cela fait plaisir au Dr M... d'avoir deviné qu'on aurait la bonne peste.

LE MÉDECIN QUI MANQUE DE TACT

Un soir, chez Mme de Roquefeuil, afin d'animer la conversation, Charles Brifaut s'amusait à soutenir que la Révolution avait rendu aussi des services : « Quand elle n'aurait fait que restituer la santé à toutes les femmes vaporeuses de la cour, qui n'ont plus eu le temps d'être malades, ne lui aurait-on pas encore des obligations ? — C'est vrai, c'est vrai, dit le Dr Lavitte, prenant la chose au sérieux. Non seulement des femmes, mais des hommes eux-mêmes ont été miraculeusement guéris par ce remède héroïque. Et tenez, je puis citer l'exemple de l'abbé de..., je le soignais. Il avait cent mille écus de rentes en bénéfices, et cent maladies pour faire contrepoids. Le pauvre riche ! Quel état ! Quelle figure ! Il était bossu comme vous, Monseigneur. » A ces paroles, qui s'adressaient au premier aumônier du roi, s'il vous plaît, nous voilà tous consternés, baissant les yeux, rougissant pour le docteur, qui restait intrépidement assis sur sa balourdise. Mais l'abbé de Bonnac, riant à gorge déployée, nous mit bien vite à notre aise... Lavitte, gardant son flegme doctoral, pousse sa pointe : « Il était pâle, défait, maigre comme vous, Monseigneur. Oh ! il faisait vraiment pitié (nouveaux rires). Et puis une faiblesse si grande qu'il fallait deux robustes laquais pour le hisser dans sa voiture et pour l'en tirer. — Achevez donc, dit M. de Bonnac, qui étouffait. Que devint mon sosie ? — Ce qu'il devint ! Bah ! quand la Révolution lui eut ôté ses bénéfices, ses laquais, sa voiture et son médecin, ce fut un tout autre homme. Deux ans après son émigration, je le retrouvai à Rome, où il s'était sauvé sans le sou. Figurez-vous ma surprise en voyant un abbé dispos, leste, au teint fleuri, à la face rebondie, courant comme un Basque. Oh! il ne vous ressemblait plus du tout, Monseigneur. » A cette seconde bordée, il n'y eut plus moyen d'y tenir. Nous fûmes saisis d'un accent de gaieté folle qui nous fit dire tout ce qui nous passait par la tête. En somme, on convint que l'exemple était convaincant, ma proposition vraie, et la Révolution excellente par-ci par-là pour redresser les *torts*. »

MÉDECIN ÉPICURIEN

Le Dr Cabarrus, fils de Mme Tallien, esquissé par Arsène Houssaye.

Napoléon III... avait ses médecins de la main droite et de la main gauche ; quand il n'était pas content des médecins officiels, il appelait Cabarrus en secret et se soumettait à l'homéopathie, dont plus d'une fois il a chanté les miracles. Quand Ponsard fit représenter *Le Lion amoureux* au Théâtre Français, Cabarrus fut appelé pour la mise en scène et donna des conseils aux décorateurs comme aux costumiers... Le Dr Cabarrus est mort en sage, puisque son dernier mot a été celui-ci : « Cela va bien. » Le jour même de sa mort, Favre se présentait chez Cabarrus à midi pour le consulter ; il demeura atterré en apprenant qu'il avait cessé de vivre. On rappela Favre. « Monsieur Favre, le docteur vous attendait : avant de mourir, il a voulu écrire votre ordonnance. » Girardin, qui fut son meilleur ami — ami de tous les jours et de tous les dîners — disait en mourant : « Cabarrus m'avait pourtant promis de vivre plus que moi pour m'empêcher de mourir. » Cabarrus était un habitué fervent de l'Opéra, dont il ne manquait pour ainsi dire aucune représentation. Très lié aussi avec Méry, Roqueplan, avec le vieux baron James de Rothschild, qui aimait mieux sa conversation que ses ordonnances.

Jacques Reynaud s'occupe aussi du docteur dans ses *Portraits contemporains :*

« Son salon d'attente est un des lieux les plus singuliers de Paris. On y voit des célébrités de tous les genres, surtout des artistes, dont il est l'ami... Sa spécialité c'est la voix. Il soigne la voix, il la fait revenir lorsqu'elle est perdue, assure-t-on. Aussi a-t-il pour clients tous les ténors et tous les sopranos de France : Faure, Nilson, Patti et tant d'autres : ils l'ont proclamé *le docteur Miracle.* »

Une chanteuse un peu naïve lui adressa ce compliment : « Vous êtes la providence des artistes, il y en aura beaucoup à votre convoi, et j'espère bien y chanter aussi. — Je vous remercie, Madame, de ces bonnes dispositions, répondit Cabarrus, cependant ne vous hâtez pas trop d'apprendre votre motet. »

Il avait la manie de mettre ses mots sous le nom d'un autre, Montrond d'abord, puis le prince Calimaki, ce qui fit dire à Delphine Gay : « Je connais quelqu'un qui a plus d'esprit que Cabarrus, c'est le prince Calimaki. »

La fameuse définition : « Les affaires, c'est l'argent des autres », est de lui. Alexandre Dumas a repris le mot pour le mettre dans sa *Question d'argent*.

Il possédait les trois dons qui font réussir un médecin à Paris : savoir, savoir-vivre, savoir-faire ; ne dînait jamais chez lui, mais chez des amis, ou bien au café de Paris, au café Anglais, où l'on faisait cercle pour l'entendre. Il fréquentait aussi les salons littéraires et artistiques, chez Mmes Augustine Brohan, Arnould-Plessy, Dash, Orfila (1); il faisait sa partie aux réunions de Mme de Girardin, appelées par Lamartine : les petits couverts de rois sans sujets.

Il dit un jour à Villemot : « La femme n'est plus dans la société moderne qu'un accessoire. On ne donne plus aux femmes que ce qu'on appelle les moments perdus ; citez-moi un homme qui passe sa soirée en tête-à-tête avec une femme ? Je n'en connais plus. — Cependant, objecta Villemot, il y a encore des amoureux. — Je n'en sais rien ; dans tous les cas, ils ont bien changé depuis ma jeunesse ; on est si peu amoureux aujourd'hui qu'on se met à quatre pour aimer une créature. »

Sur l'album de Nadar, il jeta cette pensée : « La prudence chez le médecin n'est que l'art d'oser à propos. »

Il assista aux deux premiers dîners que donna *la Société d'encouragement pour l'amélioration de l'esprit*, société fondée sous les auspices de Villemessant.

----

(1) Voir aussi sur Cabarrus les articles des Drs Letter et Dureau dans la *Chronique médicale* de 1902, pp. 341, 599.

Très bon, désintéressé, généreux avec délicatesse, il lui arriva plus d'une fois d'écrire son ordonnance au verso d'un billet de cent francs qu'il laissait entre les mains d'un client peu fortuné. Le Dr Letter vit sur un billet cette formule : « *Vin de Bordeaux à tous les repas.* »

On sait qu'il avait épousé la sœur aînée de Ferdinand de Lesseps ; ce mariage s'accomplit dans des conditions assez romanesques. Cabarrus, fort désargenté, était entré comme maître d'études au lycée Napoléon, pour pouvoir suivre ses cours de médecine. Un dimanche matin, on le demande au parloir, où il se trouve en présence de deux dames, la mère et la sœur d'un élève qu'il avait privé de sortie ; le proviseur, homme juste et sévère, ne voulait pas lever la punition, laissait le jeune maître libre dans sa décision. La grâce fut accordée ; quelques jours après, Cabarrus recevait une invitation à dîner, et, le 3 mai 1821, il épousait Mlle Adélaïde-Marie de Lesseps.

Cabarrus avait plusieurs spécialités : financier — il avait été à l'école d'Ouvrard, — médecin, mondain, causeur et charmeur, le Parisien de tous les mondes.

MÉDECIN MAUVAIS HOTE

Une réédition de la prophétie de Cazotte. — Goncourt raconte un dîner chez Axenfeld, en 1878.

« On s'était un peu grisé, et l'ivresse de tous s'entretenait de l'incertitude de la mort qu'attendait chacun. Axenfeld, déjà souffrant, d'abord silencieux, se levant tout à coup et dominant les paroles tumultueusement confuses : « Moi, s'écriait-il, je mourrai du cerveau, » et il se mettait à raconter sa mort telle qu'elle arriva. Se tournant vers son voisin de droite, et le regardant avec l'œil perçant et profond des grands diagnostiqueurs, il lui disait : « Toi, tu mourras de ça, et comme ça, » lui détaillant longuement et presque méchamment les souffrances de sa fin. Puis, se retournant vers son voisin de gauche, il lui prophétisait, dans un épouvantable récit, sa mort. — Les dineurs étaient dégrisés. »

DOCTORESSE DIPLOMATE

La comtesse de Rumford protégeait sous le Directoire une Yankee, la doctoresse en médecine Palmyra, qui avait imaginé pour ses clientes une médication aussi originale qu'agréable ; il est vrai que sa consultation ne coûtait pas moins de soixante-douze livres. A celle-là elle disait : « Vous êtes languissante ; il faut aller plus souvent au bal ; je vous enseignerai un nouveau pas. » — A celle-ci : « Vous souffrez des nerfs ? Il faut que votre mari renouvelle votre toilette. Cette robe vous sied mal. Écrivez de suite à votre couturière. » — A une troisième : « Vous dépérissez, oui, je comprends ; il faut vous faire administrer par votre mari une parure de diamants. » — A une quatrième : « Votre pouls que je viens de tâter attentivement réclame un nouvel attelage. » Les dames étaient ravies. Palmyra disparut un beau jour, et l'on n'entendit plus parler d'elle ; elle avait sans doute été fructidorisée par les maris de ses malades.

MÉDECIN RECONNAISSANT

« Le Dr Titon, dit Goncourt, est peut-être l'unique médecin qui a eu l'idée de demander à ses malades un journal, heure par heure, de leurs souffrances et de leurs maladies du jour et de la nuit... L'histoire de ce Titon est curieuse. Petit paysan, il était pris en affection par un vieux médecin de Châlons, sur l'intelligence de sa figure, et ce médecin faisait les frais de ses études de médecine à Paris. Mais lorsque celui-ci avait fini son internat, et était au moment de devenir une illustration dans la capitale, le vieux médecin lui disait : « J'ai fait de vous un médecin, un médecin tout à fait supérieur ; je l'ai fait, je dois vous l'avouer, pour que vous donniez tous vos soins à ma fille, dont vous connaissez la santé maladive, et qui ne peut continuer à vivre que sous une surveillance tout à fait aimante. » Et Titon épousait la fille du vieux médecin, et passait toute sa vie à être l'intelligent garde-malade de sa femme, à laquelle il ne survivait que six mois. »

MÉDECIN TROP MODESTE

Lettre du président Dugas : « Le remède que prit ma femme fut presque inutile ; mais du moins elle n'en a pas ressenti de mauvais effets. Je tiens de feu M. Vaginey que, selon M. de La Monnière le père, c'était là tout ce qu'on pouvait attendre de la plupart des remèdes. Quand la famille d'un malade s'impatientait de le voir venir souvent sans rien ordonner, il prescrivait le remède qu'il croyait le moins nuisible. Et comme il était fort homme de bien, il faisait cette prière à Dieu : « Seigneur, faites que ce remède ne fasse aucun mal à ce malade ; car, pour du bien, il ne saurait lui en faire ! »

A rapprocher du D^r de La Monnière Potain, dont les élèves, les clients, se confondent dans un témoignage d'admiration et de regret universels.

« Jeudi 18 août 1881 : Potain, une curieuse physionomie, avec l'humaine tristesse de sa figure, son crâne comme concassé, son œil rond de gnome, sa réalité un peu fantastique...

« 29 mai 1892 : Potain, le bon Potain, racontait à Léon Daudet que ces jours-ci, ayant des enfants chez lui, le soir, pour les amuser, il s'était fait des moustaches au charbon. On était venu le chercher *dare dare* pour une femme qui avait une pneumonie. Pendant sa consultation, il avait remarqué sur les traits des gens une interrogation inquiète à son égard, qu'il ne comprenait pas et qu'il n'a comprise que lorsqu'il est rentré chez lui, en retrouvant dans une glace sa moustache. C'est un trait d'un médecin d'un autre siècle. » (*Journal des Goncourt.*)

Un autre trait de Potain. En 1883, il est appelé en consultation auprès du comte de Chambord ; mais, à ce même moment, son ami le plus intime, le professeur Parrot, se trouvait gravement malade lui aussi ; Potain ne voulut pas le quitter, refusa d'aller à Frohsdorff, et indiqua pour le remplacer Vulpian.

SCEPTICISME BRUTAL

Jamais, disait un illustre escrimeur du bistouri, montrant un infortuné couché sur le lit d'hôpital, jamais on ne me fera croire que Dieu a pu faire ce magot-là !

UN TYPE DE MÉDECIN HEUREUX

Le Dr Billroth, né Poméranien, mais fixé à Vienne dès 1867 :

« S'il y a jamais eu quelqu'un d'heureux sur la terre, dit Cherbuliez-Valbert, ce fut le grand chirurgien Théodore Billroth, qui aimait également ses malades, l'opéra, les symphonies, les roses de son jardin et les belles tumeurs qu'il opérait, et qui n'a jamais connu les passions âcres qui empoisonnent la vie... Il s'entendait à embellir la sienne, et il avait sur beaucoup de grands travailleurs cet avantage qu'il savait se reposer. Le monde, la famille, la solitude, les grandes villes, les champs, les jardins, il s'accommodait de tout. Il passait l'automne dans la villa qu'il s'était construite à Saint-Gilgen, près d'Ischl, et qu'il appelait son Tusculum. Il faisait aussi des séjours à Abbazia, où il est mort en face de la mer et des montagnes, comme il en avait exprimé le désir. Il avait le pied léger et il adorait l'Italie ; il employait ses vacances de Pâques à voir Venise, Florence, Rome, ou à se promener en Sicile ; « Cette nature me grise, je vis comme dans un rêve. Le jour de Pâques, Vienne me reverra, et je reprendrai mon licou. Le rêve et la vie, la vie et le rêve ! Ainsi s'en vont les années (1) ! » C'était la musique qui lui procurait ses plus beaux songes; il l'a toujours aimée jusqu'à la fureur. Il jouait de plus d'un instrument, et s'amusait quelquefois à composer... La musique était, disait-il, son second *moi*, et ses deux moi s'accordaient à merveille. Cet apollonien estimait que l'art est une science et que la science est un art, que l'un et l'autre dérivent de la même source, qui est une imagination bien réglée; il aimait à dire, comme Trousseau, que le vrai médecin est un artiste savant, que c'est l'inspiration, le génie propre du métier, qui fait les grands praticiens... Ce n'était pas seulement Vienne qui lui faisait fête; sa renommée s'était répandue dans toute l'Europe. On l'appelait partout en consultation ou pour opérer ; il courait d'Athènes à Constantinople, à Pétersbourg, à Paris, à Lisbonne, à Naples, à Madrid, à Stockholm, à Corfou, et partout il retrouvait des élèves instruits, formés par lui... On l'avait appelé en 1882 à Frohsdorf pour soigner un neveu du comte de Chambord. « Que d'illusions dans cette cour ! s'écriait-il. Après tout, nous avons tous les nôtres ; nous sommes tous des prétendants à je ne sais quel trône dont nous ne jouirons pas dans l'étrange monde où nous vivons. » Son esprit avait toutes les ambitions, et toute borne lui était insupportable : « Je connais mieux que personne les imperfections de mes travaux, de mon art et de ma science... Non, je ne suis pas un dieu; il y a quelques jours, dans une laparohystérotomie, j'ai transpercé l'urètre... Je me trouve terrible-

---

(1) *Briefe von Theodor Billroth*, Hannover und Leipzig, 1896.

ment médiocre. » Les opérations ont leurs voluptés secrètes, et, comme le cœur, la main a ses entraînements, ses ivresses. « J'ai déjà fait plus de soixante laparotomies ; elles me charment comme un jeu. » Mais il ajoutait que deux de ses extirpations de l'utérus avaient mal tourné, et il était plus enclin à s'affliger de ses défaites qu'à s'enorgueillir de ses victoires... Il ajoutait que pour être un bon médecin, il faut avant tout être un honnête homme, un homme de bien, capable d'éprouver quelque bonheur à secourir les misères humaines. Un médecin grec avait dit jadis : « Nous ne pouvons aimer notre vocation qu'à la condition d'aimer les hommes. » Le malheur est que les hommes sont rarement aimables quand ils sont malades : il leur semble que leurs déraisons, leurs injustices les aident à supporter leurs maux... Il se reprochait de ne pas sentir assez son bonheur, d'être né avec une imagination inquiète et mélancolique... Il avait pour principe que c'est bien peu de chose qu'un individu, que les plus grands hommes ne sont qu'un détail dans l'histoire de la science comme dans l'univers... Ce praticien, naturellement très gai, qui avait une philosophie triste, se moquait quelquefois de ses mélancolies. Il avait dit un jour que le Dr Billroth était « un malheureux imaginaire, un hareng sentimental de la Baltique. » Mais il disait aussi que plus on avance en âge, plus ce genre de harengs a peine à dominer ses sentiments et ses imaginations, que nous changeons de sexe avec les années, qu'en vieillissant la femme devient plus homme et l'homme devient plus femme... »

MÉDECIN OPÉRÉ MALGRÉ LUI

« Le bonhomme Riolan, ce célèbre médecin, conte Tallemant des Réaux, avait déjà été taillé une fois, et quoyqu'il fût fort incommodé, il ne voulait plus se faire tailler. Un jour sa femme fit cacher le chirurgien, et comme le bonhomme disait : « Me voylà mieux, je pense que je supporterais bien l'opération, je crois que je me ferais tailler si Colot était là » (il ne le croyait pas si près), Colot sort. « Ah! je ne veux pas, ce sera pour une autre fois : je ne me suis pas confessé. Je renie chresme, baptême. » Le voylà à jurer. — « Tout cela tombera sur nous, dit Colot, nous serons damnés pour vous, mais vous serez taillé. » — Ils le lient et le taillent. Comme il se portait assez bien, on lui dit : « Confessez-vous à cette heure, si vous voulez. — Non, dit-il, je me porte trop bien pour cela. »

MISE EN SCÈNE MÉDICALE

Le célèbre médecin russe Sacharine n'était pas moins célèbre par l'originalité de son caractère que par ses talents. Il fut appelé auprès de l'empereur Alexandre III, mais trop tard pour qu'on pût encore le sauver. Un officier d'ordonnance du gouverneur de Moscou alla trouver le professeur, et lui porta l'ordre de prendre pour Saint-Pétersbourg le premier train express, qui partait quelques heures après. « L'express ! riposta brusquement Sacharine. Vous ne savez ce que vous dites, Monsieur. L'empereur de Russie est malade et m'appelle. Ayez la bonté de faire chauffer un train spécial qui doit être prêt dans une demi-heure. » Arrivé à Saint-Pétersbourg, il fut accueilli par un aide de camp qui voulut le conduire à son appartement pour qu'il pût changer de toilette. « Changer de toilette ! dit l'irritable professeur. Je ne viens pas ici pour me restaurer ; je viens soigner Sa Majesté. Conduisez-moi directement près d'Elle ! » — Introduit dans la chambre impériale, il trouva les fenêtres fermées, le tsar dans son lit, la tsarine assise dans un fauteuil, et trois médecins non loin de là. Sans saluer personne, il s'écria : « C'est la peste qu'on respire ici. Arrachez les rideaux et ouvrez les fenêtres. » Il examina alors minutieusement le malade. La tsarine s'étant levée, il prit le fauteuil, mit sa tête entre ses mains et réfléchit profondément pendant dix bonnes minutes. L'impératrice et les autres médecins le contemplaient avec stupeur. Soudain il rompit le silence. « Préparez tout pour une saignée, » ordonna-t-il. La tsarine fit quelques objections : « Votre Majesté veut-elle prendre la responsabilité d'une autre médication ? Moi pas. » La saignée faite, il emmena les médecins, leur reprocha leurs fautes, leur donna des instructions, puis déclara : « Maintenant vous savez ce que vous avez à faire. Je retourne à Moscou. » Et il partit. — Puisqu'il ne pouvait sauver le tsar, que ne le laissait-il mourir sans autant de mise en scène ? » (*Les Débats.*)

LE MÉDECIN DE VILLES D'EAUX

Le médecin des stations thermales est le diplomate de la corporation, un diplomate aimable, souriant, pratique, oh ! étonnamment pratique, se faisant de fort jolis revenus avec la crédulité du client, la sympathie, la confiance ou la crainte qu'il lui inspire. Il ne tue point ; il n'est pas l'homme des solutions hasardeuses, il est plutôt routinier, en ce sens qu'il répète presque la même formule à cinq ou six cents personnes pendant chaque saison. J'en ai connu un à Cauterets qui ordonnait infailliblement au client : un quart de verre d'eau de la Raillère pendant les premiers jours, puis un demi-verre, trois quarts de verre, un verre entier à la fin : avec cela le verre d'eau de Mahourat pour digérer la Raillère, le gargarisme, le bain ou la piscine, avec l'inhalation dans certains cas. Pour rien au monde il n'aurait oublié certain sirop, dont un pharmacien ami possédait une recette nonpareille, destinée à rendre plus légère la boisson préconisée. Et, bon an, mal an, cela rapportait au docteur une trentaine de mille francs.

Au fond, je ne blâme pas. Les vrais malades ont besoin d'être dirigés dans ce dédale de sources aux vertus différentes que renferment la plupart des grandes stations thermales : Plombières, Luxeuil, Aix, Luchon, en ont dix, douze, quinze, et il ne faut pourtant pas aller aux bains qui guérissent la goutte quand on souffre de l'estomac ou de la poitrine. Quant aux gens bien portants qui vont chercher aux eaux des distractions, un changement d'air, personne ne les force de consulter Esculape. Mais l'esprit humain est ainsi fait ; une foule de mes amies, à peine arrivées dans une station thermale, se disent : « Il faut bien que je suive un petit traitement préventif, pour conjurer la neurasthénie la dilatation ou l'entérite : allons chez le médecin à la mode ; cette cure anodine alternera agréablement avec les excur·sions, les trois toilettes par jour, les petits chevaux, le bridge et le papotage de quatre à six (1). »

Connaissez-vous une légende de Gavarni qui représente un habitué de l'Opéra en face d'un bataillon de petites soupeuses : « C'est çà qui donne une crâne idée de l'homme ! » Le médecin de villes d'eaux pullule, à tel point que, dans certaines stations achalandées, on en compte quinze, vingt, vingt-cinq, et *cela donne une crâne idée du client*.

J'ai connu deux excellents médecins de villes d'eaux, deux médecins-types : le Dr Gauthier, à Luxeuil, le Dr Gilbert Sersiron, à la Bourboule. Il y en a d'autres, mais je souhaiterais que la majorité ressemblât à ceux que je viens de citer.

MÉDECINS DISTRAITS

Bichat prenait ses repas dans une pension bourgeoise : il lui arriva maintes fois d'employer à la cuisine, pour se laver les mains, la soupière destinée à paraître sur la table ; que dis-je, d'opérer dans le pot-au-feu même. Naturellement ces excentricités répétées firent déserter la table d'hôte. Bichat, comme Ampère, comme Arago, aurait pu rivaliser avec le distrait de La Bruyère ; de même, ce professeur de la Faculté de Montpellier qui, au

---

(1) Je m'arrête ici, parce que les stations thermales feront l'objet d'un chapitre spécial dans un des volumes consacrés à la société française du xixe siècle.

dîner décanal annuel, constatait l'exactitude de ses collègues, avec cette réserve : « Nous y sommes tous, excepté X... qui, comme à l'ordinaire, se fait attendre. » X... était mort depuis trois mois.

LE CHIRURGIEN DE LA TSARINE ÉLISABETH

Le chirurgien Lestocq pousse Élisabeth, la dernière des Romanow, à se faire proclamer impératrice, intervient dans les négociations les plus secrètes et les plus délicates en faveur de ceux qui le paient : il fut aussi le favori de la tsarine, mais se prépara à lui-même un paquet de verges, selon la prédiction de celle-ci, en lui recommandant Bestoujev pour succéder à Golovkine comme chancelier. Disgracié, mis à la torture, exilé, il ne fut rappelé à Pétersbourg qu'à l'avènement de Pierre III.

LE MÉDECIN DE BISMARCK

Le médecin de Bismarck était surnommé par ses collègues envieux le *dégraisseur*. Commensal du prince, Schweninger tâchait de reconnaître cette hospitalité en faisant venir de Bavière des cervelas et autres charcuteries, ce qui lui valut encore le sobriquet de Wurst-Schweninger. Bismarck, lorsqu'il voulait exprimer son indifférence pour quelque chose, avait coutume de dire : « Tout m'est saucisson, excepté le saucisson Schweninger. » *Mir ist alles Wurst, ausser Schweninger's.*

LÉON XIII ET LE DOCTEUR LAPPONI

Léon XIII faisait souvent le malheur de son médecin par la désinvolture avec laquelle il traitait ses ordonnances. Ainsi il avait oublié de se servir de prises prescrites contre le rhume. A quelques jours de là, Lapponi, assistant à une audience, toussa à plusieurs reprises : alors, le pape, se tournant vers un de ses camériers : « Allez donc, je vous prie, prendre sur ma table d'excellentes prises pour le rhume, et donnez-les au docteur qui en a grand besoin. »

MÉDICATION PAR LA BEAUTÉ

Le Dr Chenu disait fort justement pendant le siège de Paris : « J'aime beaucoup les jeunes et jolies femmes auprès de mes blessés ; leur beau visage les soulage de leurs souffrances. »

CONCLUSION D'UN VIEUX MÉDECIN

« Ce qui m'a le plus frappé, c'est que, de génération en génération, les hommes jeunes et vieux se résignent plus difficilement à la nécessité de mourir. »

Un autre : « Nous n'acquérons notre expérience qu'au prix de la santé et de la vie de nos clients. »

LES MÉDECINS RUSSES

Trente-sept pour cent des médecins russes meurent de maladies contagieuses, et le suicide fait parmi eux beaucoup de ravages. Sikorsky affirme que, de vingt-cinq à trente ans, les suicides des médecins forment le 10 pour 100 de leur mortalité totale ; sur dix médecins morts, il y aurait un suicidé. Nous retrouvons ici l'*otchaïanté*, cette maladie morale si bien décrite par Melchior de Vogüé ; d'ailleurs le service des médecins de Zemstvo est très dur. « ... Il faut, disait l'un d'eux, être bien avec tout le monde. On dépend de chacun. Les malades arrivent quand ils veulent, le jour, la nuit : et comment refuser de les recevoir ? Parfois un paysan vient faire ferrer son cheval, et, en passant, il entre chez vous. « Ne peux-tu pas venir chez moi, dit-il ; la vieille se meurt ? » — On fait cinq verstes, et on demande : « Où est la malade ? — Mais elle vient de partir pour faucher l'avoine. » Mon district est de cinquante verstes. Comment on arrive à dormir et à manger, le diable seul le sait. A la maison, ton fils a la scarlatine, et il faut que tu t'éloignes !... C'est un service des plus pénibles. »

LE MÉDECIN D'ARTISTES

« ... Tout rond, tout riant, tout empressé et tout aimable, le Dʳ Fauvel passait dans la vie en donnant des poignées de main et en rendant des coups de chapeau... Il était, avec le Dʳ Mandl, le vieux petit Dʳ Mandl, un peu oublié aujourd'hui, un de ces médecins dont les soirées sont aussi célèbres que leurs cures. Chez le Dʳ Fauvel, comme jadis chez M. Pierre Véron, on entendait toutes les supériorités artistiques de Paris, et Mᵐᵉ Caron n'y chantait point par voie phonographique. C'était sa coqueluche, au bon docteur, de grouper dans son salon les *renommées,* grandes et petites. Il avait pour clientèle ceux et celles qui vivent du théâtre, et son laryngoscope était une autre façon de télescope braqué sur ces *étoiles.*

« C'est un type charmant que celui de médecin de théâtre. Il faut qu'il garde la sérénité et la bonne grâce jusque dans l'accomplissement de ses plus tristes tâches. Le Dr Firmin... était le modèle de ces docteurs qui fleurent l'ambre plus que le médicament. M. Fauvel fut de cette école. A l'Opéra, on le regardait comme le dieu sauveur...

« C'est lui qui, à l'Académie nationale de Musique, faisait la guerre aux fleurs. « Malheureuse ! Vous avez des roses dans votre loge ! Vous risquez de ne pas chanter ce soir. — Mais, docteur, un simple bouquet... — Une simple rose, ma chère petite, suffit pour donner un enrouement. Oui, une rose, une seule rose ! Voulez-vous bien jeter ces fleurs ! On vous en apportera assez d'autres au baisser du rideau ! » Et c'est ainsi que le Dr Fauvel était une façon de conseiller artistique en même temps qu'un médecin sévère. Il plaisait. Ce fut une figurine scientifique, sinon une figure. Ce fut surtout un charmant homme. C'est un temple, ou, si vous voulez, un boudoir d'Esculape que la mort vient de fermer. » (Jules CLARETIE : *La Vie à Paris,* 1895.)

LES MÉDECINS DANS LES ROMANS

Gil Blas, disciple et suppléant du Dr Sangrado, pris d'hésitation et d'un commencement de remords, adresse quelques observations à son maître. « Monsieur, j'atteste ici le ciel que je suis exactement votre méthode ; cependant tous mes malades vont en l'autre monde : on dirait qu'ils prennent plaisir à mourir pour décrier notre médecine. J'en ai rencontré deux aujourd'hui qu'on portait en terre. — Mon enfant, me répondit-il, je pourrais te dire à peu près la même chose : je n'ai pas souvent la satisfaction de guérir les personnes qui tombent entre mes mains ; *et si je n'étais pas aussi sûr de mes principes que je le suis,* je croirais mes remèdes contraires à presque toutes les maladies que je traite. — Si vous m'en voulez croire, repris-je, nous changerons de pratique. Donnons par curiosité des préparations chimiques à nos malades : essayons le kermès ; le pis qui puisse en arriver, c'est qu'il produise le même effet que notre eau chaude et nos saignées. — Je ferais volontiers cet essai, répliqua-t-il, si cela ne tirait pas à conséquence, mais j'ai publié un livre où je vante la fréquente saignée et l'usage de la boisson : veux-tu que j'aille décrier mon ouvrage ? — Oh ! vous avez raison, lui repartis-je ; il ne faut pas accorder ce triomphe à vos ennemis ; ils diraient que vous vous laissez désabuser ; ils vous perdraient de réputation... »

Le Sage, qui peignait la société française du xviii⁰ siècle sous un déguisement espagnol, mais avec des traits d'humaine et universelle vérité, a pris pour modèle de Sangrado, en le poussant un peu vers la charge, un médecin très connu de son temps, le Dr Becquet. (Voir P. Max SIMON : *Swift et les Médecins de Gil Blas.*)

« Un médecin, conte Hector Malot (1), et non des

---

(1) Sur la documentation médicale des romans au xix⁰ siècle, voir la *Chronique médicale* des années 1896, 1898, 1899, 1903. Articles sur Alphonse Daudet, E. de Goncourt, Flaubert, Jean Richepin, H. de Balzac, Paul Bourget. — Sur les médecins au théâtre, voir le même recueil, années 1897, 1900, 1903. — Sur les médecins anoblis, année 1898, pp. 149 et suivantes.

moindres dans le monde médical, voulut bien me parler de *Conscience*, qu'il venait de lire, et discuter Saniel.

— Après tout, pas fort, me dit-il.

— En médecine ?

— Mais non. Pas comme médecin, comme homme... il a des remords !

« Je ne savais rien de l'origine de mon interlocuteur. Je m'en informai. Lui aussi était fils de paysans. Et cela me fit plaisir, non pour lui, mais pour moi, pour ma justification. »

Dans *Conscience*, le Dr Saniel est un physiologiste qui a fait des découvertes remarquables, et qui est persuadé que, s'il commet un crime d'une façon scientifique et raisonnée qui écarte tout danger, il n'aura rien à craindre ni de la loi, ni de lui-même, son éducation philosophique l'ayant convaincu qu'il n'y a pas de conscience.

ORGUEIL MÉDICAL

Dans une circonstance solennelle, un médecin choisit cette formule : *Medicus Deo similis*, pour texte de son discours à ses confrères : « Messieurs de la Faculté, continuait-il, vous êtes les ministres et les *collègues de Dieu.* »

CHIRURGIEN MINOTAURISÉ

Quelques anecdotes tirées des souvenirs du Dr Anselmier et du Dr Baudin, notés par l'auteur des *Jardins de la Médecine.*

Parfois, Jobert de Lamballe ne craignait point d'intéresser ses élèves par le récit des accidents tragiques ou burlesques de sa vie. C'est ainsi qu'il racontait volontiers sa grande mésaventure conjugale. Très bien en cour, fort recherché dans les salons, Jobert avait distingué aux réceptions du château (chez le roi Louis-Philippe) une jeune fille d'une grande beauté, excessivement mondaine, admirablement apparentée, et, ce qui ne gâte jamais rien, fabuleusement riche. Assez mince personnage en somme, encore qu'il se fût, comme tant d'autres, anobli en ajoutant le nom de sa ville (Lamballe, Côtes-du-Nord) à son nom patronymique, notre chirurgien paraissait à tous bien osé de prétendre si haut. A la grande stupéfaction des curieux, sa demande en mariage fut cependant accueillie sur-le-champ. Or, le soir même de ses noces, Jobert, enfin seul avec sa femme, ne faillit point de constater la présence d'un tiers, dont les mouvements intempestifs ne laissaient aucun doute sur l'état de grossesse avancé de la perfide. Tranquillement, l'infortuné quitte la chambre et rédige un mot laconique qu'il fait remettre à sa femme par son domestique, la priant de rejoindre incontinent sa famille. Ce mot adressé à sa belle-mère a été, depuis, reproduit bien souvent. Il était ainsi conçu : « Madame, je vous renvoie la vache et le veau... »

« Notre art n'est plus exercé par des médecins de naissance, mais par des médecins d'industrie (?). C'est un métier, ce n'est plus une vocation. Jadis, chez les Hindous, lorsqu'un homme désirait se vouer à la médecine, il devait présenter son dos au sacrificateur, qui taillait, à même la peau, deux longues lanières à travers lesquelles on passait une barre de bois. Celle-ci servait à suspendre au-dessus du sol le patient, qui, durant toute l'épreuve, devait tenir dans ses mains le *Livre sacré des Remèdes*. Ce livre pesait 10 kilogrammes. Pour prouver qu'il avait la vocation, l'homme, malgré la douleur, ne devait pas lâcher un instant le terrible fardeau... Si le médecin est professionnellement plus instruit, je peux dire que son niveau intellectuel ne vaut pas ce qu'il était de mon temps... »

Laudator temporis acti!

« Guéneau de Mussy, conte Baudin, était surtout un clinicien remarquable... Ils sont rares ceux qui savent allier à l'originalité le bon sens. Or, ce maître possédait au plus haut degré ces deux qualités : avec cela causeur brillant et homme de cour parfait, il interrogeait ses malades sur le ton même qu'il eût pris dans son salon. Bref, il avait cette politesse exquise qui a fait notre réputation dans le monde au xviiie siècle, et que nous ne connaissons plus, hélas ! »

« Je fus appelé un jour auprès d'une jeune actrice fort jolie, atteinte d'une tumeur énorme de l'abdomen avec ascite. Je débutais alors, et l'on m'avait imposé Ricord comme consultant. Naturellement il conclut à la ponction immédiate. Gémissements et cris de la malade ; mais le chirurgien, sans se laisser émouvoir, ponctionne au lieu d'élection. Le liquide jaillit, et Ricord de remarquer : « Allons, ma petite, vous voyez bien, ce n'est jamais qu'un coup d'épée dans l'eau. »

« Une autre fois, il est appelé avec Velpeau auprès

d'Augustine Brohan, la célèbre comédienne. Il s'agissait d'un abcès au sein que rien ne semblait justifier. Velpeau inspecte, palpe et presse la région, puis cède la place à Ricord qui aussitôt s'écrie : « Mais c'est une aiguille qui est là-dedans ! — Ah ! dit Velpeau, sévère, comment faites-vous pour diagnostiquer les aiguilles dans le sein, vous? — Parbleu ! je les reconnais quand elles me piquent. » Et, ce disant, il extrait le corps du délit, à la stupéfaction de son collègue. Puis, tapotant la région : « C'est égal, Madame, de ma vie je n'ai vu aussi jolie pelote. »

HONORAIRES DE MÉDECINS ET CHIRURGIENS

Voici une lettre écrite au vie siècle avant Jésus-Christ par Phalaris, tyran d'Agrigente.

« Je ne sais ce que je dois admirer le plus en vous, mon cher Polyclète, ou votre science dans la médecine, ou votre probité. L'une m'a guéri d'une cruelle maladie, et l'autre vous a fait mépriser les récompenses que vous auriez pu obtenir en assassinant un tyran... Il vous était facile en effet, et il ne l'était qu'à vous seul, de paraître avoir immolé un tyran en me laissant mourir; mais vous avez préféré une action généreuse à une récompense inique; et, y eût-il même de la justice à assassiner un tyran, vous avez cru qu'il ne fallait pas choisir pour cela le temps de sa maladie... Aussi, pénétré d'admiration et pour vos talents et pour vos vertus, je vous envoie comme un faible témoignage de ma reconnaissance quatre burettes d'or pur, deux coupes d'argent et d'un ouvrage ancien, vingt tasses sculptées à la manière de celles du célèbre Thériclès, cinquante mille écus et vingt jeunes filles encore vierges... »

Une opération magnifiquement payée est celle de la fistule de Louis XIV en 1687. « Sa Majesté, dit Dionis, récompensa en roi tous ceux qui lui rendirent service dans cette maladie. En effet, François Félix, le premier chirurgien, qui opéra, reçut 520,000 francs, et Bessières, le second chirurgien, 100,000 francs ; le premier médecin d'Aquin eut 350,000 francs, et Fagon, médecin ordinaire, 200,000 francs. Les aides et apothicaires se partagèrent 168,000 francs, dont 4,000 francs au garçon de M. Félix. »

J'ai vu le fac-simile d'une note d'honoraires de Broussais : 38 visites, 190 francs (1).

Le Dr Depaul reçut 250,000 francs pour avoir présidé à l'accouchement de la fille de don Pedro. Taddeo de Florence, appelé à soigner le pape Honorius IV, demanda et obtint cent ducats d'or par jour, pendant toute la durée du traitement.

Ibrahim Pacha, fils de Méhémet-Ali, ayant été soigné pendant six à sept mois par Lallemand pour une fistule à l'anus, celui-ci réclama et on lui compta 500,000 francs. Le baron James de Rothschild, s'étant fracturé la jambe, fut traité par Dupuytren : il lui écrivit en le priant d'ac-

---

(1) Voir *Chronique médicale*, année 1904, pp. 725 et suiv. — Vicomte D'AVENEL : *Honoraires des professions libérales, Médecins et Chirurgiens*, dans *Revue des Deux-Mondes* du 1er janvier 1907.

cepter comme gage de sa reconnaissance 12,000 francs. Dupuytren n'avait pas compris d'abord qu'il s'agissait de 12,000 francs de rente, et trouva la surprise fort agréable lorsqu'il fut édifié. Depuis lors, Dupuytren fut le chirurgien de Rothschild, et Rothschild le banquier de Dupuytren.

Manlius Cornatus, richissime Romain, promettait à des médecins spécialistes d'Égypte 20 millions de sesterces (cinq millions 400,000 francs) pour le traitement du *Carbunculus* (sans doute le charbon), *s'il en était atteint.*

Le chirurgien Maisonneuve est appelé près d'Orléans, pour une opération. A son arrivée il apprend que le malade est mort dans l'intervalle. — « Que comptez-vous faire? lui demande quelqu'un. — M'en retourner, tout simplement. — Et pour vos honoraires? — Le prix convenu... 1,500 francs. — Mais vous n'avez pas fait l'opération! — Qu'à cela ne tienne !... Où est le malade? »

Ici comme ailleurs, on rencontre un prolétariat intellectuel. Quinze ou vingt dieux de l'Olympe médical gagnent 150, 200, 300,000 francs, quelques chirurgiens ont parfois décroché la timbale du million, certains spécialistes, dentistes, auristes, oculistes, arrivent aussi à des chiffres très élevés; puis un certain nombre de docteurs qui se font quarante à quatre-vingt mille francs, bon an mal an; quelques centaines encore vont de vingt à trente mille; deux ou trois' mille peut-être restent entre cinq et quinze mille francs; la grande majorité végète. J'ai entendu dire qu'à Paris les deux tiers ne dépassent pas deux mille six cents francs : c'est la misère. Mais à qui la faute, sinon aux parents qui méprisent les carrières vitales, l'agriculture, l'industrie, et persuadent stupidement aux fils qu'il est plus glorieux de contempler les déjections d'un client que de faire pousser le blé, la vigne et la betterave ?

Le traitement du médecin russe est encore plus insuffisant, l'offre excède la demande, et la concurrence de la femme diminue les gains. La majorité des médecins dans les hôpitaux urbains reçoit 45 à 50 roubles par mois ; le revenu de la clientèle privée reste incertain, ne dépasse pas mille roubles (2,660 francs) chez 77 médecins pour 100. On lit dans une thèse de doctorat qui date de cinq ans à peine : « Les brigadiers de police et les concierges de Pétersbourg sont mieux payés que les médecins des administrations. »

Comme le remarque M. d'Avenel, « les vulgaires lois économiques gouvernent brutalement ce domaine des honoraires, et, malgré les changements du régime politique, les faveurs pécuniaires des citoyens se trouvent n'être pas distribuées avec plus de discernement véritable que celles des rois. » Mais les bourgeois modernes sont plus riches, partant plus généreux. Au xvᵉ siècle, les *physiciens* des princes touchent des traitements qui varient de 2,250 à 22,000 francs (exprimés en chiffres actuels). Grande perruque, chausses rouges, longue robe et rabat, telle est la toilette consacrée au xviiᵉ siècle ; n'oublions pas la barbe qui, dit Toinette dans le *Malade imaginaire,* fait plus que moitié de la toilette d'un médecin. » Plus tard il dut se raser, et cette étiquette se prolongea fort longtemps. Autrefois les médecins illustres et bien rentés étaient ceux des rois et grands seigneurs ; aujourd'hui ce sont ceux des hôpitaux : soigner les pauvres devient un brevet de talent et de fortune ; rien de plus honorable pour notre époque. Autrefois on avait peur des physiciens, la clientèle faisait défaut : on n'en compte que 113 à Paris au xviie siècle pour 400,000 habitants ; les médecins et chirurgiens militaires ne sont institués d'une façon régulière qu'en 1708. « Les soldats, observe Arnaud, voient que dans leurs maladies on a moins soin d'eux que l'on n'en a des chevaux, lesquels on fait panser soigneusement parce qu'on ne les peut perdre sans qu'il en coûte de l'argent pour en avoir d'autres. » Encore un bienfait de notre démocratie qui multiplie la science par la pitié. Nous avons environ vingt mille médecins en France, trois mille pour Paris seulement, cinq fois plus que dans la France de Henri IV, toutes proportions gardées.

Voilà de quoi encourager la rapacité médicale s'il en était besoin. Heureusement les exemples de désintéressement ne sont pas rares à côté des traits contraires, de plus en plus nombreux, hélas !

HÉROISME DE TROUSSEAU

J'ai eu les larmes aux yeux, en lisant ce récit de la mort de Trousseau, récit fait chez la princesse Mathilde par Dieulafoy, et rapporté par Goncourt. Cela est aussi beau que les grandes morts des anciens :

« Trousseau donnait à tâter une grosseur dans sa

jambe à Dieulafoy, en lui disant : « Voyons, qu'est-ce que c'est que cela ? Et que ce soit un diagnostic sérieux.

— Mais c'est...

— Oui c'est... et il se servit du terme scientifique... et avec cela on a le cancer... j'ai le cancer... oui je l'ai... maintenant gardez cela pour vous, et merci. »

Et il continuait à vivre comme s'il ne savait pas qu'il était condamné à jour fixe, donnant toujours ses consultations, recevant le soir, à des soirées où l'on faisait de la musique, serein et impénétrable...

Et encore les derniers mois de sa vie étaient empoisonnés par de noirs soucis de famille, et de terribles affaires d'argent à arranger...

Bientôt il souffrait des douleurs atroces. Seulement alors, il demandait qu'on l'injectât de morphine, mais à des doses infinitésimales, et qui lui donnaient le repos et le calme pendant quelques minutes ; puis il revenait à sa vie douloureuse, se secouait, et disait à l'ami médecin qui se trouvait près de lui : « Faisons un peu de gymnastique intellectuelle, causons de... » Et il nommait une thèse médicale quelconque, voulant conserver intactes les facultés de son cerveau jusqu'au bout...

Cela dura ainsi sept mois, pendant lesquels, je le répète, il ne laissa jamais voir qu'il savait devoir mourir à tel jour.

Dans les derniers temps, Nélaton vint lui faire une visite.

— Ta dernière visite, hein ?

Nélaton fit un signe d'assentiment.

Là-dessus Trousseau lui dit, en parlant d'un camarade

de province, — Charvet, je crois : « J'aurais bien voulu le voir décorer... tu devrais bien faire cela. »

Nélaton revenait quelques jours après et lui disait : « Cette fois-ci, mon ami, hélas! c'est la dernière... mais le décret est signé. »

Quand il fut au moment de mourir, il dit à sa fille de s'approcher, lui prit la main, et soupira : « Tant que je te la serrerai, je serai vivant... après cela, je ne saurai plus où je serai. »

Il était professeur de thérapeutique à la Faculté, lorsqu'il vint un jour frapper à la porte d'un interne de son service. « Mon ami, lui dit-il, je viens vous demander des leçons d'histoire naturelle et de chimie. » Les leçons durèrent trois ans. Le professeur apprit la botanique et son élève lui succéda dans sa chaire.

M. Helme, mêlant ses recherches personnelles aux travaux du Dr Triaire sur *Bretonneau et ses Correspondants*, fait de Trousseau un vivant portrait dont je veux résumer une page.

Trousseau était professeur de rhétorique à vingt ans, son avenir lui semblait fort précaire, il conte ses soucis à Bretonneau qui l'oriente vers la carrière médicale. « Pendant deux ans, avec son maître, il vécut dans la plus étroite communion d'idées, passant les matinées à l'hôpital et les soirées à l'amphithéâtre, d'où le nom de « *Vultur papa*, papa Vautour » que ses camarades d'autopsie lui avaient décerné. Puis, au bout de deux ans, notre homme prit son vol vers Paris... » Malgré la protection énergique de Bretonneau, les débuts furent difficiles ; mais enfin le succès vint, et après le succès la gloire.

« Chacun de nous eut sa folie ; Trousseau en eut plus d'une. Il fut adoré des femmes, probablement parce qu'il les aima beaucoup : « Ceux-là seuls, écrit-il quelque part, nous aiment en vérité qui ne nous disputent pas le peu de plaisir qu'il nous est donné d'avoir en ce monde, qui y participent par le *good-willing* (le bon vouloir), quand bien même au fond du cœur ils nous blâmeraient un tout petit peu. Les femmes, quand elles sont bonnes, ne sont ni bonnes ni dévouées à demi : elles fument avec les Hollandais, elles s'enivrent avec les Lithuaniens, au besoin elles liraient Horace ou un *Traité de la Peste à Marseille*. » Ne parlez pas économie à ce grand imaginatif : « Quand, protestait-il, vous aurez économisé quelques écus de cent sous à surveiller un domestique paresseux ou quelque peu infidèle, à batailler contre une hôtesse exagérée, contre un marchand désireux de se retirer au plus vite de son commerce, en serez-vous bien plus heureux ? Ah ! restez dupe, ou tout au moins capable de l'être toute votre vie... Je ne fais de cas d'un homme que s'il est capable d'être dupe... »

UN MÉDECIN CHRÉTIEN

Nous rencontrons ici, on est heureux de le constater, de grands hommes de bien dans tous les camps, chez les sceptiques, les demi-sceptiques et les croyants. Parmi ces derniers, nommons le Dr Récamier (1774-1852), médecin en chef de l'Hôtel-Dieu à trente-deux ans, professeur à la Faculté, membre de l'Académie de médecine, ami et médecin de Montalembert, Lacordaire, Ozanam, Ravignan, assez intransigeant dans sa doctrine religieuse et sévère à lui-même, doux et tolérant pour les autres dans la pratique de la vie. Mᵐᵉ Récamier était sa parente, et il fréquentait chez elle, ainsi que chez Mᵐᵉ Swetchine, Mᵐᵉ de Noailles et Mᵐᵉ de La Ferronnays, méritant pleinement qu'on lui appliquât cet éloge noblement laconique : *amicus qui amat, medicus qui sanat* (ami qui aime, médecin qui guérit). Un homme comme lui trouve du temps pour tout pendant cette petite vie qui s'appelle une journée : esprit puissant, capable d'approfondir, de s'assimiler les études les plus diverses, ayant une correspondance considérable, dans laquelle il traite toutes les questions religieuses, félicitant un jour Lacordaire sur un sermon, mais parfois aussi le gourmandant à propos de son libéralisme très moderne, rédigeant ses ordonnances avec un soin infini et priant Dieu pour ses malades, recevant les humbles prêtres de campagne, les pauvres religieux avant tous les autres, donnant aux pauvres le dixième des revenus de sa clientèle, et employant maints subterfuges pour cacher ses bienfaits, — mais les intermédiaires n'ont pas toujours gardé le secret. Le Dʳ Dechambre, dans des vers mieux pensés que rimés, évoque Récamier, et raconte une visite qu'il fit à une pauvre femme dans sa mansarde au sixième étage.

C'était un grand vieillard, sec, de droite stature.
La faux du temps avait entaillé sa figure ;
Mais, bien plus que les ans, les pensers obstinés
Avaient marqué leur pli sur ses traits ravinés...
Des sourcils emmêlés, sorte de ronce grise,
Couvraient d'étranges yeux, comme aux hommes d'église...

Il était bienfaisant, on le disait bourru...
C'était ce qu'on appelle un grand praticien...
Elle, au bruit, se réveille, et hagarde,
Rajustant son bonnet, expose au médecin
Que, d'un mal de poumon ne voyant pas la fin,
Elle s'adresse à lui, prince de la science,
Qu'elle attend le salut de son expérience ;
Qu'elle a tort de l'avoir mandé dans un taudis,
Mais qu'elle l'a connu chez ses maîtres jadis,
Et que, certainement, madame la comtesse
Ne la blâmerait pas de cette hardiesse.
Il scrute la poitrine, interroge le son,
Et tous les bruits que fait la respiration.
L'examen terminé, la formule prescrite :
« — Dix francs, sera-ce assez, Monsieur, pour la visite ? »
Mais lui, se redressant et grossissant la voix :
« Non, je ne grimpe pas, Madame, jusqu'aux toits
A moins de trois louis ! » Puis, tirant de sa poche
Soixante francs en or, de la dame il s'approche,
Les glisse dans sa main, gagne le corridor,
Et s'il n'était défunt, courrait, je crois, encor.

Il était souvent en retard, bien qu'il travaillât jusque
dans sa voiture, y dictant des notes à son secrétaire pour
gagner du temps, — et il faisait le désespoir de ses confrères, s'entêtant au chevet de ses malades, luttant jusqu'au bout contre le mal. En vain, les autres médecins
lui font-ils observer qu'il s'agit d'un cas désespéré, qu'ils
sont là depuis longtemps, et attendus ailleurs : « Moi
aussi, je suis attendu ailleurs, répliqua-t-il, et nous resterons encore ici deux heures s'il le faut, jusqu'à ce que
je vous aie démontré que le malade peut être sauvé. J'ai
condamné tant de gens qui courent les rues, et la nature

a tant de ressources, que nous devons encore espérer. »

La vivacité de ses opinions était extrême, et Thiers
put se convaincre en 1848 qu'il fallait montrer patte
blanche pour obtenir son concours. L'homme d'État voulait se présenter au Havre ; ayant appris que Récamier
était très lié avec des chefs influents du parti catholique,
il fit sonder le docteur : celui-ci exigea des garanties,
une lettre où Thiers prendrait l'engagement de défendre
les intérêts religieux, la liberté d'enseignement ; il l'écrivit, mais comme il s'était servi du mot *salaire* pour définir le traitement des membres du clergé, Récamier
bondit, déclarant qu'il s'agissait d'une *indemnité* et non
d'un *salaire*. L'intermédiaire dut remporter la lettre,
Thiers remplaça le mot *salaire* par budget, le docteur le
recommanda énergiquement à ses amis de la Seine-Infé-
rieure, et il fut élu député.

Ses vrais instants de délassement, Récamier les prenait en été, dans sa maison de campagne de la vallée
de la Bièvre. « C'est là, dit son biographe, qu'il recevait
ses amis... là venaient tour à tour Lacordaire, Ozanam,
M. et Mme Lenormant... Cauchy, le grand mathématicien, son compagnon de retraite à Fribourg ; Donoso
Cortès, l'illustre écrivain ; des médecins, Richerand, son
compatriote, Marjolin, Brechet, ses collaborateurs dans
beaucoup d'opérations, de Missol, qui devait un jour
abandonner la médecine pour le sacerdoce ; Cruveilhier,
auquel l'unissait une étroite communauté de sentiments ;
— et surtout des prêtres, des religieux auxquels il ordonnait un séjour chez lui, comme on prescrit un voyage

aux eaux et à la mer. Il les reposait, les soignait et les renvoyait dans leur cure ou dans leur couvent guéris ou améliorés, mais le plus souvent guéris. »

C'est ainsi qu'à diverses reprises il reçut et finit par sauver le P. de Ravignan, atteint d'une si grave maladie du larynx qu'on craignait pour sa vie. Récamier, convaincu qu'il n'y avait pas là de tuberculose, eut un de ces éclairs de génie dont il était coutumier. Un matin, après la messe, il va retrouver le malade : « Levez-vous, dit-il, et suivez-moi, je vais vous jeter à l'eau. — A l'eau, s'écrie le religieux, avec la fièvre et la toux ! Vous n'y pensez pas ? » Récamier insiste, Ravignan obéit, et, le soir même, après un premier traitement par les affusions d'eau froide, le muet du matin racontait l'histoire de sa guérison.

P. Max Simon affirme que, vers la fin de sa carrière, ses médications étaient parfois bien étranges, que par exemple, à son hôpital, entouré de ses élèves comme un général au milieu de son état-major, il lui arrivait de fulminer en montrant une rangée de lits : « Nous allons faire feu sur cette ligne avec l'ipéca, feu sur celle-ci avec l'émétique ou le séné. » Il dit à une dame : « Avez-vous ici votre femme de chambre ? — Non. — Amenez-la quand vous reviendrez. » — La dame obéit : « Madame, ordonnait-il, couchez-vous par terre, et vous, mon enfant, asseyez-vous sur votre maîtresse ; vous vous relèverez quand je vous le dirai. »

A côté du Dʳ Récamier, je veux placer un autre type de médecin chrétien, M. Hamon, le savant docteur de Port-Royal des Champs, dont Sainte-Beuve a tracé un si admirable portrait, un de ces portraits qui font songer à certaines toiles de Rembrandt. « Bon pour les âmes comme pour les pauvres, » ayant cette inquiétude du mieux qui est une des tentations des saints (*imaginatio locorum et mutatio multos fefellit*), mais retenu par son exquise humilité, portant toujours sa Bible avec lui et se reprochant de n'en pas mieux profiter, allant sur un âne de village en village avec un livre tout ouvert devant lui sur un pupitre assujetti à la selle, et se reposant de lire en tricotant ; composant pour les religieuses opprimées de petits traités de piété où s'épanouissent une âme scrupuleuse et un esprit subtil, et ne jouant qu'avec répugnance, pour complaire à Arnauld ou à M. de Saci, son rôle de conseiller, de directeur malgré lui, de Tyrtée sacré, moraliste indulgent aux autres et sévère pour lui-même, s'élevant sans peine aux sublimités du cœur, avec le don de la spiritualité morale et le sens des emblèmes, tel le montre Sainte-Beuve. « M. Hamon, à certains égards, et quoique accessible à la crainte, laisse voir dans ses écrits de dévotion de cette joie et de cette allégresse (de saint François) ; il est plein de ces sourires et de ces fleurs. Entre les justes de Port-Royal (car Port-Royal n'a que des justes et non des saints), il est le seul de son espèce... Bossuet a dit quelque part : « Les livres et les préfaces de Messieurs de Port-Royal sont bons à lire, parce qu'il y a de la gravité et de la grandeur, mais comme leur style a peu de variété, il suffit d'en avoir vu quelques pièces. » Bossuet n'aurait pas dit cela des livres et du style de M. Hamon, qui tranchent sur l'uniformité de ces autres Messieurs. M. Hamon n'est point de ceux en qui « une exactitude sèche et triste ternit les esprits et insensiblement les éteint ; » il est le contraire. Encore une fois, c'est un solitaire qui rappelle les ascètes de l'Orient. A le voir, on lui donnerait l'aumône ; et il a des paroles d'or, il porte l'encens et la myrrhe. C'est un roi mage en haillons. » En effet, il y a de lui des sentences, des lettres qui prouvent combien peu lui manquait pour être un écrivain de haut vol.

« L'année même où il mourut, il avait été obligé, au mois de janvier, de venir à Paris, à la Faculté de Médecine, pour y présider à la thèse de M. Dodart, fils du premier Dodart, son excellent ami, et qui l'était grandement aussi de Port-Royal. M. Hamon y présida avec éclat. Il apparut avec l'audace de son humble pauvreté aux yeux de ses confrères, qui contemplaient en lui, nous dit Fontaine, des robes et des habits de doctorat inconnus à la Faculté, de laquelle il ne laissait pas d'être l'ornement. A cette occasion il avait relu en peu de jours Hippocrate, Galien, Alexandre de Tralles, tous ses anciens auteurs de médecine, et il s'y épuisa. Il revit, durant ce court séjour à Paris, son ancien élève, M. de Harlai, qui resta enfermé plusieurs heures avec lui, au grand étonnement des gens de l'anti-chambre qui n'avaient vu entrer dans le cabinet qu'une espèce de paysan. »

J'interromps la citation de Sainte-Beuve pour donner une page de M. Hamon, non des plus belles assurément, mais de celles qui se rapportent à sa vie médicale en même temps qu'intérieure : « L'amour de la lecture et de la solitude m'emportait quelquefois. On ne me priait presque point de voir quelques nouveaux malades à la campagne, outre les malades ordinaires, que d'abord je ne le refusasse, ou je ne l'accordais qu'en rechignant ; mais je m'en repentais aussitôt, et à trois pas de la porte, j'allais avec joie où j'avais commencé d'aller avec peine. — J'allais donc voir mes malades et j'y faisais de mon mieux. Mais, en vérité, cela est digne de compassion, que pour l'ordinaire ce n'est point le mal que nous pensons qui est cause de notre mort... Ainsi j'avais toujours recours à Dieu, en lui disant paisiblement au milieu de mes courses, parmi les pluies, les vents et les tempêtes : « *Nisi Dominus sanaverit ægros...* C'est en vain, Seigneur, que travaillent les médecins et les malades, si vous ne guérissez vous-même ; » à quoi j'ajoutais ce passage de l'Écriture, qui est d'un prix infini : « *Confiteor tibi quia neque herba, neque malagma...* Je confesse devant vous, ô mon Dieu, que ce n'est point une herbe, ou quelque chose appliquée sur le mal des malades qui les a guéris, mais que c'est votre parole qui guérit toutes choses. » Ce que je terminais par ces paroles : « *Tu solus es medicus, quo curante nemo moritur, quo non curante nemo vivit :* Vous seul êtes le médecin dont les soins empêchent de mourir et sans les soins de qui personne ne vit. » Ici le mystique déborde pleinement ; sa médecine est une théologie continuelle, et sa théologie devient comme une physiologie de la foi.

M. Hamon meurt le 22 février 1687, à soixante-neuf ans,

bénissant Dieu de se voir mourir dans la maison des saints où il avait vécu durant trente-sept ans. A l'entrée de sa nuit d'agonie, on l'entendit répéter de temps en temps l'unique mot de *silence*, et quelquefois ces autres mots : Jésus, Marie ; *sponsus et sponsa !* digne serviteur, jusqu'au bout, des pudiques épouses, et commémorant encore de sa lèvre refroidie le virginal et mystique hymen. »

Tant pis ! Bien que leur *credo* ne soit pas le mien, ces Messieurs de Port-Royal m'intéressent tellement que je ne puis résister à l'envie de reproduire encore quelques lignes de M. Hamon : « Étant assis sur ce banc, j'avais devant moi un pauvre châtaignier qui avait été planté là afin de faire comme une espèce d'encoignure, et d'être là, non pas comme une pierre, mais comme un arbre angulaire, pour servir de commencement à une allée et de fin à une autre ; mais les arbres qui étaient derrière, étant trop grands, l'avaient empêché de croître suffisamment : ce qui est beau, c'est que la nature, qui fait toujours bien ce qu'elle fait, comme dit notre Hippocrate, et qui est savante et admirable jusque dans les choses insensibles, avait porté toutes les branches de ce pauvre arbre du côté du soleil, et d'où lui venait la vie. Il est visible qu'il fuyait cette ombre mortelle de toute sa force. Je trouvais les arbres des forêts plus sages que les hommes... Car, au lieu de porter leurs branches du côté du vrai soleil, qui est la vie même qui les fait vivre, ils les portent du côté de la mort, afin de périr plus tôt... Cet arbre m'apprit encore que ce n'est point assez de fuir le monde, si on ne le fuit autant qu'il est nécessaire pour se sauver..... »

Sur l'absence de prêtre à l'heure suprême et la privation de sépulture ecclésiastique imposée aux religieuses de Port-Royal : « Les Épouses, dans une telle nécessité, suppléent aux amis de l'Époux, et on peut dire que, s'il y a moins d'autorité, il n'y a pas moins de charité... Quand il s'agit de rendre les derniers devoirs à une personne qui se meurt, tous les fidèles deviennent ministres de Jésus-Christ... Quand on méprise sa vie, on ne se met point en peine de ses funérailles... On entendra également en tous lieux le son de la trompette... Quand on a l'esprit de Jésus-Christ, on ne peut être séparé de Jésus-Christ... »

Et enfin sur l'oppression de Port-Royal, cette pensée qui contient en germe la théorie désolante de Joseph de Maistre sur la solidarité, l'expiation éclatante par Port-Royal des fautes d'autres monastères : « ... Les grandes vertus des uns sont comme une amende honorable qu'ils font à Dieu pour les grands vices des autres. On fait à présent une espèce d'idole de l'intérêt des communautés. On croit qu'il y a de la vertu à faire tout ce qui paraît nécessaire pour la conservation d'une maison. Ce que nous croyons ne pouvoir faire pour nous, nous croyons le pouvoir faire pour elle. Elle n'est jamais assez riche, et toutes nos cupidités nous paraissent innocentes, à quelque excès qu'elles se portent, lorsqu'elles vont se perdre dans cette grande mer qui engloutit tout et qu'on appelle le *Bien de la Communauté*. »

De telles idées ont leur prix, et dans les siècles théologiques, et dans les siècles scientifiques.

Le Dr Helme (1), dans son excellent travail : *Les Jardins de la Médecine*, signale certains traits de ressemblance entre M. Hamon et Pierre-Carl Potain : la difficulté d'obtenir de tous deux qu'ils écrivissent, leur dédain pour le vain bruit des mots ; ainsi les cliniques de la Charité, inaugurées en 1863, n'ont pu paraître qu'en 1900. A l'imitation des hommes d'autrefois, Potain entreprend d'écrire son *Livre de raison* ; tous les soirs, il note les occupations de la journée, et, presque à chaque page, se traite de paresseux, lui qui a tant travaillé, de dépensier, et en effet il se dépensait tout entier pour les autres. Citons ici quelques passages de l'étude touchante que lui consacre M. Helme.

... Il traversa donc une grande crise de réforme. D'abord, au moyen d'une machine construite par lui et renouvelée du Grec Alexandre, il voulut remédier à son insatiable besoin de dormir. Venait-il à sommeiller pendant son travail matinal ou durant ses veilles, une lourde bûche de bois s'abattait sur son cou... Il venait d'une longue lignée de médecins, établis de père en fils à Poissy... En 1870, dédaignant les galons d'aide-major, Potain endossa la tunique grise à bouton d'étain du garde national ; le lendemain d'une faction, d'un combat, il passait toute sa journée à l'hôpital et n'en partait qu'à la nuit. Pouvait-il oublier que Bouillaud avait fait

---

(1) Dr HELME : *Les Jardins de la Médecine*, un vol. in-8°, 1907, VIGOT, éditeur. — *Pierre-Carl Potain, professeur à la Faculté de Paris, médecin des Hôpitaux, membre de l'Académie de Médecine (1825-1901),* par le Dr Pierre TEISSIER.

en 1814 la campagne de France comme simple cavalier au 3ᵉ hussards ?...

Ses recettes annuelles, jusqu'à quarante-sept ans, satisferaient à peine aujourd'hui un praticien de quartier frais émoulu de l'École... Chaque jour, jusqu'à la fin de sa vie, il inscrivit gains et dépenses sur une page blanche, avec le report des totaux de la veille. Ce dossier de feuilles volantes, tout hérissé de chiffres, est parfois, dans sa sécheresse, d'une éloquence singulière. Par exemple, tel jour : donné à X... 100 francs ; déjeuner, o fr. 95. Le total de la dernière feuille résume tout ce qu'il a gagné dans sa longue carrière, à peine un million et demi. On y voit aussi qu'il paya ses dettes fort tard, car Potain — qui l'eût cru ? — connut les dettes. Celui à qui Trousseau prédisait la plus belle clientèle de Paris, courut longtemps le cachet à 3 francs... Voyez ces dossiers, disait-il à un de ses élèves, ce sont ceux de mes cours. Remarquez comme les premiers sont volumineux et bourrés de documents. Ceux du milieu sont plus maigres : le professeur s'est habitué à sa fonction et s'observe moins. Puis, avec le temps, lui apparaissent la grandeur et la responsabilité de la tâche. Alors les dossiers redeviennent corpulents... Les meilleures leçons d'un maître sont les premières et les dernières...

Son adresse manuelle était extrême... Que d'appareils créés par lui comme en se jouant !... Parfois cependant on le vit se fâcher contre la matière rebelle. Il jurait alors, mais si doucement, qu'on ne savait si c'était une imprécation ou une prière. Et cela faisait dire gentiment à une personne de son entourage : « Le bon Dieu ne pourra pas oublier M. Potain ; il pense à lui souvent, car il ne manque jamais d'invoquer son nom lorsqu'il est embarrassé. »

... Tout le premier il regrettait le défaut d'équilibre entre le Laboratoire et la Clinique. Et il avait bien raison ; on oublie trop que Claude Bernard a dit lui-même : « La médecine doit partir du malade, mais pour y revenir... »

Je voudrais redire la liste de ses bienfaits, mais, comme le vieux grenadier, je recule, ils sont trop... Dirai-je tous les clients qui oubliaient de payer la consultation, ou qui même emportaient les 40 francs laissés par celui qui les avait précédés dans le cabinet ? C'est aussi le vieux médecin qu'il va visiter tout au bout de la France, et auquel il abandonne les 1,200 francs emportés avec lui, se privant ainsi de manger pendant tout le reste du voyage. Et que dirai-je des étudiants qu'il secourut ?... Un candidat est refusé pour la troisième fois à l'un de ses doctorats : « Mais vous devriez bien me recevoir à la fin ! s'écrie le malheureux. Ne savez-vous pas que c'est le père Potain qui paye mes examens ?... »

« Plus il allait, plus sa ferveur grandissait, plus son esprit se faisait alerte. L'avantage d'enseigner la jeunesse ne lui échappait pas. C'est au contact des jeunes ardeurs que les maîtres doivent en partie l'entretien de leurs énergies... Il écoutait comme un écolier le plus humble interlocuteur, tenant pour importante toute parole tombée d'une bouche humaine... On se fera une idée de sa vie laborieuse, si je dis qu'il donnait parfois rendez-vous à ses élèves à trois heures du matin. Ces jours-là, il laissait sa porte ouverte, « se fiant à sa bonne étoile pour le garer des voleurs »...

Un ancien disciple du Dr Blanche, tandis que je corrigeais les épreuves de ce volume, m'écrivit une lettre dont je détache ce passage. Blanche doit figurer, lui aussi, parmi les saints de la médecine :

« Il faudrait faire ressortir le caractère très particulier de cet homme qui, à une époque de science exaltée, contemporain de Charcot, fut médecin et grand aliéniste, surtout par les qualités exceptionnelles de son cœur, de son intelligence et de son charme. Mon cher maître fit du bien à des malheureux malades, par son inépuisable bonté, sans cesse penchée sur eux et les traitant en enfants chéris, par sa scrupuleuse observation et l'extrême gravité de sa vie. Il leur fit plus de bien comme confesseur et comme « bonne maman, » que tant de grands savants, dont le cœur était froid et indifférent aux souffrances humaines. Médecin légiste pendant quarante ans, il exaspérait les magistrats par son indulgence envers les criminels : il ne croyait personne responsable... Le souci de ses malades alla au point qu'il fallait la croix et la bannière pour le décider à passer une soirée au théâtre, d'où il revenait parfois au milieu du premier acte. Il était d'ailleurs fort recherché par le monde, qu'il évitait, estimant qu'il devait être trop pénible, pour les parents de ses clients, de le rencontrer dans les salons. La princesse Mathilde fut la seule personne qui le décida, sur le tard, à dîner avec ses habitués : si on le vit autant chez elle, pendant les dernières années de sa vie, c'est qu'il n'osait plus résister à sa vieille et chère amie. Chez lui, il y avait toujours du monde, et le plus intelligent, le plus artiste, le plus littéraire. Son propre père, Esprit Blanche, et lui, ont vu défiler dans leurs salons tous les hommes éminents, poètes, musiciens, philosophes, peintres, de 1830 à 1898, surtout entre 1855 et 1880, du temps de Renan, Renouvier, etc..., qui dînaient une fois par semaine. Vous devinez aisément l'attrait de pareilles réunions : combien je regrette de n'avoir pas sténographié les conversations entendues dans ces nouveaux banquets de Platon !... »

Je ne sais pourquoi Trousseau, Récamier, m'ont fait penser à ce portrait d'un Esculape contemporain, tracé par Flaubert dans *Madame Bovary*. Je tiens de Mme Franklin-Grout, nièce de Flaubert, que celui-ci a peint son propre père.

« Le Dr Larivière appartenait à la grande école chirurgicale sortie du tablier de Bichat, à cette génération, maintenant disparue, de praticiens philosophes qui, chérissant leur art d'un amour fanatique, l'exerçaient avec exaltation et sagacité. Tout tremblait dans son hôpital quand il se mettait en colère, et ses élèves le vénéraient si bien, qu'ils s'efforçaient, à peine établis, de l'imiter le plus possible ; de sorte que l'on retrouvait sur eux, par les villes d'alentour, sa longue douillette de mérinos et son large habit noir, dont les parements déboutonnés couvraient un peu ses mains charnues, de fort belles mains et qui n'avaient jamais de gants, comme pour être plus promptes à plonger dans les misères. Dédaigneux des croix, des titres et des académies, hospitalier, libéral, paternel avec les pauvres et pratiquant la vertu sans y croire, il eût presque passé pour un saint si la finesse de son esprit ne l'eût fait craindre comme un démon. Son regard, plus tranchant que ses bistouris, vous descendait droit dans l'âme et désarticulait tout mensonge à travers les allégations et les pudeurs. Et il allait ainsi, plein de cette majesté débonnaire que donnent la conscience d'un grand talent, de la fortune, et quarante ans d'une existence laborieuse et irréprochable. »

LE CLIENT

Et le client? Car enfin le client est, au moral et au physique, le but du médecin qui adhère forcément à lui comme le pain au corps, la lettre au mot, la force à la jeunesse. On ne fait pas de science rien qu'avec du sentiment, la médecine ne vit pas seulement de beau langage, et comment s'indigner à l'excès de ce toast entre confrères : « A la santé de nos malades ! — Volontiers, mais buvons aussi un peu à la santé de leurs maladies! » Et ce même client fait souvent partie du monde qui reçoit Esculape, le choie tout en le redoutant un peu. Mais il y a autant de sortes de clients que de variétés de médecins, il faudrait tout un traité pour les énumérer et portraiturer au moral, et je ne fais ici que rappeler quelques souvenirs de mes lectures sur la gent qui guérit, de mes conversations avec elle et sur elle.

Une espèce amusante, c'est le malade savant que met en scène Charles Monselet :

Le malade. — Monsieur, je viens vous voir, je ne sais pourquoi, car ma maladie m'est parfaitement connue.

Le médecin. — Ah !

Le malade. — Oui, Monsieur, j'ai un eczéma, autrement dit affection herpétique.

Le médecin. — La maladie de notre époque.

Le malade. — Parfaitement. J'ai lu tout ce qui a été écrit à ce sujet. Une bibliothèque entière.

Le médecin. — Permettez-moi de vous examiner.

Le malade. — C'est inutile, Monsieur, complètement inutile. Mon eczéma n'est ni stalactiforme, ni murciforme ; il n'a rien non plus de furfuracé, ni de squameux, il appartient au genre dénommé *lichen féroce,* à cause de sa ténacité.

Le médecin (stupéfait). — Croyez-vous ?

Le malade. — J'en suis sûr ; tous mes livres sont d'accord là-dessus.

Le médecin. — Alors, nous allons vous traiter pour le *lichen féroce.*

Le malade. —Oh! oh! vous allez me traiter... c'est bien vite dit... Comment allez-vous me traiter? Par les alcalins?... Par le soufre?... le soufre est bien démodé... Par l'arsenic?... l'arsenic abîme l'estomac. M. Hardy, dans ses écrits, préconise les sudorifiques, les bains russes. Voyons, qu'allez-vous me faire prendre ?

Le médecin. — Ma foi, ce que vous voudrez.

Le malade. — Les cristaux de soude?... Le goudron?...

Le médecin. — Choisissez vous-même.

Le malade. — Hein ? le goudron... Si nous faisions un essai sur le goudron ?

Le médecin. — Faisons un essai.

Le malade. — Je vais acheter tous les ouvrages qui traitent du goudron et de ses différents emplois.

Le médecin. — C'est cela. Nous en causerons en-semble. (*Après avoir écrit la consultation.*) Voici, Monsieur, matin et soir. Quant au régime...

Le malade. — Je sais, je sais... Pas de viande saignante... éviter le poisson et surtout les coquillages, les huîtres. Au revoir, docteur. (Il dépose discrètement cinq louis sur le bureau du médecin et sort enchanté.)

Autre variété : le malade curieux, puni ou récompensé de son indiscrétion, puni plutôt, car on lui enlève l'illu-sion des guérisons, qui guérit elle aussi. Le médecin de Mme A... lui donne une lettre pour le médecin des eaux auxquelles il l'envoie, et met sur l'enveloppe : *Per-sonnelle.* Elle, en vraie fille d'Ève, ouvre la lettre, et lit ces lignes : « Mon cher ami, je vous envoie une *oie*. Je lui ai enlevé bien des plumes, mais il en reste encore quelques-unes, et je vous les abandonne. Bien à vous. Dr X... »

Malades harpagons : ceux qui cherchent à se rencon-trer avec le médecin pour braconner une consultation dans une soirée, pendant un dîner, une partie de chasse. « J'ai ceci, cela... Que faut-il faire ? — Une chose bien simple. — Et c'est ? — C'est d'aller consul-ter votre docteur. » Oui, mais beaucoup, par bonhomie naïve ou par dédain ironique, donnent la consultation, et poussent la générosité jusqu'à se laisser escroquer cinq ou ou dix louis par certains malades quémandeurs. Oui, vous avez bien entendu. Ils ont une ordonnance gratis, et ils trouvent le moyen d'emprunter au médecin un argent qu'ils ne rendront jamais. Quel tour de Scapin ! Je recommande aux exploités le procédé de leur confrère Z... quand un client cherche à attraper une consultation en plein air : « Fermez les yeux !... Mieux que cela... bien. Maintenant tirez la langue ! » Et il s'en va tout doucement.

Et la riche financière qui, guérie par le D*r* Magendie d'une maladie grave, ne songe pas à s'acquitter, fait demander plusieurs délais, puis, à une requête directe, répond avec aplomb : « *Mais, Monsieur, il y a prescription.* » Malheureusement pour elle, Magendie avait autant d'esprit que de talent. A quelque temps de là, il apprend que M*me* Harpagon doit aller à un grand bal, s'y fait inviter, et, profitant d'un instant où elle est fort entourée, l'accoste en ces termes : « Eh bien ! Madame, puis-je vous demander des nouvelles de *ma* chère santé ? Je puis bien l'appeler *mienne,* puisque vous avez refusé de me la payer. » Cinq minutes après, la dame avait quitté la fête. Et chaque fois qu'il la rencontrait dans les salons, il se dirigeait malicieusement vers elle, et la dame de changer de place, et lui de la poursuivre jusqu'à ce qu'elle eût pris la fuite. De même, à la promenade, son cocher avait mission de se mettre en travers de la voiture de la débitrice indélicate, et, sortant son corps à moitié par la glace, Magendie ne manquait pas de la saluer profondément.

MALADES NAÏVEMENT ÉGOÏSTES

Rappelons certain dialogue du *Dictionnaire philoso-phique,* qui pourrait bien être le dernier mot de l'éternelle discussion entre l'être qui souffre et celui qui soulage.

— Je vous avertis, dit la princesse, que je ne veux pas souffrir.

— Madame, répond le médecin, adressez-vous à l'Auteur de la Nature.

— Quoi! Vous êtes médecin et vous ne pouvez rien me donner!...

— Non, Madame, nous ne pouvons que vous ôter. On n'ajoute rien à la nature. Vos valets nettoient votre palais, mais l'architecte l'a bâti.

— En quoi donc consiste la médecine?

— Je vous l'ai dit, à débarrasser, à nettoyer, à tenir propre la maison qu'on ne peut rebâtir. Que votre premier médecin soit la nature. C'est elle qui peut tout. Le roi de France a déjà enterré une quarantaine de ses médecins, tant premiers médecins que médecins de quartier et consultants.

Alors la princesse, d'un air affable :

— Vraiment! J'espère bien vous enterrer aussi?

L'AGE D'OR DU CLIENT

« Maman se croyait toujours malade, et je ne pourrais citer beaucoup de médecins célèbres que nous n'ayons pas vus alors à la maison... Au temps dont je parle (un peu avant 89) ils étaient médecins d'abord, puis amis de quelques personnes distinguées à un titre quelconque, recherchés et répandus dans le monde, sans cependant en faire partie.

« Alors, il est vrai de le dire, le prix de leurs visites n'avait rien d'arbitraire, *six livres;* on dînait à deux ou trois heures ; les médecins, presque tous gourmands, avaient leurs couverts mis dans nombre de bonnes maisons ; et alors, même dans les plus médiocres, une demi-douzaine au moins ou d'amis ou d'habitués venaient se mettre à table à volonté, sans avoir été invités, et sans qu'on fît plus de frais pour eux. » (*Mémoires de Mme de Chastenay.*)

REMÈDES MORAUX

Je ne sais où j'ai lu l'histoire d'un comédien neurasthénique, réduit à un état de dépression intellectuelle. Le Dr Hastenberg eut l'idée de frapper l'artiste par l'imagination, de sauver le comédien par le comédien. « Comment, lui disait-il, vous un homme supérieur, digne de servir d'interprète à Eschyle, vous vous abandonnez, vous ne luttez pas contre l'insomnie, contre les nerfs! Vous qui êtes né pour jouer les héros, vous vous laissez aller aux faiblesses des femmes! Allons ! Voyons! Relevez le front, tenez-vous droit, marchez ferme parlez haut. Soyez le Cid ! Soyez Ruy Blas ! Vous n'avez jamais joué Ruy Blas? — Si, en province. — Jouez-le dans la vie! Dites-vous que vous êtes un héros. » Et tandis que le comédien se jouait à lui-même une *comédie de malade,* le docteur le guérit en lui faisant jouer une *comédie de santé.*

L'acteur Bouffé, atteint d'une maladie nerveuse, consulte quatre grands médecins, suit pendant un an leurs prescriptions, n'éprouve aucun soulagement. Le poëte Béranger le recommande au D' Bretonneau, de Tours, qui ordonne quelques remèdes anodins, mais surtout la distraction, la préoccupation du théâtre; « il faut qu'il se gargarise d'une décoction, soit du *Gamin de Paris,* soit de *Michel Perrin ;* » Bouffé obéit, le remède lui procura un peu de calme, de sommeil, et le temps fit le reste.

LE CLIENT ACCOUCHÉ

Le D' Campbell avait un client, lord D..., gentleman richissime, atteint de la folie de la génération, qui, à certaines époques, croyait ressentir les symptômes de l'enfantement ; il appelait Campbell, s'alitait, commandait la layette. La délivrance *platonique* une fois accomplie, on présentait à lord D... le nouveau-né le plus intéressant, le plus nécessiteux du village ; son père imaginaire le choyait, le caressait, le dotait, et, une fois relevé de couches, l'oubliait. A la dernière grossesse, il n'y avait dans le pays que des enfants hors d'âge. Que faire ? Le docteur voit passer un collégien en uniforme, le hèle, l'empoigne, et le dépose sur le lit de souffrance. « Ah ! murmura lord D... avec un soupir ; je m'explique pourquoi j'ai tant souffert... ce sont les boutons. » Quoi qu'on fasse, les Anglais tiendront toujours le record de... l'originalité. Nous avons eu, l'an dernier, le pendant de cette anecdote, cette dame qui croyait avoir un serpent dans l'estomac, que son médecin fit semblant d'opérer, et à laquelle il montra un lézard commandé tout exprès pour la circonstance : depuis cette pseudo-opération, elle va le mieux du monde.

CLIENTS VINDICATIFS

Je sais, hélas ! beaucoup de clients qui ont été torturés par la faute et l'ignorance présomptueuse de leurs médecins, envoyés contre toute raison et toute prudence dans des maisons de santé dont les directeurs partagent avec leurs pourvoyeurs les bénéfices réalisés sur la gent taillable et corvéable à merci ; je sais qu'il y a des médecins nombreux qui ne se font aucun scrupule de conseiller aux clients l'intervention d'un praticien célèbre qui leur remet ensuite une partie des honoraires exigés. (Cela s'appelle, je crois, la *dicotomie*.) Il en est aussi qui, très légèrement, criminellement même, se rendent complices de séquestrations dans les asiles d'aliénés. *Auri sacra fames !* Et tout ceci engendre de furieuses rancunes, des haines éternelles. Mais je sais encore plus de clients dont l'imagination, bien autrement malade que le corps, a rêvé les crimes dont ils accusent les médecins, et qui ne peuvent pardonner à ceux-ci leurs propres torts, leurs défis au bon sens si nécessaire en matière d'hygiène ; les médecins ne peuvent cependant pas les rendre immortels.

Réels ou imaginaires, les griefs des clients inspirent de singuliers regrets. L'un d'eux me rappela comme datant du bon temps un édit de Henri II contre les médecins qui laissent mourir leurs malades.

« Sur les plaintes des héritiers des personnes décédées

par la faute des médecins, il en sera informé et rendu justice comme de *tout autre homicide,* et seront les médecins mercenaires tenus de goûter les « excréments » de leurs patients. Autrement, seront réputés avoir été cause de leur mort et décès. » Faisant semblant d'abonder dans cette opinion, je citai à mon tour le cas de ce docteur allemand qui avait fait mourir le prince Karatchouk en lui donnant « des herbes mortelles. » Le grand-duc de Russie le remit au fils du mort, en défendant seulement qu'on le martyrisât, mais ordonnant qu'il fût tué. En conséquence, on le traîna sous un pont de la capitale où on « le dépeça comme un mouton. » J'ajoutai que, d'après la loi des Visigoths, le médecin qui laissait succomber un malade devait être remis aux parents du défunt « afin que ceux-ci eussent la possibilité d'en faire ce qu'ils voudraient ». Les admirateurs de pareilles sentences ne sont pas trés rares.

LE DERNIER REMÈDE

Le Dr L... prononça ce singulier oracle pour une dame qui le consultait : « Je vais vous dire une chose délicate. Vous êtes veuve ? — Oui. — Prenez un amant. — J'en ai un. — Alors je ne peux plus rien pour vous . »

Pierre Le Hardy, girondin, fut conduit à l'échafaud, avec vingt de ses amis politiques ; Vergniaud, qui faisait partie de cette fournée, lui dit : « Docteur, vous devez un coq à Esculape : tous vos malades sont guéris. »

Dans une tribu mexicaine, au temps passé, on faisait des funérailles somptueuses aux médecins, mais au lieu de les déposer dans un tombeau, leurs cendres étaient précieusement conservées pour servir de remèdes, comme si la sépulture la plus honorable était le corps des malades que ces cendres guérissaient par une vertu surnaturelle.

ÉPITAPHE D'UN CLIENT PAR LUI-MÊME

> Ci-gît, hélas ! sous cette pierre
> Un bon vivant mort de la pierre :
> Passant, que tu sois Paul ou Pierre,
> Ne va pas lui jeter la pierre !

DÉSAUGIERS.

Je suis au bout de ma carrière, ajouta Désaugiers, après une opération qui n'était pas la première.

LE CLIENT SCEPTIQUE

> Succombant à ses maux beaucoup moins qu'aux remèdes,
>   Ci-gît l'infortuné d'Ormèdes !
> A qui d'un air capable, un célèbre assassin,
>   Sot, et soi-disant médecin,
> Criait : « Pour vous tirer de ce danger extrême,
>   Avalez ce julep, ou vous allez mourir ! »
> Non, dit l'agonisant, bourreau, prends-le toi-même !...
>   Dans un instant... je vais guérir.

CLIENTE SUPERSTITIEUSE

Le Dr Teste s'excusait joliment d'arriver en retard chez la comtesse Jaubert : « Je vous ai parlé d'une vieille Espagnole qu'une peur terrible de la mort précipite sans cesse à mes consultations. Ce matin, un billet pressant m'appelle à son secours, et je sors de chez elle. Ce n'était qu'une indigestion dont, par esprit méridional, elle se refusait à accuser les pois chiches. Une fois éclairé sur l'origine du mal, j'écris mon ordonnance. Que vois-je alors ? Ma vieille malade se mettre à genoux devant un saint Jean, beau Murillo que je lui envie, et s'écrier en espagnol, présumant que seuls Dieu et elle connaissaient cette langue : « O mon Dieu ! Accordez-moi la grâce que cet imbécile ne me fasse pas mourir en se trompant ! » Ne trouvez-vous pas, Madame, que je suis bien récompensé d'avoir sacrifié au devoir le plaisir de votre matinée ? »

CLIENT QUI VEUT ÊTRE TROMPÉ

G... vient de tomber malade, et le médecin appelé commence, — pauvre sot ! — par lui dire que « c'est grave ». — « Pardon, riposte le patient, j'aurai tout à l'heure le plaisir de vous donner de l'argent, mais j'entends que ce soit pour me rassurer. S'il s'agit de m'effrayer, je le fais très bien moi-même, tout seul, gratis. » Ce malade ne se fût pas contenté de la réponse que Louis Bouilhet prête, dans *Faustine,* à Galien : « Le plus grand médecin du monde n'est que le premier ministre de la nature. »

LE CLIENT RÉBARBATIF

Casanova tombe malade à Vienne, et l'aventure faillit coûter la vie à son médecin.

« Ce nouveau Sangrado, croyant pouvoir user du despotisme de son art, avait fait venir un chirurgien, et on allait me saigner contre ma volonté. A demi mort, je ne sais par quelle inspiration j'ouvre les yeux, et je vois mon homme, la lancette à la main, prêt à m'ouvrir la veine. « Non, non, » dis-je. Et languissamment je retire mon bras ; mais le bourreau voulant, à ce que disait le médecin, me donner la vie malgré moi, s'empare de nouveau de mon bras. A l'instant, je me sens une augmentation de force, et, étendant la main, je saisis un de mes pistolets, et d'une balle je lui emporte l'une de ses boucles de cheveux. C'en fut assez pour faire décamper tout le monde, à l'exception de ma servante qui ne m'abandonna pas, et qui me fit boire autant d'eau que je voulus. Le quatrième jour, j'étais parfaitement rétabli. Mon aventure amusa tous les oisifs de Vienne pendant plusieurs jours. »

GUÉRIS-MOI OU MEURS AVEC MOI

La belle Austrigilde, femme de Gontran, roi d'Orléans, demanda en mourant que les deux médecins qu'elle accusait d'avoir causé sa mort fussent enterrés avec elle : ce qui fut exécuté.

HENRI HEINE MALADE

Gruby, appelé en consultation chez Henri Heine, diagnostiqua un commencement d'affection de la moelle épinière. On ne l'écouta pas. Douze ans se passent ; nouvelle demande de consultation. « Ah ! docteur, que ne vous ai-je écouté ! » s'écrie Heine en le voyant. Malgré ses souffrances atroces, le poète avait conservé son esprit si aigu. Gruby lui ayant répondu qu'il en avait encore pour très longtemps : « Alors, sourit Heine, ne le dites pas à ma femme. » Et comme Gruby, voulant se rendre compte du degré de paralysie de ses muscles, lui demandait s'il pouvait siffler, il affirma : « Pas même la meilleure pièce de Scribe. »

Une forme originale de la préciosité, c'est l'intérêt que les belles dames affectent ou portent aux choses chirurgicales, aux opérations les plus graves. Il faut entendre les mots d'hystérectomie, de laparotomie, d'ovariotomie et autres, sortir de jolies lèvres ; il faut voir nos élégantes se presser autour des médecins et chirurgiens, assez nombreux, qui daignent fréquenter les salons, les écouter avec un petit frisson d'inquiétude ; quelques-unes même assistent aux cours, et, sous prétexte de Croix-Rouge, beaucoup poussent assez loin leurs études. Mais cela est-il particulier à notre époque ? Et les femmes du XVIIe, du XVIIIe siècle, imitatrices elles-mêmes des châtelaines du moyen âge, ne jouent-elles pas ici le rôle de précurseurs ? Je me rappelle ce trait assez probant. Un fameux chirurgien m'avait autorisé à conduire quelques personnes à sa clinique, où il devait exécuter quatre opérations difficiles ; j'invitai quatre dames et quatre messieurs ; ceux-ci se dérobèrent, aucune des dames ne manqua, et elles supportèrent toutes les émotions d'une séance qui dura près de trois heures.

« Ce sont les vrais souverains de notre société égrotante et inquiète, affirme M. Octave Uzanne. Ils règnent despotiquement sur notre chair passive et dommageable dont ils réparent les désordres ou reconstituent la plastique. Vis-à-vis d'eux notre humanité se fait humble, et, malgré les immortels principes, se reconnait et s'avoue taillable à merci... Ce sont les maîtres du marché de nos souffrances physiques ; ils règlent les lois de la demande pour les travaux dont ils sont les virtuoses. Aussi, à l'exemple des grands financiers d'outre-Océan, sont-ils syndiqués en une sorte de trust formidable et inattaquable, un *trust de l'acier*, qui nous menace et nous domine sans cesse. Les chirurgiens se sont créé, dans la société parisienne, des chapelles dont ils sont les divinités ; chacun a ses fidèles, ses apôtres, ses zélateurs. On se les recommande avec enthousiasme; les femmes surtout en parlent avec une émotion particulière, car ces écuyers tranchants exercent généralement une indéniable influence hypnothérapique sur leur centre nerveux qui vibre au chirurgien comme au confesseur... »

Ah ! si tous les clients raisonnaient comme la Palatine, seconde femme du frère de Louis XIV : « ...Quand on lui présenta son médecin, elle dit qu'elle n'en avait que faire, qu'elle n'avait jamais été ni saignée, ni purgée, et que, quand elle se trouvait mal, elle faisait deux lieues à pied, et qu'elle était guérie. »

Quelques définitions cueillies dans le journal *la Nouveauté*, journal rédigé en 1825 par Brucker, Michel Masson, Garnier-Pagès aîné, Dupeuty, Villeneuve, Cavé, Vulpian, Desforges.

MÉDECINE

Science noyée dans un déluge de mots où surnagent quelques faits épars ; sorte d'astrologie judiciaire appliquée au corps humain ; labyrinthe inextricable d'observations contradictoires, espèce de jeu à pile ou face de la vie des hommes ; méthode savante de tuer un malade avec le même remède qui aura servi à en guérir un autre ; charlatanisme exercé de bonne foi par des hommes fort instruits dans la physique, la chimie, l'anatomie et l'histoire naturelle.

MALADE

Matière première de l'industrie médicale. — Laboratoire vivant de chimie pharmaceutique. — Homme qui paie pour qu'on lui débite des fariboles, qu'on établisse des expériences sur ses organes, qu'on lui fasse avaler du demi-poison jusqu'à ce que la nature l'ait guéri, ou que les remèdes l'aient tué...

CORBILLARD

Malle-poste de la médecine, portant de ses nouvelles à l'autre monde, et n'en rapportant jamais.

QUELQUES RÉFLEXIONS SUR ET A PROPOS DE LA MÉDECINE

« Quand une femme est arrivée au moment où l'essai de ses robes ne lui prend plus tout son temps, où l'amour ne l'amuse plus, où la religion ne s'en est pas emparée, elle a besoin de s'occuper d'une maladie, et d'occuper un médecin de sa personne. »

Tout médicament est poison, et tout poison médicament, qu'il soit aliment ou médicament (Dr Boix).

Leibnitz : « Deux choses surtout devraient préoccuper

l'homme : la morale, qui apprend à diriger la vie ; la médecine, qui apprend à la conserver. »

Le Méphistophélès de Gœthe : « L'essence de la médecine est facile à concevoir. C'est une science qui approfondit le microcosme et le macrocosme, pour, enfin, laisser aller toutes choses comme il plaît à Dieu. »

On présentait à Claude Bernard une grenouille et un crapaud préparés sur des linges. « La musculature de la grenouille, remarqua le savant, fait songer à Canova ; celle du crapaud, à Michel-Ange. »

Quelques échos de conversations médicales, cueillies dans le *Journal des Goncourt :*

« On se demandait dans un coin de notre table de Brébant comment on pourrait remplacer plus tard, dans la cervelle française, les choses poétiques, idéales, surnaturelles, la partie chimérique que met dans l'enfance une légende de saint, un conte de fée. De sa rude voix de gendarme du matérialisme, Charles Robin s'est écrié : « On y mettra Homère ! » Non, très illustre micrographe, un chant de l'*Iliade* ne parlera pas à l'intelligence de l'enfant comme lui parle une histoire bêtement merveilleuse de vieille femme, de nourrice. C'est ce même Robin qui, atteint d'une maladie de cœur, et surpris de s'en aller de la vie par une autre maladie, murmurait, en expirant, ces seuls mots : « Apoplexie ! Curieux ! »

Claude Bernard, pendant le délire qui précède son agonie, ne répète qu'un seul mot : « F...tu ! F...tu ! »

La prophétie brutale d'un médecin à une mère dont il ausculte les enfants : « Trois générations de Parisiens, dites-vous? Eh bien! vous n'élèverez pas vos enfants! »

Un grand chirurgien termine une effroyable opération. L'interne de service salue de la main, et contemplant tour à tour ce qui reste et ce qui a été retranché du patient, interroge : « Quel est le morceau qu'il faut rapporter au lit ? »

LE SECRET MÉDICAL

A propos de l'*Évasion*, de Brieux, M. Jules Claretie émet de pénétrantes réflexions sur cette terrible question du secret médical.

« Le médecin guérit rarement, soulage quelquefois, mais il console toujours, » fait dire, à un vieux médecin de Caen, M. Brieux dans sa pièce.

« Consoler, c'est beaucoup, mais la science soulage aussi, et, à dire vrai, elle sauve souvent. On pourrait se demander si ce n'est point par une variété d'un sentiment d'ingratitude que le public aime, depuis et avant Molière, à entendre médire des médecins... C'est qu'on ne leur pardonne pas de n'avoir pu supprimer la mort... « Les médecins ne savent rien, » c'est la parole de l'homme guéri, le *post-scriptum* de la maladie.

« Ils savent beaucoup, s'ils ne savent pas tout, et les plus grands savent, avant toutes choses, ce qui leur reste à savoir. Ils ont endormi, supprimé la douleur, augmenté la moyenne de la vie humaine. Ils disputent à la mort, au péril de leur propre existence, les existences humaines. Ils font de la vie dans les charniers de l'amphithéâtre, ils en trouvent dans les poisons qui tuent.

« Ce qu'on peut leur reprocher, — à quelques-uns du moins, — c'est de manquer de pitié. Un médecin ne saurait pleurer, sans doute, au chevet de ses malades, mais à ses ordonnances quelle douceur lorsqu'il ajoute une bonne parole !... J'aime les médecins qui sont les soldats de la vie, font journellement campagne, se lèvent la nuit pour courir au chevet des mourants. On les raille, je le répète, et on les respecte pourtant parce qu'on les redoute. Il y a eu comme un sentiment de féroce ironie dans cette triste constatation amenée par l'affaire des Dr Boisleux et de La Jarrige : que des médecins pouvaient être poursuivis, accusés d'un crime. Eh ! pardieu, les médecins sont des hommes, et les hommes ont leurs vilenies et leurs vices. Castaing, l'homme de la *Tête Noire*, et La Pommerais, furent des docteurs.

« Votre bouche ne révélera jamais ce que vos yeux auront vu, ce que vos oreilles auront entendu, » disait Hippocrate il y a deux mille trois cents ans.

« Je sais des gens qui refusent aux médecins le fameux droit au *secret médical* qui est un des problèmes les plus poignants de notre vie moderne... On a beau avoir cherché à résoudre le problème, il est toujours, par certains côtés, insoluble. Il y a longtemps que M. Hémar, docteur en droit, alors substitut du procureur général, étudiait, devant la Société de médecine légale de Paris, la question qui émut si profondément alors les gens de science et les gens de loi :

« *Dans quelles conditions le médecin est-il tenu de révéler un crime? Dans quelles conditions doit-il en garder le secret?*

« L'article 378 du Code spécifie que les médecins doivent se taire « hors les cas où la loi les oblige à se porter dénonciateurs ». Des questions comme celle-ci avaient été posées et traitées par M. Hémar :

« Le médecin doit-il déclarer à la justice un empoisonnement ou tout autre crime qu'il voit commettre sous ses yeux ?

« Le Code d'instruction criminelle dit que toute personne *témoin* d'un *attentat* doit le dénoncer. Le Code de conscience des médecins répond que non.

« Combien de drames intimes, de *tempêtes sous un crâne*, dans cette question du secret médical ! L'assurance sur la vie, par exemple, force le médecin à donner son opinion, à livrer son secret sur la maladie même du malade. La Compagnie d'assurances n'assure que si le docteur conseille. Et, s'il ne conseille pas, il révèle l'état de santé. Faut-il donner ma fille à cet homme ? demande un père à un médecin. Le médecin connaît les tares personnelles ou héréditaires de l'homme. Que doit-il faire ?

« ...Le devoir civique peut se trouver opposé au devoir médical. Un médecin peut se trouver dépositaire du secret d'un crime d'État, plus terrible qu'un infanticide. Et l'éternelle question se pose, terrible, déchirante, sinistre : Que faire ? »

« Le droit de punir peut abdiquer. Le devoir de se taire subsiste, répondent la plupart des docteurs.

« La dénonciation du crime par l'homme de l'art est une trace des mœurs sévères d'autrefois. Les maîtres chirurgiens étaient tenus d'avoir boutiques ouvertes, et de déclarer les « blessez au commissaire du quartier ». L'infirmier ou administrateur des hospices de même. (Édit du roi, de décembre 1666.) Cent ans après, les règlements subsistaient. En 1778 : « Enjoignons aux maîtres en chirurgie d'écrire les noms, surnoms, qualités et demeures des personnes qui seront blessées, soit de nuit, soit de jour, et qui auront été conduites chez eux pour y être pansées, ou qu'ils auront été panser ailleurs, et d'en informer incontinent le commissaire du quartier. »

« ...Mais quoi ! l'Assemblée constituante elle-même n'avait-elle point déclaré que « la dénonciation civique n'est pas une délation » ? Elle ajoutait même, cette libérale Assemblée : « La lâcheté est de ne pas dénoncer »...

Sur ce problème du secret professionnel, la conscience médicale aux États-Unis se montre beaucoup moins absolue que la conscience médicale en France.

A côté de ces pages, je voudrais placer quelques fragments d'une lettre du D\ Henri de Rothschild, un milliardaire d'argent et d'esprit, d'activité intelligente et de généreuses initiatives. Restaurants populaires, hôpitaux, cités ouvrières, laiteries et comptoirs où les travailleurs trouvent à bon marché du lait pur, des vins loyaux faits avec du raisin et du soleil, Rothschild crée tout ce qui peut légitimer une grande fortune ; il compose des traités savants, entreprend, réussit des cures difficiles, et ne néglige pas non plus l'agrément, car il écrit aussi des comédies et des nouvelles, collectionne des livres rares, des objets d'art, et les chasses de l'Abbaye des Vaux de Cernay figurent parmi les plus célèbres de France, par la splendeur de l'hospitalité, l'entente des moindres détails, la quantité du gibier, la courtoisie raffinée des amphitryons. Pourquoi ne pas le dire? car ce trait rentre dans une histoire des mœurs polies, et pourrait servir d'exemple aux Mécènes anglais, notamment : les invités s'efforceraient en vain de faire accepter un pourboire aux gardes et serviteurs de l'Abbaye : la défense est formelle et observée avec un zèle qui fait honneur aux maîtres de céans et au personnel.

« Voici ce que m'écrit Henri de Rothschild sur ces redoutables questions du secret et de la responsabilité :

« Tout ce qu'un malade nous dit, et tout ce que nous pouvons apprendre par les renseignements scientifiques que nous fournit son examen, est secret et confidentiel. Aucune puissance morale ou matérielle ne peut nous autoriser à révéler ce qu'un malade nous a dit, ou ce que nous avons appris par le seul fait que nous pouvons établir un diagnostic. On nous demande souvent d'examiner un homme ou une femme qui se présente pour occuper un emploi dans une maison. Le médecin, en déclarant que le postulant est malade ou dangereux, trahit-il le secret professionnel? Nullement, car l'individu qui consent à se faire examiner par un médecin en vue d'être admis dans une famille, autorise de ce fait le médecin à s'exprimer en toute franchise...

« ...Un père de famille est atteint d'avarie, le médecin a le devoir de le lui dire, mais il ne doit en informer ni sa femme ni ses enfants ; et, si ce père de famille ne prend pas d'infinies précautions, tous les siens peuvent être contaminés. Un mari malade peut, sans qu'il soit possible au médecin d'intervenir, contaminer sa femme. Est-ce juste ? Évidemment, il serait préférable que l'on pût, dans certains cas, en avertissant les uns, éviter d'infecter les autres. Mais le médecin n'est pas infaillible. Un grand nombre de questions peuvent être soulevées, questions d'intérêt, de sympathie, de vengeance, sans compter les erreurs que l'on peut toujours commettre.

« En résumé, dans quelques cas, le secret professionnel peut être la cause de certains accidents ; s'il n'existait pas, on aurait à déplorer un bien plus grand nombre de malheurs. Le législateur a donc bien fait en choisissant entre deux maux le moindre.

« Il en est tout autrement de la conscience médicale. Celle-ci n'est qu'une question d'appréciation. Le certificat de docteur en médecine permet au titulaire d'exercer librement et sans contrôle son art : il lui permet surtout de se tromper. *Errare humanum est :* aucune pensée ne s'applique plus justement au médecin. Vous avez une fièvre typhoïde, votre médecin croit que c'est une bronchite, et il vous traite pour la bronchite. Il fallait vous adresser à un autre, moins ignorant. Le médecin refuse-t-il une consultation que le malade ou sa famille proposent, on peut passer outre et changer de médecin ; on ne le fait pas, en général, par scrupule,

et à tort. Tout médecin doit accepter la consultation, à
la condition toutefois que le médecin consultant possède
une réputation professionnelle parfaite. Un médecin
peut traiter le malade par des moyens qui ne sont pas
les plus rapides, les meilleurs, dans le but d'augmenter
le nombre de ses visites... Il peut aussi conseiller une
opération qui n'est pas indiquée, et cela pour gagner
une grosse somme. Là encore la conscience du médecin
entre en jeu...

« Ne poursuit-on pas un médecin qui s'est trompé, qui
fait une opération dans de mauvaises conditions?...
Oui, et les malades obtiennent souvent des indemnités.
Mais ces procès sont fort délicats ; souvent on nomme
des experts qui hésitent à se prononcer, toujours à
cause du diplôme qui confère le droit d'exercer la médecine. Il y a cependant des circonstances où la faute
est manifeste, impardonnable, et le tribunal alors se
montre fort sévère.

« Voici des cas bien troublants, et que je soumets à
votre méditation. Il y a une dizaine d'années, le professeur P..., qui pendant très longtemps avait été l'adversaire du grand Pasteur, n'admettait pas que les maladies se transmissent par les microbes pathogènes.
Les maladies n'étaient pas contagieuses, disait-il. Il
était de très bonne foi, car il avalait, sous forme de
cachets, des excreta qui auraient pu lui transmettre
fièvre typhoïde, scarlatine, diphtérie. Il eut la chance
de ne pas être atteint. Il n'isolait pas les malades con-
tagieux de ceux qui ne l'étaient point.

« Autre exemple. Un chirurgien de l'ancienne école,

M. D..., mort il y a trois ou quatre ans, exerçait sa profession de chirurgien non seulement en ville, mais à l'hôpital de la Charité. Ne croyant pas aux méthodes pasteuriennes, il ne faisait pas stériliser ses instruments, n'employait ni pansements stérilisés ni produits antimicrobiens. La mortalité dans son service était énorme, et les malades avaient une crainte terrible d'être soignés ou opérés par lui. Il était également de bonne foi, et il le prouva en accouchant dans des conditions antihygiéniques sa propre fille, qui contracta la fièvre puerpérale ; celle-ci guérit grâce à l'intervention du professeur P... M. D... ne consentit jamais à changer sa méthode. Aucune force scientifique ou administrative ne put lui enlever son service d'hôpital, où il fit mourir un très grand nombre de personnes de par ses idées antipasteuriennes.

« Encore aujourd'hui, à ***, le professeur de médecine infantile au grand hôpital d'enfants ne croit pas à l'efficacité du sérum antidiphtérique; il ne s'en sert point. La mortalité dans son service est de 60 pour 100, alors qu'elle n'est que de 5 ou 7 pour 100 à Paris, à Londres et à Berlin...

« La conscience du médecin est en quelque sorte liée à son éducation, à son intelligence et à son honnêteté. Quand la bonne foi n'y est plus, le médecin devient un véritable monstre, et, il est triste de le dire, notre profession en compte quelques-uns, comme toutes les professions...

« Je crois, conclut mon correspondant, que l'on pourrait employer, pour résoudre cette question de conscience médicale, la formule suivante : « Fais aux autres ce que tu voudrais que l'on te fît dans un cas semblable. »

Rappelons que le professeur Delpech, de Montpellier, fut assassiné par un avarié qui ne voulait pas renoncer au mariage avec la fille d'un très intime ami du docteur. Celui-ci le prévint qu'il avertirait ce dernier malgré le secret professionnel. « Je me vengerai, » menaça l'avarié, et, le lendemain même, au moment où Delpech gravissait les marches de l'Hôtel-Dieu pour prendre son service, il tombait mortellement frappé d'une balle. Traduit en cour d'assises, le meurtrier fut acquitté (1).

Cependant le Dᵣ Delpech n'a pas manqué d'imitateurs : on m'en a cité un qui menaça le fiancé impuissant de le souffleter devant la famille de la fiancée s'il persistait. Un illustre praticien m'a conté, sans nommer les masques, l'histoire d'un avarié qui envoyait à sa place un ami pour subir la visite médicale exigée par le père de la jeune fille ; le mariage se fait, la jeune femme accouche d'un enfant mort, meurt elle-même quelques jours après, et à son lit d'agonie, le praticien trouve le mari véritable, l'avarié, qu'il n'avait jamais examiné. Et

---

(1) Brouardel : *Le Secret médical.* — Charles Valentino : *Le Secret professionnel en médecine.* — Véressaïef : *Mémoires d'un médecin,* traduits par S.-M. Persky, un v. Perrin. — Hémar : *Le Secret médical,* Annales d'Hygiène, 2 mai 1889. — Bruno-Lacombe : *Le Secret professionnel en médecine.* — Gaide, *Gazette des Hôpitaux,* 1883. — Henri Cazalis : *La Science et le mariage,* Paris, 1900. — G. Morache : *La Profession médicale, ses devoirs, ses droits,* 1900. — Lavarenne : *La Nouvelle loi sanitaire, Presse médicale* du 22 décembre 1900.

il gardait le silence. De tels crimes sont fréquents, et les parents ne sauraient s'entourer de trop de précautions.

Le professeur Brouardel suggère ce moyen de tourner la loi tout en ayant l'air de la respecter :

« Un jour, il m'est arrivé de faire rompre un mariage en éveillant les préoccupations financières du père de la fiancée. Le futur gendre avait la syphilis, je n'étais pas sûr de le convaincre et d'arrêter le projet d'union; sa carrière dépendait de son futur beau-père, les familles avaient conclu plus que lui-même. Je ne pouvais arrêter les démarches de sa propre famille sans révéler le secret de mon malade. Je fis remarquer au père de la fiancée que son gendre n'apportait que les espérances d'une belle carrière, qu'il y avait lieu de demander au futur de contracter une assurance sur la vie proportionnée à la dot de la jeune fille. Le père de celle-ci accepta, il exposa sa volonté en ce sens. Le jeune homme ne voulut pas se soumettre à une épreuve dont il ne pouvait ignorer l'issue : le projet fut rompu. » Brouardel ajoute en note : « Après avoir lu ce passage dans les *Annales d'hygiène,* un docteur de Paris m'écrit et me fait remarquer que, contrairement aux règles que j'établis, j'ai, dans ce cas, non pas livré le secret de mon client, mais trahi sa confiance en faisant rompre son mariage et en utilisant son secret au profit d'autrui. Je ne le nie pas, mais... »

Brantôme rapporte que son convive, le célèbre chirurgien Legrand, un peu ému par la boisson, fit des contes très salés, nommant ses clients sans vergogne, décrivant par le menu leurs pires misères. Tout d'un coup, neuf heures sonnent, et il se lève en grande hâte, car il venait d'oublier six ou sept malades. Et comme le baron de Vitteaux le félicitait ironiquement : « Oui, oui, reprit Legrand d'un air mystérieux, nous en savons, en faisons de bonnes, car nous savons des secrets que tout le monde ne sait pas, mais ast'heure que je suis vieux, j'ay dit adieu à Vénus et à son enfant. Meshuy je laisse cela à vous autres qui estes jeunes. » Ce qu'ayant dit, il quitta la compagnie et courut confesser d'autres clients.

Journal de L'Estoile : « Le père de l'évêque d'Angers était Marc Miron, seigneur de l'Hermitage, premier médecin du roy Henri III. Certains seigneurs de la Cour qu'il avait traités de quelques maladies secrètes l'avaient mal payé : pour s'en venger, il publia la chose, ce qui le fit chasser de la Cour en 1588. »

Ceci semblerait prouver que les médecins d'autrefois respectaient médiocrement le secret professionnel.

Le secret professionnel ordonné par le Code pénal et sanctionné aussi par le Code civil (art. 1382) comporte diverses exceptions : le médecin expert près les tribunaux qui s'introduit dans les familles, par ordre, sans avoir été appelé, et ne reçoit aucune confidence ; le médecin près les Compagnies d'assurances, mais ici il y a en quelque sorte contrat tacite, le candidat accepte d'avance le résultat de l'enquête, il dit ce qu'il croit devoir dire, et le médecin devine, s'il peut, le reste. De plus, la loi du 30 novembre 1892 oblige le médecin à déclarer les maladies épidémiques qu'il constate : fièvre typhoïde, typhus, variole, scarlatine, diphtérie, suette militaire, choléra et maladies cholériformes, peste, fièvre jaune, infections puerpérales lorsque le secret au sujet de la grossesse n'aura pas été réclamé, ophtalmie des nouveau-nés : loi assez mal observée, paraît-il, parce que les médecins y voient une violation du secret professionnel, et, dit Labbé, la jugent « en opposition avec leurs intérêts. »

En dehors de ces cas, la règle du secret professionnel semble absolue, car « nul n'est assez sûr de lui-même pour mettre sa conscience à la place de la loi. » Un arrêt de la Cour de cassation, rendu en 1885, va jusqu'à punir toute révélation, sans qu'il soit nécessaire d'établir à la charge de celui qui révèle l'intention de nuire... « Attendu qu'en imposant à certaines personnes, sous une sanction pénale, l'obligation du secret, comme un devoir de leur état, le législateur a entendu assurer la confiance qui s'impose dans l'exercice de certaines professions, et garantir le repos des familles qui peuvent être amenées à révéler leurs secrets par suite de cette confiance nécessaire ; que ce but de nécessité et de protection ne serait pas atteint si la loi se bornait à réprimer les révélations dues à la malveillance en laissant toutes les autres impunies ; que le délit existe dès que la révélation a été faite avec connaissance, indépendamment de toute intention de nuire... »

Le Dr Charles Valentino et d'autres confrères sont partis en guerre contre le secret médical : ils invoquent fortement l'intérêt social, l'intérêt des familles ; leurs arguments sont spécieux, et cependant, je l'avoue, ils ne me semblent pas probants. Les médecins se trompent trop souvent pour qu'on n'hésite pas quand il s'agit d'accroître leur omnipotence, omnipotence d'autant plus formidable qu'elle a des raisons fort légitimes, sans parler de cette franc-maçonnerie morale qui fait de la corporation une sorte d'église presque infaillible. Ainsi donc, je demeure partisan attristé, mais convaincu, du secret ; j'approuve cette formule des statuts de la Faculté de médecine de Paris au xvi⁰ siècle :

Ægrorum arcana, visa, audita, intellecta, eliminet nemo ;

et cet article 378 du Code pénal : « Les médecins, chirurgiens et autres officiers de santé, ainsi que les pharmaciens, les sages-femmes et autres personnes dépositaires, par état ou profession, des secrets qu'on leur confie, qui, hors les cas où la loi les oblige à se porter dénonciateurs, auront révélé ces secrets, seront punis d'un emprisonnement de un mois à six mois, et d'une amende de 100 à 500 francs. »

Accorder au médecin un droit de veto sur les mariages, introduire dans les mœurs le billet de confession laïque sous forme d'un certificat de bonne santé, n'est-ce pas une entreprise fort dangereuse, et qui rappelle les prétentions de l'État socialiste, voulant régler la nourriture, le travail, l'amour, la pensée, le sommeil, toutes les actions et inactions de ses serfs ?

LA RESPONSABILITÉ MÉDICALE

Elle existe devant la loi, devant la morale, l'honneur, et c'est fort heureux. Les magistrats ont parfois une lourde tâche quand il s'agit de faire le départ entre les plaintes des clients et les prétentions des médecins : le président de la cinquième Chambre correctionnelle, un peu agacé sans doute par certaines affirmations, vient, dans une affaire toute récente (juillet 1907), de définir assez sévèrement les principes de la responsabilité professionnelle. Il s'agissait d'une appendicite que le praticien avait soignée par l'application d'une poche de glace sur le ventre de sa cliente, mais en négligeant de prescrire l'interposition d'une flanelle ou d'un linge entre la poche de glace et l'abdomen ; d'où brûlures qui se transformèrent en escarres et demande de 50,000 francs à titre de dommages-intérêts. L'expert commis par le parquet conclut que, s'il y a faute, il y a faute médicale et nullement faute relevant de la loi. Les autres médecins se prononçaient pour l'accusé, et voici un bout de dialogue entre le président de la Chambre et le Dr Dieulafoy.

Celui-ci déclare avec chaleur qu'il est à la barre, non pour défendre le Dr Cormon, mais pour défendre la Faculté tout entière, qu'il est de bon ton aujourd'hui d'attaquer partout.

Le rapport de l'expert, dit-il, est bon dans le début, faux dans les conclusions, et il le démontre longuement.

Le Président. — Pardon, mais ce n'est pas une déposition, c'est un plaidoyer que vous faites. Je vous répondrai que la médecine est une profession et que, comme toutes les professions, elle est soumise à des règles, et il n'est pas possible que l'obtention d'un diplôme de docteur puisse mettre un homme au-dessus de ces règles.

Le Dʳ Dieulafoy. — Je ne relève que de ma conscience.

Le Président. — Et du Code pénal.

Le Docteur. — Oh !

Le Président. — Pardon ; du moment qu'un docteur néglige des précautions élémentaires, il est aussi exposé à être traduit ici que le simple conducteur d'omnibus qui écrase quelqu'un. C'est un tort de dire que les docteurs sont au-dessus de l'action publique.

M. Dieulafoy affirme que le Dʳ Cormon a fait tout son devoir et soigné la malade selon toutes les règles.

D'ailleurs le Dʳ Cormon fut acquitté, et les considérants de l'arrêt semblent fort raisonnables.

Attendu qu'il importe d'abord de rappeler et de préciser les principes de la responsabilité incombant aux médecins dans l'exercice de leur profession ;

Que cette responsabilité résulte des articles 319 et 330 du Code pénal qui, dérogeant aux règles générales en matière pénale d'après lesquelles un crime ou délit n'existent pas sans l'intention coupable, ont, en raison de l'intérêt supérieur s'attachant à la conservation de la vie et de la santé humaines, substitué à l'intention coupable comme élément constitutif du délit la simple imprudence, l'inattention, la maladresse ou l'inobservation des règlements de police;

Qu'on ne saurait toutefois, sans dépasser l'intention du législateur et sans mettre en péril l'intérêt qu'il a précisément voulu sauvegarder, inculper les personnes pratiquant l'art de guérir en raison de tout agissement ayant occasionné un préjudice au malade, ce qui aurait évidemment pour résultat de détruire toute initiative et toute liberté dans le traitement des malades et les opérations présentant des risques;

Qu'il convient donc de reconnaître que pour observer une juste mesure :

1° La simple application de théories ou de méthodes médicales sérieuses, appartenant exclusivement au domaine de la science et de l'enseignement, ne doit pas entraîner de responsabilité pénale;

2° L'inobservation des règles générales de prudence et de bon sens auxquelles est soumis l'exercice de toute profession, la négligence accentuée, l'inattention grave, l'impéritie inconciliable avec l'obtention du diplôme exigé du médecin pour qu'il soit autorisé à pratiquer son art, peuvent et doivent au contraire entraîner cette responsabilité;

Attendu que, dans ces conditions, les agissements reprochés au prévenu comme délictueux ne doivent pas être considérés comme justifiant une sanction pénale...

Voici un autre aspect de la responsabilité médicale, un aspect purement moral. Le médecin constate que la mort de son malade n'est qu'une question d'heures, de jours, de mois. Doit-il le dire au malade ? Doit-il le dire à la famille ? Ce problème si angoissant a fait l'objet d'une enquête médicale dans les colonnes du *Figaro;* la plupart des réponses tournent autour du mot de Pascal : « Les hommes n'ayant pu guérir la mort, la misère, l'ignorance, se sont avisés, pour se rendre heureux, de ne point y penser; c'est tout ce qu'ils ont pu inventer pour se consoler de tant de maux. » Presque tous estiment que le principal intéressé n'a pas droit à la vérité, mais qu'on peut le révéler à l'entourage dans une certaine mesure. Et ici, je serais bien tenté de répondre comme l'a fait avec force un de nos bons écrivains, M. Henry Bordeaux...

« Combien de jours, dit-il, perdons-nous, tandis que toute notre ardeur à vivre se concentre, parfois, en quelques minutes conscientes ! Les dernières que nous vivons peuvent être les plus intenses. A elles seules, elles peuvent occuper dans notre existence une part considérable, si nous savons qu'elles sont les dernières. Elles gardent ce pouvoir prodigieux de résumer à elles seules tous nos jours écoulés, d'achever le dessein de notre vie, de terminer ses contours, de les préciser, quelquefois de les mettre en lumière. Elles laissent le loisir suprême de corriger des fautes, de remplir les plus impérieux devoirs oubliés, de rehausser le fond de la pensée coulant à la dérive dans nos passe-temps ordinaires. De quel droit nous les volerait-on ? C'est les voler, en effet, que de nous les abandonner dénuées de leur portée véritable. L'homme qui va mourir doit agir comme un homme qui va mourir, et non pas comme un homme assuré du temps. Vous croyez, vous, médecins, le soulager en lui cachant qu'il est en danger, vous lui ravissez toute une part de vie dont l'importance n'a jamais pu se mesurer en durée.

« Il usera ses dernières forces, cet homme, s'il a gardé son intelligence intacte, à deviner la vérité, à scruter des visages fermés, à interroger les pulsations de son pouls, les battements de son cœur. Il sera livré à tous les affres du doute, quand il a le droit de compléter sa vie en se préparant à mourir. De quel droit encore

décrétez-vous que sa succession matérielle le doit seu
préoccuper? Que savez-vous de sa pensée, de son âme,
de la vie future, de Dieu? Qui donc a résolu ces
questions? Et si vous les avez résolues pour vous-
mêmes, où prenez-vous l'autorité pour les résoudre au
nom des autres ? Ne vous chargez pas de responsabilités
inutiles. Chacun a les siennes, et c'est assez. Il ne vous
convient pas, à vous, de vous ériger en juges, de vous
demander si le mourant a oui ou non des affaires à
mettre en règle — il en peut toujours avoir que vous
ignorez — de chercher à votre gré un confident, et d'invoquer l'inhumanité, les cruautés. Ce qui est contraire
à l'humanité, c'est d'attenter à la vie en la déformant,
et c'est la déformer que d'en écarter la pensée de la
mort qui lui donne tout son sens. Une telle mort est le
complément indispensable d'une telle vie, et le rachat
d'une vie mauvaise. Oui, nous devons nous élever au-
dessus de la peur de la mort, et pour cela commencer
par voir la vie telle qu'elle est, afin de la vivre pleinement, courageusement, noblement. La peur de la mort
ne fait qu'un avec cette peur de vivre qui nous fait reculer devant les grands efforts, les audaces, les sacrifices que la vie peut exiger de nous. Un seul de tous
ces médecins l'a compris, et c'est sir John Fayrer,
membre de la Société royale de Londres et chef du
service sanitaire des Indes, qui a osé dire au milieu du
troupeau de ses collègues bêlant à la peur : « Une expérience de plus de soixante ans me fait vous déclarer
très nettement : *Je n'admets pas que la mort surprenne
un malade sans qu'il en ait été informé.* »

Je n'ajouterai qu'une remarque à ces réflexions éle-
vées. Les gens du xviie siècle se servaient d'une expression très heureuse pour exprimer l'acte de l'être humain qui se recueille et fait son examen de conscience,
avant de connaître le mot de la terrible énigme : *mettre
un intervalle entre la vie et la mort*. Il faut que le médecin
avertisse le malade, que celui-ci puisse mettre ordre à
ses affaires morales et matérielles.

Parmi les médecins universels par leurs goûts, leurs
tendances, leurs aptitudes, je veux citer Renaut, Delbet et Pozzi, gourmets de toutes les belles et bonnes
choses, qui semblent avoir le don d'ubiquité.

Fort érudit sur l'histoire des religions et des philoso-
phies, peintre sur porcelaine, sachant par cœur l'armo-
rial de France, passionné pour la sculpture de Rodin,
pour la peinture de Claude Monet, Renaut est grand ad-
mirateur de Baudelaire, de Leconte de Lisle, abonné à
toutes les revues indépendantes. Pozzi a une clinique,
un cours, fait tous les jours des opérations, écrit des
livres, exécute la besogne de quatre chirurgiens ordinaires. Mais il a la pudeur de son travail, ce dandysme
de ne pas l'étaler. Il a été sénateur, reste mondain avec
sélection, amoureux d'amitié, de belles conversations,
collectionneur très éclectique, se prenant à tout, charmant ceux qui l'approchent, même ses malades ; un mélange de huguenot et d'Italien de la Renaissance, la
tête d'un Médicis, l'âme d'un ami de Coligny, mais par-
fumée de grâce et de morbidezza souriante, un fer peint
en roseau, sphinx apparent dont l'énigme est exquise.
Ami parfait, il ferma les yeux de Mme Aubernon de Ner-

ville ; deux ans après, à un enterrement, il s'approche d'un autre intime, murmure : « Notre pauvre amie, nous ne lui parlerons plus ! » Et son interlocuteur voit deux grosses larmes couler le long de son visage. Dialecticien habile, doué d'une mémoire excellente, tour à tour éloquent, incisif dans la causerie, citant la Bible qu'il connaît à merveille, jalousé des hommes, et dénigré sans doute, parce qu'il a le talent, le succès, et que les femmes le trouvent charmant.

Pozzi rencontre à une messe de mariage une de ses amies qui ne l'avait pas vu depuis longtemps. Comme le défilé à la sacristie s'éternisait, un de ces défilés qui faisait dire à Dumas : Nous arriverons pour le baptême, Mme X... arrête le docteur : « Asseyez-vous donc un instant à côté de moi, on ne vous voit plus, nous causerons un peu. — Chère Madame, repart-il en souriant, il y a six ans que je ne me suis assis. » Et c'était presque vrai ; il est si occupé !

Un homme dont l'esprit, la bonté et le caractère égalent le talent, le professeur Landouzy, est un admirable observateur du cœur humain, et sa conversation, qui atteint souvent à la véritable éloquence, éclaire les questions qui se soulèvent devant lui. Que de fois je l'ai entendu, dans le salon de Mme B..., passer du doux au grave, de l'anecdote aux concours d'internat, de la plaisanterie aux problèmes d'atavisme, de responsabilité, d'avenir de la science ! Que de fortes pensées semées au hasard de l'improvisation ! Que de jolis souvenirs contés avec une discrétion du meilleur goût ! Que de fins aperçus ! Et quel dommage que la mémoire perde tout cela, comme le filet laisse passer l'eau! « On n'a jamais, nous disait-il un jour, que la santé et les enfants qu'on mérite. »

Il nous contait aussi le truc d'un dentiste américain peu scrupuleux. Comme beaucoup de dames ne se laissent endormir qu'en présence d'un médecin, il faisait entrer un client quelconque, l'appelait *docteur* pendant la séance, et marquait un louis de plus sur la note. En récompense, il faisait passer aussitôt après le docteur improvisé. — Et puis cette consultation et cette réponse : « Docteur, je suis bien malade ; j'ai mal aux nerfs ; enfin, je m'ennuie. — Mon Dieu, Madame, vous avez besoin de changer. — Oui, docteur, c'est cela. — Eh bien ! il faut faire voyager... votre mari. » — « Docteur, j'ai un chat dans la gorge. — Un chat? Il est impossible qu'il ne sorte de par les souris que vous avez sur les lèvres. »

Plein d'amour pour la science, mais d'un amour raisonné et raisonnable, Landouzy a maintes fois rompu des lances courtoises pour sa dame contre Ferdinand Brunetière, et la défense a été à la hauteur de l'attaque. C'est cette même science qu'il défendait dans ses cours, et l'on ne saurait trop reproduire ces paroles :

« Quand on viendra vous répéter que c'en est fini, dans les temps à venir, du rôle du médecin, répondez hardiment que nous pensons, nous, que ce rôle commence.

« Dites que le scepticisme des gens du monde en matière de médecine et de médecins ne dure jamais que ce que dure leur santé; dites-vous bien, Messieurs, que la société de cette fin de siècle, dans laquelle vous êtes appelés à pénétrer, est trop utilitaire pour ne pas devenir clairvoyante. Causez avec les esprits forts de cette société, vous vous apercevrez — en dépit qu'ils en aient de plaisanter la médecine et les médecins — qu'ils en arrivent à nous reconnaître quelque mérite, et qu'elle est légitime, la place de plus en plus grande que nous prenons dans le monde. C'est que, Messieurs, le public qui regarde, qui voit, qui sait, se prend à penser aussi juste que l'auteur du *Discours sur la Méthode* quand il écrivait il y a trois siècles :

«... Principalement aussi pour la conservation de la santé, laquelle est sans doute le premier bien et le fondement de tous les autres biens de cette vie, car même l'esprit dépend si fort du tempérament et de la disposition des organes du corps, que s'il est possible de trouver quelque moyen qui rende communément les hommes plus sages et plus habiles qu'ils n'ont été jusqu'ici, je crois que c'est dans la médecine qu'on doit le chercher. »

Dans une brillante leçon d'ouverture du *Cours de Thérapeutique,* en 1893, Landouzy prévoyait ironiquement le médecin automatique qui nous est arrivé par le dernier bateau de New-York.

« Allons-nous voir, pour peu que les choses aillent jusqu'à l'absurde, allons-nous voir, avant qu'il soit longtemps, la thérapeutique desservie par de véritables distributeurs automatiques, dont les boutons, pressés en ordre alphabétique, donneront au mot *cœur* des granules de digitaline ; *névralgie,* des pilules d'aconitine ;

phtisie, de la créosote; au mot *pneumonie,* du kermès assorti à l'inévitable vésicatoire : ce qui, vous dirait le professeur Laboulbène, nous ramènerait à mille trois cents ans en arrière, aux temps hippocratiques, à l'époque où, la thérapeutique étant toute symptomatique, les malades venaient, sur les murs des temples d'Esculape et d'Hygie, lire, à côté de la description des maladies, l'indication des remèdes et des secours employés ?... »

Landouzy, avec le concours du Dr Carron de La Carrière, a organisé depuis sept ans des *voyages d'études médicales,* auxquels prennent part cent à cent cinquante médecins, doctoresses, étudiants en médecine : ces voyages ont un triple but : humanitaire, patriotique, scientifique, et font bien connaître aux docteurs français et étrangers les stations où ils envoient leurs malades. Chaque année, on visite une région nouvelle ; le voyage a lieu dans la première quinzaine de septembre, et permet d'étudier douze à quinze stations, sans négliger les promenades pittoresques qui jouent leur rôle dans les cures. Landouzy est ici premier ministre, leader, général en chef : après chaque visite de thermes, il fait une conférence, où, avec une rare lucidité, il décrit les vertus des sources, maintenant ainsi l'unité de vues, de direction. Son dévouement, son talent, lui ont concilié l'admiration reconnaissante de ses compagnons. « Voilà cinq ans que je voyage avec lui, me disait l'un d'eux ; il fait parfois deux conférences par jour, improvise un toast le matin, un toast le soir, et ne se répète jamais. » Point n'est besoin de dire quels services rendent de tels voyages : ils font apprécier nos stations françaises, diminuent le courant qui entraîne les gens du monde vers d'autres pays, favorisent l'importation de l'étranger. » Guillaume II en a été si frappé qu'il a voulu, dès la troisième année, qu'on imitât en Allemagne le professeur Landouzy.

On pourra plaisanter à l'infini sur la médecine, paraphraser la boutade du journaliste : « Tout ce qui tue est à hauteur en France, l'armée et le corps médical. » Ils tuent moins qu'ils ne conservent, ils empêchent d'être tué ; la moyenne de la vie humaine a augmenté de dix ans grâce aux médecins, et l'instinct, le sentiment, la raison, faibles et puissants, riches et pauvres, gens du monde et gens du peuple vont à eux comme à la fontaine de Jouvence dont ils réalisent petit à petit le miracle. On a dit que ce n'est plus le bourreau de Joseph de Maistre, que c'est le médecin aliéniste qui est devenu la pierre angulaire de l'histoire et des sociétés modernes. D'autres enthousiastes proclament que les médecins nous refont une morale, une philosophie, une hygiène, une littérature : mais ne confondent-ils pas la partie avec le tout, un acte avec une pièce entière, le musicien avec l'orchestre, la compagnie avec le régiment, le fini avec l'infini ?

———————

L'AMOUR AU XVIIIᵉ SIÈCLE

Le xviiiᵉ siècle est un siècle calomnié, qui vaut mieux que sa réputation et que ses actes : siècle d'autant plus calomnié qu'il a pris soin de se charger lui-même, et que la calomnie a revêtu l'autorité de la chose jugée, par la complicité des humoristes et des sceptiques, par le consentement universel des ignorants toujours empressés à répéter les formules générales qui dispensent de réfléchir, d'aller au fond des choses.

Par exemple, si l'on demande ce qu'il a connu de l'amour, des milliers de gens ne manquent pas de prononcer sur cette époque d'après les tableaux de Boucher, de Fragonard, d'après les anecdotes de Chamfort, les romans de Crébillon fils ou de Laclos. Du libertinage, de la galanterie sensuelle, des feux follets allumés par la vanité, le caprice, éteints bien vite par l'inconstance, ce que Plutarque appelle de *la peinture à l'eau,* en opposition avec l'amour indestructible qu'il nomme *peinture à l'encaustique,* cet émaillage athénien qui subsista neuf siècles en plein air, — voilà ce qu'ils lui accordent ; tout au plus un de ces attachements dont la durée atténue l'irrégularité, amitiés décentes, revêtues d'une sorte de mystère et d'ailleurs pleines de charme, qui corrigent les amertumes d'unions mal assorties, donnent l'illusion du bonheur conjugal, et, tolérées, respectées même par le monde, se légitiment souvent par un mariage. Et comment ne pas juger sévèrement ce siècle, lorsqu'on entend ses moralistes, ses philosophes fulminer eux-mêmes sa condamnation, lorsqu'on les voit donner l'exemple des faiblesses, de l'immoralité qu'ils reprochent aux accusés? Mlle de Lespinasse se lamentant d'avoir perdu la seule vertu qui lui restât, *la vertu de la fidélité;* la marquise de Mirabeau remettant à ses amants des certificats de ses relations avec eux; cette duchesse répondant à un vieil adorateur timide : « Que ne le disiez-vous? Vous m'auriez eue comme les autres; » celles qui, estimant que la constance est la chimère de l'amour, prennent leurs guerluchons par convenance, les gardent sans attachement et les quittent sans regret, les impies *à faire tonner,* les passionnées à faire rougir, les Mémoires du temps, l'orgie de la Régence, les vices de Louis XV, tant d'autres témoignages composant le plus formidable dossier, ont fourni la matière du terrible réquisitoire prononcé en 1789 contre l'ancien régime, répété sans cesse avec succès depuis cent dix-huit ans.

Les faits sont des courtisans commodes, ils démontrent presque toujours ce qu'on veut leur faire démontrer, se prêtent à toutes les hyperboles, se métamorphosent en pamphlets et en éloges, en satires et en apothéoses. Chacun de nous, du plus au moins, réédite à sa manière l'apologue du voyageur et de la femme rousse : très peu s'inquiètent de comparer, de tenir compte des exceptions, des arguments qui contredisent leur opinion. Sans aller jusqu'à nommer avec Michelet le xviiie siècle : le grand siècle, je trouverais aisément de quoi le célébrer avec vérité ; on a ramassé vingt mille faits contre lui, on peut en citer tout autant qui le réhabilitent et le magnifient. Tout ou presque tout n'est-il pas comparaison : la moralité, le bonheur, les défauts, la fortune, la civilisation ? Qu'on lise Retz, Saint-Simon, les historiens du xviie siècle, ses prédicateurs : la Cour et la ville retentissent de trop nombreux scandales ; seulement le vice alors est guindé, majestueux en quelque sorte et grandiose, et il bénéficie du prestige du lointain. Et les vices du xixe siècle, plus répandus peut-être, plus démocratiques et moins élégants, nous permettent-ils de le prendre de si haut avec ceux du précédent ? Oui, sans doute, il y a avant 1789 quelques milliers de personnes dont le plaisir est l'unique loi, dont les fantaisies avilissent les règles de la morale, qui considèrent le mariage comme un acte utile à la fortune, et comme un inconvénient dont on ne peut se garantir qu'en supprimant tous les devoirs, qui vivent dans un tourbillon perpétuel de corruption. Et malheureusement, elles remplissent de leurs aventures les mémoires, les oreilles de la foule : ce sont toujours les mêmes qui aiment, qui sont aimées, qui séduisent et qui sont séduites. Une partie de la noblesse de Cour, des abbés à bénéfices, quelques membres du haut clergé, certains couvents, vivent en dehors du devoir : mais dans la noblesse de province, dans la haute bourgeoisie, l'Église de France, l'armée et la magistrature, quelle dignité de mœurs, que de fortes vertus, quel respect des saines traditions ! Combien demeurent irréprochables, sans fracas, sans ostentation ! Combien ressemblent à cette amie de la princesse de Lamballe que le vicomte de Sérent courtisait, l'assurant qu'entre honnêtes gens la plus tendre amitié succède à l'amour ; elle lui répondit doucement : « Eh bien ! succédons dès aujourd'hui ; nous nous épargnerons les remords ! » Seulement les ménages heureux n'ont pas d'histoire, les travers de la société s'étalent au grand soleil, ses qualités restent cachées à l'ombre, et personne ne s'avisera d'énumérer les soupirants éconduits par une femme honnête, tandis qu'on commente avec empressement la moindre faiblesse, ou la simple hypothèse d'une faiblesse : deux pies dans un bois y mèneront toujours plus de tapage que trois cents tourterelles. Que dirait-on d'un Chinois qui prétendrait écrire notre histoire en étudiant seulement la *Gazette des Tribunaux* ? Combien font comme ce Chinois quand ils jugent leurs adversaires, quand ils accueillent les systèmes qui flattent leurs préjugés ou leurs rancunes !

Faisons cependant la partie belle aux critiques, et n'imitons point ces historiens qui exposent en trois lignes les objections et consacrent trois cents pages à l'apothéose. Convenons que dans un trop grand nombre de familles aristocratiques et même bourgeoises, le mariage est une indécence convenue, que, l'autorité paternelle s'exerçant d'une façon despotique (1), les en-

---

(1) « Mon père, interrogeait un jour le fils d'un président au Par-

fants, mariés au couvent, avant de s'être connus, appréciés, en appellent trop souvent de l'hymen à l'amour. Un exemple entre mille, le mariage du prince de Ligne raconté par lui-même : « Mon père me fait monter en voiture, me mène à Vienne... J'arrive dans une maison où il y avait quantité de jolies figures épousées ou à épouser : c'est ce que je ne savais pas. On me dit de me placer à côté de la plus jeune... Huit jours après j'épousai. J'avais vingt ans, ma petite femme en avait quinze. Nous ne nous étions rien dit. C'est ainsi que je fis ce qu'on prétend être la chose la plus sérieuse de la vie. Je la trouvai bouffonne pendant quelques semaines, et puis indifférente. »

Au milieu des fêtes données à cette occasion, un mauvais présage vint alarmer les parents : on avait imaginé, comme emblème, de réunir dans un feu d'artifice deux cœurs enflammés. La coulisse sur laquelle ils devaient glisser manqua : « Le cœur de ma femme partit, et le mien resta là, » dit le prince. Le contraire eût été plus prophétique ; son cœur allait, avec lui, faire le tour de l'Europe, car il ne se piquait guère de fidélité, n'aimant de l'amour que les commencements, chercheur éternel de l'éternel féminin, poussé sans cesse par son génie aimable vers de nouveaux mirages de bonheur, aimant et aimé jusqu'à son dernier soupir, faisant encore des passions, des passions d'esprit et d'admira-

---

lement de Dijon, serait-il vrai que vous me voulez marier à telle personne ? — Mon fils, répondit le père, mêlez-vous de vos affaires. »

tion, j'imagine, à quatre-vingts ans : il mourut en 1814 d'un refroidissement attrapé dans un rendez-vous avec une jeune et belle princesse sur les remparts de Vienne. On sait, d'ailleurs, le mot de Victor Hugo octogénaire : « Il est fâcheux que ce soit la raison, et non la nature, qui m'avertisse de renoncer à l'amour. » Ces grands hommes d'esprit, de grâce ou de génie, ont, paraît-il, les vertes vieillesses des patriarches.

Mᵐᵉ de Staal-Delaunay a écrit, en 1747, pour le théâtre de la duchesse du Maine, deux comédies, l'*Engouement,* la *Mode,* pleines d'amusantes critiques sur les mœurs de son temps. Il y manque ce qui manque presque toujours aux pièces d'amateurs, qu'ils s'appellent Guibert, Hénault, Pont de Veyle, Forcalquier, Mᵐᵉ de Montesson : l'action, le mouvement, l'art de l'intrigue, de la mise en scène ; mais on y rencontre des dialogues spirituels, des traits de caractère empruntés à plusieurs personnages, accumulés sur une seule tête et pris assurément sur le vif. Orphise, par exemple, excuse plaisamment ses engouements perpétuels : « Plus on a de goût pour les choses parfaites, plus on est exposé à les croire où elles ne sont pas. » Dans la *Mode,* vous trouvez une comtesse qui aime son mari et prend des amants pour ne pas se *chamarrer* de ridicules, parce que la *vie est un tissu de bienséances qu'il faut remplir.* Rien ne lui est plus suspect que la trop grande fidélité : aussi, après avoir refusé pour sa fille un parti excellent, se ravise-t-elle lorsqu'elle croit savoir que le jeune homme a fait des folies pour une actrice. Et elle enseigne à sa fille qu'un mari est l'homme du monde avec qui on vit le moins ; ce qui est à peu près le thème de cette jolie comédie d'Alfred de Vigny : *Un mariage sous Louis XV*. Écoutons-la discuter gravement, avec sa bonne amie la marquise, le choix d'un galant nouveau.

LA MARQUISE. — On se l'arrache ; c'est à qui l'aura ; il est vrai qu'on le garde si peu que dans huit jours ce serait à recommencer. J'aime mieux quelque chose de plus fixe. Il y en a un autre, d'une figure charmante, à ce qui m'a été dit (car je ne l'ai jamais vu), mais c'est un homme qui a des singularités. Il veut du mystère dans ses galanteries, et prétend qu'on ne sache pas à qui il est attaché. Vous m'avouerez qu'il y a peu de femmes assez dupes pour vouloir supporter les sujétions d'un engagement sans y rien trouver qui flatte la vanité ; car, enfin, il ne faut pas croire que les frais n'en soient pas grands. C'est bon marché quand les complaisances se partagent par moitié ; combien de femmes se voient obligées d'en porter les trois quarts !

LA COMTESSE. — Et quelquefois le tout. C'est ne guère connaître la vie des femmes du monde que de la croire aisée ; elle est plus austère que la vie retirée.

LA MARQUISE. — Ah ! vous avez bien raison. Il n'y a qu'à voir en détail comment se passent nos journées. Le matin, quelle discussion avec les ouvriers, les marchands, pour le choix des parures ! Quels soins pour avoir ce qu'il y a de plus nouveau, de meilleur goût, et pour n'être pas prévenue sur une mode ! Ensuite les cartes, les billets qu'il faut écrire pour l'arrangement des parties. Tout cela mène jusqu'au dîner. On dîne... ou on ne dîne point, car il faut souper. Après, vient l'excessif travail d'une toilette faite avec toute l'attention que demande la nécessité de se bien mettre. A peine a-t-on fini, qu'on sort pour les spectacles : il faut toujours tout voir, ou plutôt être vue partout. Enfin on va souper, et la nuit se passe à cavagnole...

Le bouquet de la pièce, c'est la réponse de la comtesse, lorsque la marquise lui confie que son amant Acaste a eu l'idée saugrenue de demander sa main : « Peut-être feriez-vous mieux de le prendre au mot. — Comment donc ? — Oui, de l'épouser pour vous en défaire. » Et la marquise s'empresse de suivre un si sage avis.

A-t-on remarqué le passage où elle se plaint d'un amoureux qui veut du mystère ? C'est qu'autrefois on se vantait assez volontiers de ses bonnes fortunes, et même les hommes qui recevaient de l'argent des femmes n'étaient nullement déshonorés pour cela. Plus d'un regarde comme un oracle le vers du *Méchant :*

Ce n'est qu'en se vantant de l'une qu'on a l'autre.

Faisons un pas de plus : voici Collé, pourvoyeur patenté du très libre théâtre du duc d'Orléans, auteur de parades graveleuses, de souvenirs fort humoristiques, de petites comédies satiriques et réalistes, un précurseur du théâtre *rosse,* ayant pour son compte des vertus privées ; il adorait sa femme qui fut pour lui une amie, une maîtresse, une conseillère toujours écoutée. *La Vérité dans le Vin, la Tête à Perruque, le Galant*

Escroc, contiennent des peintures, très crues, très poussées, des mœurs qu'il devait le mieux connaître, celles des gens de robe, abbés, jeunes seigneurs, libertins. Il y a là des scènes où la folle verve et la malice du dialogue accentuent encore la hardiesse des confessions.

Dans le *Galant Escroc,* le Comte emprunte au mari deux cents louis pour avoir sa femme qui a imposé cette condition, puis il s'amuse à lui vanter ses charmes secrets, fait rendre par celle-ci les deux cents louis, et chante cette définition de l'amour tel qu'on le comprenait dans certain monde.

> Se prendre et se quitter sans cause,
> S'arranger par désœuvrement,
> Enfin pour faire quelque chose,
> Changer tous les huit jours d'amant,
> Avant ce temps souvent être infidèle ;
> N'est-ce pas dans le monde de ce jour
> Ce qui s'appelle de l'amour ?

La *Vérité dans le Vin,* qu'on a jouée au théâtre de l'*Œuvre* et à la Comédie-Française, fait penser à certains dialogues de la *Vie Parisienne ;* le ton en est très épicé, d'un cynisme spirituel qui n'exclut ni la grâce, ni la légèreté. « Écoutez, mon ange, dit Mme Dupuis, je sens bien qu'il est établi actuellement dans la société qu'il faut vivre avec quelqu'un : on aurait l'air extraordinaire sans cela ; mais il faut que ce quelqu'un-là soit d'une certaine façon... ait un certain rang... certaine considération. On me demande tous les jours : « Qui est-ce qui a la présidente ? » Que voulez-vous que je réponde ?

« Elle appartient à un petit collet... à un abbé... cela a grand air ! »

Un peu plus loin cette excellente conseillère laisse échapper cet aveu :

« Et moi j'aime mon fils... mais je l'aime... comme s'il n'était pas de mon mari... Et pourtant, il en est bien sûrement (*elle soupire*), car c'est mon aîné. »

Or, tandis que la présidente songe à congédier son petit abbé, c'est lui qui prend les devants, et il procède avec l'affectation de dureté d'un temps où l'amour fut souvent méchant, où il l'était jusque dans certaines comédies de Marivaux : « Voici vos lettres, dit-il brusquement, reprenez votre portrait, il pourra servir à d'autres. » Elle s'indigne, il la persifle, elle demande ses raisons de rompre un engagement que le temps a rendu respectable. « C'est cela même, répond-il. Eh oui ! Quand il n'y aurait que le temps ! Il y a six longs mois que cela dure. Cela est excédant ! » — Et il la renvoie à ce petit prince germanique avec lequel elle vient de s'embarquer. — « Mais je vous jure que je ne l'aime point. — Eh ! je le sais bien que vous ne l'aimez point ; mais vous le prenez. Qui est-ce qui aime ? Ce n'est assurément pas moi. » Et il écoute les jérémiades de la présidente en sifflant des airs d'opéra-comique.

Et le mari ! Quelle bonne pâte de mari vaudevillesque ! « A vous parler franchement, Madame, je suis las que vous me brouilliez tous les jours avec mes meilleurs amis. Depuis deux ans, en voilà plus de onze à douze qui ont défilé chez moi les uns après les autres, et qui n'y remettent plus les pieds. — Mais est-ce ma faute à moi, Monsieur, si vos amis... ? — Eh parbleu! il faut bien que ce soit votre faute ; ce n'est sûrement pas la mienne. Je leur fais toujours les mêmes politesses, moi; mais c'est que, pendant trois mois, six semaines, plus ou moins, vous vous engouez de quelqu'un... Et puis, au bout de ce temps d'illusion, crac ! il survient une scène telle que celle que vous avez apparemment eue aujourd'hui avec l'abbé ; et cette scène les écarte de chez moi, si bien que je ne les vois plus, ni les rencontre, et même qu'ils me refusent le salut... »

Une autre scène impayable est celle où l'abbé, après s'être grisé, confesse au président sa liaison avec la présidente.

Oui, en vérité, on dirait tout d'abord que la morale du xviii° siècle se résume dans de tels exemples illustrés par ce couplet :

> Un rien nous fait aimer des belles,
> Un rien fait sortir nos talents,
> Un rien dérange nos cervelles.
> D'un rien de plus, d'un rien de moins,
> Dépend le succès de nos soins ;
> Un rien flatte quand on espère,
> Un rien trouble lorsque l'on craint,
> Amour, ton feu ne dure guère,
> Un rien l'allume, un rien l'éteint.

Mᵐᵉ de M..., quittée par le vicomte de Noailles, s'écriait sincèrement, tout en pleurant : « J'aurai sans doute beaucoup d'amants; mais je n'en aimerai jamais aucun autant que j'ai aimé le vicomte de Noailles. »

Une autre jeune femme commentait ainsi la politique

de l'adultère : « C'est à son amant qu'il ne faut jamais dire qu'on ne croit pas en Dieu, mais à son mari cela est bien égal. Avec son amant on ne sait jamais ce qui peut arriver; il faut se réserver une porte de dégagement. La dévotion, les scrupules coupent court à tout; il n'y a ni éclat ni emportement à redouter avec cette raison de changement. »

Mme d'Esparbès donne son congé à Lauzan-Biron, alors débutant : « Croyez-moi, mon petit cousin; il ne réussit plus d'être romanesque, cela rend ridicule, et voilà tout. J'ai eu bien du goût pour vous, mon enfant, ce n'est pas ma faute si vous l'avez pris pour une grande passion, et si vous vous êtes persuadé que cela ne serait jamais fini. Que vous importe, si ce goût est passé, que j'en aie pris pour un autre ou que je reste sans amant? Vous avez beaucoup d'avantages pour plaire aux femmes, profitez-en, et soyez convaincu que la perte d'une peut toujours être réparée par une autre : c'est le moyen d'être heureux et aimable. »

Donnons encore audience à ce quatrain un peu léger, mais qui sent bien son xviii° siècle :

« Des façons? Pourquoi, quand on s'aime ?
Voyons! ne faites pas l'enfant ! »
— « C'est que je crains précisément
Que vous ne le fassiez vous-même. »

Et l'on pourrait, avec l'histoire anecdotique de l'amour caprice au xviii° siècle, remplir des volumes longs comme les poèmes hindous, présenter des personnages assez semblables à ceux de Mme de Staal-

Delaunay, de Collé et autres écrivains : les belles dévergondées qui regardent les hommes comme une fausse monnaie avec laquelle on ne laisse pas d'acheter de l'agrément et de la distraction ; cette mère d'un mari minotaurisé et mécontent, qui observe avec sang-froid : « Votre père était de bien meilleure compagnie ; » ceux qui jugent qu'aimer jusqu'à sa femme, c'est avoir pour le sexe un furieux penchant. On en venait à considérer le cocuage comme une dignité ; un arbitre du goût s'aperçoit que M. Barthe devient jaloux de sa femme : « Vous jaloux ! s'écrie-t-il ; mais savez-vous bien que c'est une prétention ? C'est bien de l'honneur que vous vous faites. Je m'explique. N'est pas cocu qui veut. Apprenez donc que pour l'être, il faut savoir tenir une maison, être poli, sociable, honnête. Commencez par acquérir toutes ces qualités, et puis les honnêtes gens verront ce qu'ils auront à faire pour vous. Tel que vous êtes, qui pourrait vous faire cocu ? Une espèce ! Quand il sera temps de vous effrayer, je vous en ferai mon compliment. » Remarquons en passant que l'immoralité de cette société a quelque chose de léger, d'enjoué, d'inconscient, de doux, qui se communique à ses peintres, que son cynisme est insouciant, exempt d'inquiétude, tandis que les observateurs d'aujourd'hui montent sur leurs grands chevaux et font sans cesse claquer le fouet de la Némésis. Ces derniers sont-ils plus sincères, plus clairvoyants, plus désintéressés que ceux du xviiie siècle ? On peut en douter (1).

---

(1) Un de mes amis me fait remarquer que la frivolité sentimen-

Allons plus loin : donnons un exemple du sang-froid cynique avec lequel certains maris acceptaient, provoquaient une infortune qu'ils tenaient à bonheur dans l'intérêt de leur race et pour perpétuer celle-ci. Je résume ici le récit de Norvins qui donne évidemment au héros de l'aventure un nom de fantaisie.

Un homme de Cour, M. d'Ormond, déjà assez âgé, et ayant épousé une femme jeune, jolie, bien faite, vertueuse, se désolait de n'avoir pas d'enfants. Tant et si bien, qu'un soir, au moment de la quitter pour regagner sa chambre, il se leva, s'arrêta gravement devant elle, et du ton le plus tranchant prononça ces paroles : « Si j'étais de Mme d'Ormond, j'aurais un enfant. »

Elle le crut fou d'abord, et à tout hasard se fit enfermer à double tour par sa femme de chambre. Au bout d'une semaine, comme il ne remarquait aucun changement dans les allures de sa femme, à la même heure, après le même tête-à-tête, et le bougeoir allumé, il lui servit le même refrain, sur un mode plus énergique.

Trouble profond de la jeune femme, qui, toute désemparée, s'en vint demander conseil à une de ses amies. Celle-ci se mit à rire, et l'invita à dîner, où elle lui présenta son frère, jeune capitaine de dragons, arrivé du camp la veille.

Neuf mois après, Mme d'Ormond allait accoucher, M. d'Ormond rayonnait de bonheur; l'heure fatidique arrive : Hélas ! c'est une fille ! M. d'Ormond félicite la

---

tale et dure du XVIIIe siècle est l'esprit français même, que le XIXe siècle n'a pas valu mieux.

duchesse, l'embrasse, mais ne témoigne qu'une joie tempérée.

Quelques mois s'écoulent; un soir, toujours à la même heure, avec le même cérémonial, M. d'Ormond dit à sa femme : « Si j'étais de Mme d'Ormond, j'aurais encore un enfant. » Et il disparaît.

La pénitence était douce, Mme d'Ormond obéit; tout se passe comme la première fois, et l'amie, la bonne conseillère, vient toute triomphante annoncer au mari : c'est un gros garçon. Aussitôt il se précipite chez sa femme, lui dit les choses les plus gracieuses, lui offre des bijoux princiers, la remercie avec effusion.

Et son bonheur était si complet, que, le soir même des relevailles, son bougeoir allumé, il dit gravement à la duchesse : « Si j'étais de Mme d'Ormond, je n'aurais plus d'enfants. »

Et Mme d'Ormond n'eut plus d'enfants. Ceci ne confirme-t-il pas les réflexions suivantes ?

La fidélité fait les plus sottes femmes, disait M. de Boissi. Et Besenval : « Ces maris, réduits à souffrir ce qu'ils n'auraient pu empêcher sans se couvrir du plus grand des ridicules, avaient pris le parti sage de ne point vivre avec leurs femmes. Logeant ensemble, jamais ils ne se voyaient; jamais on ne les rencontrait dans la même maison, à plus forte raison réunis dans un lieu public. » Un mari disait à sa femme en parlant de son amant : « Madame, cet homme a des droits sur vous; il vous a manqué devant moi. Je ne le souffrirai pas. Qu'il vous maltraite quand vous êtes seule; mais, en ma présence, c'est me manquer à moi-même. »

Écoutons encore du Bucq, l'ami des Choiseul : « Les femmes sont à présent si décriées qu'il n'y a même plus d'hommes à bonnes fortunes. »

Et cette définition de la beauté par Laclos : « L'apparence la plus favorable à la jouissance, la manière d'être qui fait espérer la jouissance la plus délicieuse. »

Diderot, dans une lettre à Mlle Volland, fait l'apologie des libertins :

« Il n'y a peut-être pas une honnête femme qui n'ait eu quelques moments où elle n'aurait pas été fâchée qu'on la brusquât, surtout après sa toilette. Que lui fallait-il alors? Un libertin. En un mot, un libertin tient la place du libertinage qu'on s'interdit... On les reçoit, parce qu'on ne veut pas trouver les portes fermées. On est, on a été, et peut-être sera-t-on un jour libertin... A tout hasard, une femme est bien aise de savoir que, si elle se résout, il y a un homme tout prêt qui ménagera sa vanité, son amour-propre, sa vertu prétendue, et qui se chargera de toutes les avances... Les libertins sont bien vus dans le monde, parce qu'ils sont inadvertants, gais, plaisants, dissipateurs, doux, complaisants, amis de tous les plaisirs... C'est qu'ils sont remplis d'indulgence pour leurs défauts, entre lesquels il y en a aussi que nous avons ; c'est qu'ils ajoutent sans cesse à notre estime par le spectacle amusant du vice ; c'est qu'ils nous mettent à notre aise; c'est qu'ils nous entretiennent de ce que nous n'osons ni parler, ni faire ; ... c'est qu'ordinairement les libertins sont plus aimables que les autres, qu'ils ont plus d'esprit, plus de connaissance des hommes et du cœur humain ; les femmes les aiment, parce qu'elles sont libertines. Je ne suis pas bien sûr que les femmes se déplaisent sincèrement avec ceux qui les font rougir... »

C'est encore Diderot qui émet ces réflexions : « La dévotion d'une femme donne une pointe à sa passion. — De toute éternité la raison fut faite pour être foulée aux pieds par l'amour. — Rien n'est plus commun que de prendre sa tête pour son cœur. — Si vous ne comptez pas trop sur la fidélité des hommes, comptez beaucoup sur leur faiblesse. » Diderot croyait peut-être se justifier, pour son compte personnel, en écrivant ces lignes : « On a toujours des mœurs quand on passe les trois quarts de sa vie à étudier », ou bien encore ce passage d'une autre lettre à Mlle Volland :

« Qu'il est doux d'ouvrir ses bras quand c'est pour y recevoir et pour y serrer un homme de bien ! C'est cette idée qui consacre les caresses : qu'est-ce que les caresses de deux amants, lorsqu'elles ne peuvent être l'expression du cas infini qu'ils font d'eux-mêmes ? Qu'il y a de petitesse et de misère dans les transports des amants ordinaires ! Qu'il y a de charmes, d'élévation et d'énergie dans nos embrassements !... Les choses ne sont rien en elles-mêmes ; elles n'ont ni douceur ni amertume réelles ; ce qui les fait ce qu'elles sont, c'est notre âme ; et la mienne est mal disposée pour elles... Mais qu'on me promette ici mon amie, qu'elle s'y montre, et tout à sa présence s'embellira subitement... »

Au xviii° siècle, le duc de Richelieu, Riom, Lauzun-Biron, le prince de Ligne, Tilly, représentent assez bien la séduction, l'amour-galanterie, et il n'est pas inutile de dire quelques mots de l'un d'eux, pour donner la sensation exacte de cette fraction de l'ancienne société française qui faisait du plaisir sans fin, sans limites, sa raison d'État, sa divinité.

C'est une singulière physionomie que celle de ce duc de Richelieu, irritante et captivante à la fois, type d'homme à bonnes fortunes et mari trompé par sa première femme, aimé par des Altesses, par trois générations de grandes dames et de bourgeoises, aussi dénué de scrupules à la guerre que dans la vie privée, correspondant de Mme de Tencin et de Voltaire qui l'encensent en vers et en prose, membre influent de l'Académie française, prêchant d'exemple la morale du succès et du plaisir, ayant de tout dans son dossier, du beau, du médiocre et du détestable. Admis à quatorze ans dans la société intime de Mme de Maintenon, il devient un *petit joujou à la mode,* selon sa propre expression, et plaît à Louis XIV, qui lui donne des marques d'une faveur très enviée.

D'ailleurs, il y prend peine, et fait en conscience son apprentissage de courtisan : son père exigeait qu'il se trouvât tous les matins, hiver comme été, à sept heures précises, au bas du petit escalier de la chapelle, uniquement pour donner la main à Mme de Maintenon, qui partait alors pour Saint-Cyr. Et cependant sa famille était comblée de grâces, mais sans doute son père avait médité cet axiome de la diplomatie des cours : prenez à droite, prenez à gauche, prenez de tous les côtés. La soirée était plus de son goût ; il trouvait au cercle de

Mme de Maintenon la duchesse de Bourgogne, et celle-ci égayait par ses saillies plus ou moins naïves l'ennui d'un roi devenu grave et dévot, que certain savant ironiste et malveillant appela : Monsieur de Maintenon. Et naturellement il n'avait pas manqué de l'aimer, et les mauvaises langues ajoutèrent qu'il lui plut un peu trop.

Un petit incident le mit en crédit dans ce cercle : pendant un bal paré, la duchesse de Bourgogne avait été, selon l'étiquette, prendre le duc de Brissac pour danser : or, il était d'usage que l'homme rendît le menuet à celle qui l'avait choisi : Brissac l'oublia, invita une autre dame, et tout le monde s'en aperçut ; quand il eut achevé, sa danseuse vint choisir Richelieu, qui tout exprès répéta la faute commise envers la princesse, et alla prier celle-ci en lui disant : « Madame, permettez que je répare la faute de mon ami Brissac. »

Bientôt célèbre par sa galanterie, l'ingéniosité de sa bravoure et de son esprit, Richelieu nous apparaît orgueilleux au fond et dominateur, mais insinuant et souple quand son intérêt le commande, passant d'une intrigue de cour à la guerre d'Allemagne, à cette fameuse convention de Closter Seven qui le fit accuser d'avoir trahi son pays à beaux deniers comptants, s'arrachant des bras d'une jolie femme pour voler à la conquête de Mahon et du fort Saint-Philippe, diplomate par occasion, faisant servir l'amour à la politique, et, par exemple, séduisant à Vienne la maîtresse du prince Eugène qui lui livre un secret d'État, assez superstitieux pour croire aux magiciens, aux astrologues, sacrifier un cheval blanc à la lune et refuser de faire sa cour au fils aîné du

roi parce qu'il *savait* que cet enfant ne régnerait point,
protecteur des lettres et des arts, tantôt ami, tantôt ennemi des favorites, et conseiller intime de Louis XV, auquel
il ripostait, comme celui-ci, après un sermon de l'évêque
de Sénez contre les scandales de la Cour, remarquait
que le prédicateur jetait des pierres dans le jardin du
maréchal : « Sire, n'en serait-il pas tombé quelques-unes
dans le parc de Votre Majesté ? »

C'est un homme auquel la fortune sourit presque constamment : idole du public pendant de longues années,
populaire dans son gouvernement de Guyenne, où il dé-
ploie un faste inouï, et donne des fêtes que préside sa
fille Septimanie, comtesse d'Egmont, « qui a toutes ses
grâces sans avoir aucun de ses vices ». C'est dans un
bal masqué, donné en son honneur à l'hôtel de l'Inten-
dance de Bordeaux, qu'un domino, qui l'avait assez longtemps intrigué, répondit à ses instances pour qu'il se fît
connaître :

> Tu voudrais connaître mes traits
> Et les sentiments de mon âme ?
> Si je te crains, je suis Anglais,
> Si je t'aime, je suis Français,
> Si je t'adore, je suis femme !

Dans les premiers temps de son séjour à Bordeaux,
il donna presque tous les soirs des soupers de cent
couverts; quant à lui, il s'asseyait presque toujours,
seul homme, à une table, entouré de vingt-neuf jolies
femmes. Un soir, il rassembla celles qui avaient eu des
bontés pour lui : aucune ne soupçonnait sa voisine

d'avoir des droits particuliers, et chaque mot qu'i disait était interprété par chacune d'elles en sa faveur ; si bien que le repas se passa en équivoques plaisantes, toutes en même temps fixant les yeux sur lui avec un sourire d'initiée, à chaque nouvelle allusion (1). Mais lorsqu'on eut servi le fruit et que les domestiques se furent retirés, il raconta des aventures qui lui étaient arrivées avec plusieurs, ajoutant qu'il avait fait, la nuit précédente, le plus agréable rêve, et leur servant cette transparente allégorie : « J'étais, comme je me trouve, avec vingt-neuf femmes, sur la beauté et le mérite desquelles il était difficile de prononcer. Toutes n'avaient eu besoin d'aucun art pour me plaire, et j'avais été assez heureux pour fixer un moment leur choix. J'étais enivré du bonheur de les réunir, et, ne pouvant le renfermer dans mon cœur, je ne pus résister au plaisir de leur faire entendre combien j'avais été heureux par leur possession. Je ne voulais pas que mon indiscrétion pût blesser aucune d'elles ; cependant j'étais bien aise qu'elles connussent toutes leur mérite particulier et l'étendue des faveurs qui m'avaient été prodiguées. Admettez pour un instant que ce soit vous, Mesdames, et je vais dire à chacune de vous ce que

---

(1) Je résume dans cette esquisse mes lectures et les *Mémoires de Richelieu*, mémoires apocryphes rédigés par Soulavie, qui ne laissent pas de renfermer maints détails véridiques. Voir aussi le tome V de cet ouvrage au chapitre sur Mme de Tencin, et *Le duc de Richelieu corrupteur de Louis XV*, par un Ami de la Vérité, un vol., 1794. Les *Anecdotes sur M. de Richelieu* sont attribuées à Rulhière.

j'adressai à ces femmes, que me donnait si généreusement mon rêve. » Il le fit, s'étendit avec complaisance sur les charmes intimes de ces prétendues beautés de rêve : les unes baissaient la tête, les autres se mirent à rire, et comme il leur demanda ce qu'elles pensaient du songe : « Je pense, repartit une dame, que vous étiez un grand impertinent, et que ces vingt-neuf femmes avaient été encore plus folles que vous n'étiez indiscret. »

Et l'on pardonnait de telles insolences au roi de la mode, au nouvel Alcibiade, à l'enfant gâté de la nature et de la société. Laclos pouvait venir : *Les Liaisons dangereuses* atteindront à peine cette perversité élégante, cette fatuité cruelle dont le maréchal donna de trop nombreux exemples. Oui, mais aussi comment se fâcher avec un homme aussi célèbre par sa présence d'esprit que par ses succès, et dont les femmes disaient, lorsqu'il était question de quelque gaucherie en amour : « Fronsac n'eût pas fait cela. » (Il porta d'abord le titre de duc de Fronsac.) Il avait le don des larmes, don si persuasif en amour : et puis encore, disait une de ses victimes, avec lui la faute est commise, si c'en est une, avant de s'apercevoir qu'on l'a faite. Quant à lui, formulant la théorie du libertinage, il estimait que l'homme n'a pas plus le pouvoir d'être constant que d'empêcher la maladie et la mort, que quelques mois de plus ou de moins font la seule différence entre l'infidèle et l'abandonné : l'un eût fait ce qu'il accuse l'autre d'avoir exécuté; enfin, disait-il, les sens jouent le seul rôle en amour; l'homme est fier, il veut triompher, et se trompe lui-même en prenant pour de l'amour l'envie de soumettre une femme qui ose lui résister.

Un autre mot de lui en dit plus que de grandes théories. Parlant de Mme d'Averne, il observe en vrai talon-rouge : « Je ne l'avais eue que pour le plaisir de faire le Régent *cocu.* »

Tout cela ne l'empêcha nullement de plaire à des Altesses, Mlle de Valois, la duchesse de Berry, Mlle de Charolais qui, peut-être pour l'amuser, se fit peindre en habit de cordelier et inspira cet impromptu à Voltaire :

> Frère Ange de Charolais,
> Dis-nous par quelle aventure
> Le cordon de Saint-François
> Sert à Vénus de ceinture.

« J'étais brouillé avec Mlle de Charolais, dit-il... Cette princesse était belle mais altière ; son amour était emporté plutôt que tendre ; cependant dans des moments personne ne paraissait plus sensible. Quand elle se croyait aimée sans partage, rien n'était au-dessous d'elle pour plaire à son amant ; mais le moindre soupçon l'aigrissait, elle se souvenait alors qu'elle était princesse du sang, et son air impérieux imposait à tout autre qu'à moi. Bientôt elle vit qu'elle prenait une peine inutile, et elle cessa dans sa colère de me parler de son rang. »

Mlle de Valois et Mlle de Charolais se le disputèrent, mais on se réconcilia pour aller le voir ensemble à la Bastille, quand il fut emprisonné pour la troisième fois, en 1719, comme complice de la Conspiration de

Cellamare. La Palatine ajoute qu'il ne se gênait guère pour montrer à ses amis les lettres de Mlle de Charolais. Mlle de Valois fit mieux : afin d'obtenir sa mise en liberté, elle épousa, la mort dans l'âme, le prince de Modène ; d'où ce couplet :

> J'épouse un des plus petits princes,
> Maître de très petits États,
> Et qui pour moi ne valent pas
> Une de nos moindres provinces.
> L'on y manque de tout, la finance est petite.
> Quelle différence, grand Dieu !
> Entre ce triste et pauvre lieu
> Et le *riche lieu* que je quitte !

Elle eût préféré un mariage secret avec son duc, comme avait fait sa sœur la duchesse de Berry avec le chevalier de Riom, mais le Régent n'était pas homme à tolérer une seconde équipée de ce genre dans sa famille.

Voici quelques échantillons de son genre d'esprit : un mélange de grâce impertinente et d'ironie hautaine.

Lorsque Voltaire partit pour Berlin en 1750, Moncrif sollicita la place d'historiographe de France, et en parla au maréchal qui répliqua : « Tu veux dire *historiogriffe*, » faisant allusion à son *Histoire des chats.*

Un jeune officier de la garnison de Bordeaux, qui s'était pris de querelle au spectacle, s'approche de la loge du maréchal, et se plaint qu'on lui a craché au visage : « Fi donc ! Monsieur, repart le duc, allez vite vous laver. » À bon entendeur salut. Il faisait partie du tribunal des Maréchaux juges du point d'honneur, obligés d'empêcher et de punir les duels, professant sur ceux-ci des idées contraires aux devoirs de leur charge ; et, pour sa part, Richelieu avait tué en combat singulier le prince de Lixin.

Mme de Guébriant le trompait, et en même temps lui reprochait ses infidélités ; cependant elle lui donna rendez-vous au Palais-Royal dans la cour des cuisines : « Votre rendez-vous est bien choisi, répondit-il ; vous pouvez rester dans la cour des cuisines, car vous n'êtes faite que pour charmer des marmitons. Adieu, mon petit ange. »

Déçu dans son ambition de devenir premier ministre, il se montre général plus brillant qu'habile, aimé de ses troupes qui le surnomment le *Père la Rapine,* en souvenir de ses exactions, sachant à merveille employer le ressort de l'honneur sur l'esprit du soldat : ainsi à Minorque, il fait mettre à l'ordre du jour que les ivrognes (très nombreux au camp) ne monteront point à l'assaut : tous aussitôt deviennent des modèles de tempérance.

Il avait pris en grippe sa première femme, Marie-Anne de Noailles, et fut envoyé à la Bastille pour sa conduite... insuffisante envers elle ; pour d'autres raisons aussi, j'imagine : on la lui amenait une fois par semaine, et, selon la chaleur ou la froideur de l'accueil, le gouverneur adoucissait, aggravait le régime du prisonnier. Et plus tard, le vieux maréchal, avec la plus étonnante désinvolture, racontait lui-même ses infortunes conjugales, son observation si comique lorsqu'il surprit la duchesse en tête à tête fort vif avec son écuyer : « Songez, Madame, à l'embarras où vous vous seriez trouvée si tout autre que moi fût entré ! » cet autre mot, presque grandiose à force de cynisme, quand, devenu veuf, et voulant épouser Élisabeth de Lorraine (mais la chose était encore secrète), cet écuyer, espérant sans doute qu'il avait oublié, vint le supplier de le reprendre à son service : « D'où savez-vous donc que je me remarie ? » Mˡˡᵉ de Lorraine, cette figure idéale de tendresse et de piété, avait produit sur lui la plus vive impression : il lui demeura fidèle pendant plusieurs mois, et ne cessa de l'aimer tout en la trompant le plus discrètement du monde. (Grave problème sur lequel les hommes et les femmes resteront sans doute en éternel désaccord.) Elle mourut d'une maladie de poitrine, après six ans de mariage, répondant délicieusement à son mari qui s'informait si elle était contente de son confesseur, le P. Ségaud : « Assurément, car il ne m'a pas défendu de vous aimer. »

Voltaire avait salué galamment (avril 1734) le mariage de Mˡˡᵉ de Lorraine avec Richelieu :

Un prêtre, un *oui*, trois mots latins,
A jamais fixent vos destins ;
Et le célébrant d'un village
Dans la chapelle de Montjeu
Très chrétiennement vous engage
A ... avec Richelieu,
Avec Richelieu, ce volage
Qui va jurer par ce saint nœud
D'être toujours fidèle et sage.

Nous nous en défions un peu,
Et vos grands yeux noirs, pleins de feu,
Nous rassurent bien davantage
Que les serments qu'il fait à Dieu.
Mais vous, Madame la duchesse,
Quand vous reviendrez à Paris,
Savez-vous combien de maris
Viendront se plaindre à votre Altesse ?
Ces nombreux cocus qu'il a faits
Ont mis en vous leur espérance ;
Ils diront, voyant vos attraits :
« Dieu ! quel plaisir que la vengeance ! »
Vous sentez bien qu'ils ont raison,
Et qu'il faut punir le coupable :
L'heureuse loi du talion
Est des lois la plus équitable.
Quoi ! Votre cœur n'est point rendu ?
Votre sévérité me gronde !
Ah ! quelle espèce de vertu
Qui fait enrager tout le monde ?
Faut-il donc que de vos appas
Richelieu soit l'unique arbitre ?
Est-il dit qu'il ne sera pas
Ce qu'il a tant mérité d'être ?
Soyez donc sage, s'il le faut ;
Que ce soit là votre chimère ;
Avec tous les talents de plaire
Il faut bien avoir un défaut...

Le même Voltaire n'avait pas attendu si longtemps pour célébrer son cher duc ; et voici un autre échantillon de sa muse badine :

C'est l'Alcibiade français
Dont vous admiriez le succès
Chez nos prudes, chez nos coquettes,

Plein d'esprit, d'audace et d'attraits,
De vertus, de gloire et de dettes.
Toutes les femmes l'adoraient,
Toutes avaient la préférence ;
Toutes à leur tour se plaignaient
Des excès de son inconstance,
Qu'à grand'peine elles égalaient.
L'Amour, ou le Temps, l'a défait
Du beau vice d'être infidèle :
Il prétend d'un amant parfait
Être devenu le modèle.

Soit qu'il fût encouragé par le souvenir de Mˡˡᵉ de Lorraine, soit qu'il se crût au-dessus des lois de la nature, et qu'il eût rayé de sa destinée le mot vieillesse, il n'hésitait pas, malgré ses quatre-vingt-quatre ans, à tenter une troisième aventure, se remariait et semblait commencer une nouvelle vie.

Ainsi donc il contracte trois mariages sous trois règnes différents, et, détail stupéfiant, ne se montre pas fidèle à sa troisième femme. Il avait épousé la première à seize ans. Marie-Antoinette, qui ne l'aimait point, lui demanda étourdiment, le lendemain de ce dernier mariage : « Eh bien ! Monsieur le Maréchal, comment vous en êtes-vous tiré ? » Et lui de répondre avec une gravité ironique : « A mon âge, Madame, la difficulté n'est pas là. » Et il terminait sa carrière à quatre-vingt-douze ans, en 1788, à la veille de cette révolution que l'éclat, la contagion de ses vices, contribuaient, pour leur part, à rendre inévitable.

Plus passionné qu'amoureux, plus aimable, plus aimé qu'estimé, tel l'ont dépeint quelques biographes. Les femmes avaient pu le rendre sceptique sur les femmes, mais il était, quoi qu'on ait dit, capable d'amour, et plus porté qu'on ne pense aux entreprises romanesques. Chamfort rapporte qu'on parlait de lui dans un cercle, et beaucoup d'affirmer qu'il n'a pas de cœur, qu'il n'est qu'un roué de la pire espèce. « Vous le traitez bien durement, proteste la marquise de Saint-Pierre; moi je connais une femme pour laquelle il a fait trois cents lieues à franc étrier. » Là-dessus, elle entame le récit de l'aventure à la troisième personne; puis, gagnée par la chaleur de la narration, ajoute : « Il arrive à son hôtel, entre au salon, la prend dans ses bras, l'emporte dans la chambre... et nous y sommes restés trois jours. »

Il avait des inventions originales en amour et, comme tous les grands joueurs, se confiait à son étoile. Ainsi, il loue une maison qui donnait sur un hôtel dont il n'avait pu séduire le portier ; la femme de chambre de la dame qu'il aime ouvre une lucarne de grenier sur laquelle il appuie une planche légère et s'engage fort témérairement ; mais, le matin venu, le chemin lui semble trop périlleux, la planche rétrécie ; vainement la camériste le presse, insiste : « Enfin, objecte-t-elle, vous y avez déjà passé. — Oui, dit-il, mais c'était *avant*, et alors on passerait dans le feu ; *après*, c'est bien différent. » Il fallut l'enfermer dans une armoire et lui procurer un déguisement pour qu'il prît la clef des champs.

Son aventure avec Mimi Dancourt, Mme de La Popelinière (1), femme du célèbre fermier général, fit le tour de l'Europe.

---

(1) Certains lettrés écrivent *Poupelinière* ou même *Pouplinière.*

Des lettres anonymes avertissaient depuis quelque temps le financier que sa femme recevait toutes les nuits le maréchal : notre homme hésitait à les croire, car son portier, qui lui était tout dévoué, ne voyait passer personne. Cependant il voulut en avoir le cœur net ; un jour que Mme de La Popelinière était absente, il monte dans son appartement avec Vaucanson et un autre ami. On furette partout ; rien de suspect ; cependant un des inquisiteurs s'étant avisé de frapper de sa canne la plaque de la cheminée, celle-ci sonna creux. Vaucanson, s'approchant, constate qu'elle était montée à charnière, et parfaitement unie au revêtement des côtés : « Ah ! Monsieur ! s'écrie-t-il en se tournant vers le mari minotaurisé, le bel ouvrage que je vois là ! Et l'excellent ouvrier que celui qui l'a fait ! Cette plaque est mobile, elle s'ouvre, mais la charnière en est d'une délicatesse ! Non, il n'y a point de tabatière mieux travaillée.— Quoi ! fait La Popelinière tout pâle, vous êtes sûr que cette plaque s'ouvre ! — Vraiment, j'en suis sûr, dit Vaucanson, tout pétillant d'aise de sa trouvaille ; rien n'est plus merveilleux ! — Et que me fait votre merveille ? Il s'agit bien ici d'admirer ! — Ah ! Monsieur, de tels ouvriers sont rares ! — Laissons là vos ouvriers, et qu'on m'en appelle un qui fasse sauter cette plaque ! » L'ouvrier arrive ; derrière la plaque, une ouverture faite au mur mitoyen était dissimulée par un panneau de boiserie, et donnait accès à l'amoureux. La Popelinière envoie quérir le commissaire, fait constater sa disgrâce ; sa femme rentre, escortée du maréchal de Saxe, qui recommande vainement le silence, la sérénité ; Mme de la Popelinière ne réussit pas mieux avec ses larmes et ses prières. Le mari,

inflexible, exigea son départ et fit une pension ; la tristesse, la maladie, eurent bientôt raison d'elle. Cependant
le maréchal la voyait de temps en temps par bienséance,
et l'on s'extasia sur sa conduite : « En vérité, disait-on,
M. de Richelieu a eu pour elle des procédés bien admirables ! Il n'a cessé de la voir jusqu'au dernier moment. »
Tout de même, lorsqu'il se brouilla avec Mme de Pompadour qu'il voulait remplacer comme favorite par Mme de
Flavacourt, la marquise avait invité le lieutenant de
police à laisser vendre partout, même dans les théâtres,
des bijoux appelés : plaques de cheminée, avec une
chanson où l'on persiflait le duc. De son côté, pendant
un voyage à la Muette, sachant la favorite indisposée
et logeant au-dessus d'elle, le vindicatif gentilhomme
s'amusait à trépigner toute la nuit dans sa chambre.
Louis XV la consola d'un mot : « Vous ne connaissez pas
M. de Richelieu ; si vous le chassez par la porte, il rentrera
par la cheminée. » Un jour même il dit à l'improviste au
duc : « Monsieur de Richelieu, combien de fois avez-
vous été à la Bastille ? — Trois fois, Sire. » Et Louis XV
se mit à détailler les motifs des trois lettres de cachet.
Le maréchal comprit la leçon. D'ailleurs il exerçait une
sorte d'ascendant sur le roi, savait que celui-ci ne détes-
tait point qu'on tourmentât ses maîtresses, faute de les
taquiner lui-même, comme lorsqu'il s'amusait à leur lire
les sermons de Massillon.

Et cette vie de Richelieu fait songer aux vers d'Alfred
de Musset sur la stratégie de la séduction :

Les femmes cependant demandent autre chose.
Bien plus, sans les aimer, du moment que l'on ose,
On leur plaît. La faiblesse est si chère à leur cœur,
Qu'il leur faut un combat pour avoir un vainqueur.
Croyez-moi, j'ai connu ces êtres variables.
Il n'existe, dit-on, ni deux feuilles semblables,
Ni deux cœurs faits de même ; et moi je vous promets
Qu'en en séduisant une, on séduit tout un monde.
L'une aura les pieds plats, l'autre la jambe ronde,
Mais la communauté ne changera jamais.
Avez-vous jamais vu les courses d'Angleterre ?
On prend quatre coureurs, — quatre chevaux sellés ;
On leur montre un clocher, puis on leur dit : allez !
Il s'agit d'arriver, n'importe la manière.
L'un choisit un ravin, l'autre un chemin battu.
Celui-ci gagnera, s'il ne rencontre un fleuve ;
Celui-là fera mieux, s'il n'a le cou rompu.
Tel est l'amour, Silvio ; — l'amour est une épreuve ;
Il faut aller au but, — la femme est le clocher ;
Prenez garde au torrent, prenez garde au rocher ;
Faites ce qui vous plaît, le but est immobile.
Mais croyez que c'est prendre une peine inutile
Que de rester en place et de crier bien fort :
Clocher, clocher, je t'aime, arrive ou je suis mort.

Mais, puisqu'on a coutume de faire porter au
xviiiᵉ siècle les péchés de son prédécesseur, je voudrais une fois encore rappeler que celui-ci l'emporte
plutôt par le décorum que par la moralité ; et il n'est
pas inutile de redire que des femmes comme la Dalesso,
Mˡˡᵉˢ Chouars, de Guerchi, Marion de Lorme, Ninon de
Lenclos, qui d'ailleurs appartenaient à de bonnes famil-

les, eurent, sous Louis XIII et Louis XIV, des salons fort à la mode (1).

Il y avait raison suffisante, surtout pour Ninon. Et il semblait tout naturel alors que les dames reçussent de l'argent de certains favoris : ce jeu était fort en faveur dans le monde le plus huppé, et quand il s'agissait de partisans enrichis par des fortunes trop rapides, on croyait tout simplement reprendre le bien de tout le monde. Et c'est une question de savoir si le sacrement, dont Marion de Lorme et Ninon se passèrent si gaillardement, n'aggrave pas les torts des grandes dames qui trompaient leurs maris et leurs amants sans vergogne. N'oublions pas que Tallemant des Réaux lui-même, ce roi des médisants, ne compte pas à l'actif de la première plus de dix à douze passades, vingt-cinq pour la seconde : et c'est beaucoup sans doute devant la morale, mais j'imagine que ces chiffres eussent fait sourire Mᵐᵉˢ de Chevreuse, d'Olonne, de Montbazon ; encore quelques noms sont-ils contestés par Saint-Évremond qui forma Ninon comme Desbarreaux avait formé Marion, par Saint-Évremond qui fut aussi son ami, son correspondant pendant un demi-siècle et plus ; il lui écrivait :

----

(1) *Œuvres mêlées de Saint-Évremond*, avec une préface de Charles Giraud, pp. 255 et suiv. — Perrens : *Les libertins en France au XVIIIᵉ siècle*, pp. 184 et suiv. — *Historiettes de Tallemant des Réaux*. — Walckenaër : *Mémoires pour servir à l'histoire de Mᵐᵉ de Sévigné*, t. I et IV. — *Lettres de Gui-Patin*. — Somayse : *Dictionnaire des Précieuses*. — Voir aussi le tome IV de cet ouvrage, pp. 155 et suiv.

> Dans vos amours on vous trouvait légère,
> En amitié toujours sûre et sincère :
> Pour vos amants les humeurs de Vénus,
> Pour vos amis les solides vertus.

Et puis encore :

> Tantôt c'était le naturel d'Hélène,
> Ses appétits comme tous ses appas ;
> Tantôt c'était la probité romaine,
> Et de l'honneur la règle et le compas.

Ninon de Lenclos (1620-1705), qui prenait si bien son parti de vieillir, « cependant, soupirait-elle, les rides devraient être placées sous le talon, non sur le visage, » Ninon, dans la seconde partie de sa vie, recevait les hommes et les femmes les plus qualifiés. Scarron la proclame la plus étonnante fille du siècle, la seule que les hommes pussent aimer sans repentir ; il ajoute que sa société fut pendant cinquante ans pour la jeunesse une école de politesse et d'honneur (1).

De même l'abbé de Chateauneuf dit qu'elle

----

(1) Chapelle, mis à la porte pour son ivrognerie, s'en vengea par des épigrammes ; celle-ci seule a été conservée :

> Il ne faut pas qu'on s'étonne
> Si souvent elle raisonne
> De la sublime vertu
> Dont Platon fut revêtu ;
> Car à bien compter son âge,
> Elle doit avoir vécu
> Avec ce grand personnage.

> ... fit régner dans son cœur
> Et la galanterie et l'austère pudeur,
> Et montra ce que peut le triomphant mélange
> Des charmes de Vénus et de l'esprit d'un ange.

« Mon fils, écrit la princesse Palatine, est de ses amis ; je voudrais qu'il l'allât voir plus souvent et la fréquentât de préférence à ses bons amis. Elle lui donnerait de meilleurs sentiments et plus nobles que ceux-ci ne font. Elle s'y entend, paraît-il, car ceux qui sont ses amis la vantent et ont coutume de dire : « Il n'y a point de plus honnête homme que Mlle de Lenclos. »

Voici encore le témoignage de l'abbé Fraguier : « C'était un esprit et des mannières au-dessus de tout, pour les agréments ; et une probité si pure que le mélange des agréments avec la vertu en faisait un prodige... Elle avait la confiance de tout le monde, dans les plus grandes affaires comme dans les plus petites. Tout ce qu'elle pensait était bien pensé ; tout ce qu'elle faisait était bien fait... »

Saint-Évremond lui mandait, à quatre-vingt-dix ans, et elle avait quatre-vingts ans bien sonnés... : « Vous êtes de tous les pays ; aussi estimée à Londres qu'à Paris. Vous êtes de tous les temps, et quand je vous allègue, pour faire honneur au mien, les jeunes gens vous nomment pour donner l'avantage au leur. Vous voilà maîtresse du présent et du passé. Puissiez-vous avoir des droits considérables sur l'avenir... »

Saint-Simon lui-même prône le salon de la rue des Tournelles et sa directrice : « Ninon eut des amis illustres de toutes les sortes, et eut tant d'esprit qu'elle les conserva tous, et qu'elle les tint unis entre eux, ou pour le moins sans le moindre bruit. Tout se passait chez elle avec un respect et une décence extérieure que les plus hautes princesses soutiennent rarement, avec des faiblesses. Elle eut de la sorte pour amis tout ce qu'il avait de plus trayé et de plus élevé à la Cour; tellement qu'il devint à la mode d'être reçu chez elle, et qu'on avait raison de le désirer par les liaisons qui s'y formaient. Jamais ni jeu ni ris élevés, ni propos de religion ou de gouvernement ; beaucoup d'esprit et fort orné ; des nouvelles anciennes et modernes, des nouvelles de galanterie, et toutefois sans ouvrir la porte à la médisance. Tout y était délicat, léger, mesuré.

« La considération, chose étrange, qu'elle s'était acquise, le nombre et la distinction de ses amis et de ses connaissances, continuèrent quand les charmes cessèrent de lui attirer du monde, quand la bienséance et la mode lui défendirent de ne plus mêler le corps avec l'esprit... Elle a souvent secouru ses amis d'argent et de crédit, est entrée pour eux dans des choses importantes, a gardé très fidèlement des dépôts d'argent et des secrets considérables qui lui étaient confiés. »

Et voici un détail qui dit tout : elle était invitée chez les Condé. Christine de Suède lui rendit visite, et écrivit à Mazarin « qu'il ne manquait rien au roy que la conversation de cette rare fille pour le rendre honnête homme. »

Mme de Sévigné, dont le mari et le fils avaient aimé Ninon, a de la peine à prendre son parti de cet empressement de la bonne compagnie : « Qu'elle est dangereuse cette Ninon ! écrit-elle, si vous saviez comme elle dogmatise sur la religion, cela vous ferait horreur... » Et plus tard :

« Elle rassemble tout sur ses vieux jours, et les hommes et les femmes ; mais, quand elle n'aurait présentement que les femmes, elle devrait se consoler de cet arrangement, ayant eu les hommes dans le bel âge pour plaider... Le moyen de ne pas haïr la vieillesse après un tel exemple ! » Mais la voix discordante de la marquise se perd dans le concert des éloges ; Corbinelli, les Coulanges fréquentent chez Ninon, célèbrent le charme de son hospitalité.

A vingt-trois ans, elle s'aperçoit que la société a chargé les femmes des attributions les plus frivoles, que les hommes se sont réservé le droit aux avantages les plus solides : *de ce moment,* dit-elle, *je me fis homme.* Ainsi, le privilège masculin, si fortement dénoncé par Paul Hervieu, ne la gêne point, puisqu'elle transpose son sexe avec tant de désinvolture...

Elle ne reconnaît qu'une seule règle, celle de la nature, n'accorde au monde que le respect des bienséances, pardonne tout, sauf le scandale, ne voit dans l'amour qu'un sentiment aveugle, un goût fondé sur les sens, un sentiment accidentel, irresponsable, sujet au dégoût comme au repentir, qui n'a besoin de mérite ni de reconnaissance, qui n'a point d'autre objet, d'autre morale que lui-même. « Je t'aimerai trois mois, disait-elle à un de ceux qu'elle distingua : c'est pour moi l'éternité. » Cependant, sa passion pour le marquis de Villarceaux ne dura pas moins de deux ans, et pour lui plaire elle passa de longs mois à la campagne.

Mieux qu'aucune femme, elle sut convertir un amant congédié en un ami dévoué. Seule peut-être Mᵐᵉ Récamier sut l'égaler, mais Mᵐᵉ Récamier ne permettait pas à ses soupirants de devenir des amants, et le chemin de la possession à l'amitié sans épithète est cent fois plus escarpé que la route du platonisme amoureux au platonisme amical.

La mère de Ninon, grande dévote, aurait pu figurer parmi les *Affirmatifs,* comme les appelait Charleval, mais son père était un des esprits forts du Marais, et elle pencha bien vite de ce côté. A douze ans, elle lisait Montaigne, et à quatorze ans, voyant l'auditoire en pleurs pendant un sermon sur la Passion, elle murmurait : « De quoi s'avise-t-on ? Qu'importe la mort à qui ressuscite ? » Disciple d'Épicure, de Gassendi, de Saint-Évremond, elle soutenait qu'on est digne de pitié quand on a besoin de la religion pour se conduire, car cela prouve qu'on a l'esprit bien borné ou le cœur bien corrompu.

Elle écrivit à Saint-Évremond : « Vous savez le parti que j'aurais pu tirer de mon corps ; je pourrais encore mieux vendre mon âme ; les Jansénistes et les Molinistes se la disputent. » Le P. d'Orléans, jésuite, ayant fait auprès d'elle une dernière tentative aussi inutile que les autres, lui dit : « Eh bien ! offrez au moins à Dieu votre incrédulité ! » Et cependant, par deux fois, sous l'impression violente de deuils de famille ou d'amour, elle entra au couvent ; mais elle ne s'y éternisa point. Son luth, dont elle jouait en perfection, eût suffi sans doute à l'en faire sortir.

Qui ne connaît l'anecdote du billet de La Châtre, et la réponse de Ninon au maréchal de Choiseul énumérant ses titres à ses bonnes grâces :

Seigneur, que de vertus vous me faites haïr !

Voici deux traits moins répétés : l'abbé Testu cherchait à la convertir, afin de se faire valoir ; elle observa plaisamment : « S'il ne fait fortune que par mon âme, il mourra sans bénéfice. »

Le grand prieur de Vendôme, vexé de la trouver insensible, lui décocha ces vers piteux :

> Indigne de mes feux, indigne de mes larmes,
> Je renonce sans peine à tes faibles appas ;
> Mon amour te prêtait des charmes,
> Ingrate, que tu n'avais pas.

Mais elle ripostait tout aussitôt :

> Insensible à tes feux, insensible à tes larmes
> Je te vois renoncer à mes faibles appas ;
> Mais, si l'amour prête des charmes,
> Pourquoi n'en empruntais-tu pas ?

Elle ne buvait que de l'eau à ses petits soupers, mais on disait qu'elle était ivre dès la soupe, ivre du vin de son voisin, ivre de sa gaieté, de ses perpétuelles saillies.

Elle a pour axiomes qu'il faut cent fois plus d'esprit pour se gouverner en amour que pour commander une armée, que la puissance de l'amour n'est que dans son bandeau, que la beauté sans grâce est un hameçon sans appât, qu'il n'y a rien de si varié dans la nature que les plaisirs de l'amour, quoiqu'ils soient toujours les mêmes, qu'il faut prendre les plaisirs au jour la journée. Elle rendait grâce à Dieu tous les soirs de son esprit, et le priait tous les matins de la préserver des sottises de son cœur.

C'est encore d'elle cette définition des Précieuses : les *Jansénistes de l'amour*.

Est-il besoin de faire justice de tant de fables accréditées sur son compte, répétées aujourd'hui encore par une foule de gens, telles que : sa prison aux *Filles repenties*, qui lui aurait fait dire : Je ne suis ni fille, ni repentie ; sa conversation avec Louis XIV sur la demande de celui-ci ; la visite du P. Bourdaloue ; un prétendu fils de Ninon, amoureux d'elle et se tuant de désespoir ; les passades tardives quand son été et son automne eurent fait le saut par la fenêtre. Ceux qui ont inventé ces contes ne la connaissaient guère ; mais l'histoire, certaine manière d'écrire l'histoire, n'est-elle pas une perpétuelle conspiration contre la vérité ?

Parmi les intimes de Ninon, faisant partie de la *Chambre des élus*, il faut citer encore : Mmes de Lafayette, de Rohan, de Chevreuse, d'Olonne, de Chatillon, de Choisy, de Vivonne, de Sully, de Castelnau, de La Sablière ; Mme Scarron qui, devenue Mme de Maintenon, lui écrivit de temps en temps jusqu'à sa mort, se gardait bien de la désavouer, et la servait avec efficacité lorsqu'elle s'aventurait à solliciter pour quelqu'un.

Dans le camp des hommes : Molière, Guiche, Villars,
Miossens, Palluau, Souvré, Créqui, Termes, Jarzay,
Matha, les deux Gramont, d'Elbène, Bernier, Sarrazin,
Fontenelle, l'astronome Huyghens, La Fare, La Fontaine, d'Ablancourt ; le chevalier de Méré, qui s'était
conféré le privilège galant de former les jeunes femmes,
et qui, dans une heure de déception, terminait ainsi une
verte épigramme :

> ... Mais aujourd'hui, sans opulence,
> Il faut renoncer aux plaisirs.
> Un amant qui ne peut dépenser qu'en soupirs
> N'est plus payé qu'en espérance ;

— Charleval, dont l'enthousiasme amical se traduisait
par ces vers :

> Je ne suis plus oiseau des champs,
> Mais de ces oiseaux des Tournelles,
> Qui parlent d'amour en tout temps,
> Et qui plaignent les tourterelles
> De ne se baiser qu'au printemps ;

— l'abbé de Chaulieu, qui prétendait que l'amour
s'était retiré dans les rides du front de Ninon ; —
Gourville, qui, revenant d'exil, retrouva l'amie, la dépositaire exacte dans l'amante un peu capricieuse, mais
lui, du moins, n'avait pas réclamé de promesse de fidélité par écrit; etc... Très justement, les contemporains,
qui admiraient en elle une puissance sociale, répétèrent
à l'envi le quatrain de Saint-Évremond :

> L'indulgente et sage nature
> A formé l'âme de Ninon
> De la volupté d'Épicure
> Et de la vertu de Caton.

Charles Giraud a donc raison d'affirmer que le mot de courtisane, appliqué à Ninon, est tout à fait exagéré : dominant les situations les plus difficiles par l'ascendant de son esprit et de son tact, désintéressée, n'écoutant en amour que son caprice ou son cœur, elle demeure une des merveilles du XVII° siècle.

Quoi qu'on ait pu dire et écrire, l'amour conjugal existait au XVIII° siècle, et il avait la majorité. Autrefois comme aujourd'hui, le nombre des mauvais ménages était bien moindre que celui des bons ; j'entends par bons cette moyenne où la médiocrité humaine peut atteindre. Trouvât-on chez les grands les vertus de famille, elles ne tentent guère la plume des auteurs, puisqu'elles ont la douceur, la monotonie sereine des lacs, et ne se prêtent guère aux descriptions brillantes dont vit le roman, aux péripéties du drame. L'amour conjugal intéresse ceux qui en jouissent, peu ou point le voisin, l'observateur ; il ne commence à entrer dans l'histoire que lorsqu'il est menacé, compromis ou perdu : sans le serpent tentateur, personne n'aurait parlé d'Adam ni d'Ève. Ainsi, dans une assemblée politique, le spectateur n'a d'yeux que pour les orateurs qui occupent la tribune, pour les interrupteurs, pour les députés qui administrent ou reçoivent des camouflets ; il ne se préoccupe guère d'écouter le silence des timides, d'étudier le travail des commissions.

Détail assez curieux : le XVIII° siècle est en quelque sorte le siècle des bons ménages de ministres : les Maurepas, les Chauvelin, les Vergennes, les Necker, fournissent de parfaits exemples d'amour conjugal. Maurepas et sa femme passent cinquante-cinq ans ensemble, sans se quitter presque un seul jour ; Mme de Maurepas avait beaucoup d'influence sur son mari, qui assistait tous les soirs à sa partie de loto ; Mme de Puisieux les appelait Philémon et Baucis. On sait l'adoration sans bornes de la duchesse de Choiseul pour son mari, qui la payait de retour à sa façon, c'est-à-dire en se montrant assez infidèle.

Voulez-vous d'autres noms ? Le prince et la princesse de Beauvau, — Aurore de Verrières, l'aïeule de G. Sand, qui aime infiniment son vieux et charmant mari Dupin de Francueil, — le duc et la duchesse de Luynes, le maréchal et la maréchale de Muy, la duchesse de Chevreuse ; les dames d'honneur de la reine Marie Leczinska, connues à la Cour sous le nom de la *Semaine Sainte*, et appartenant *aux dessous de vertus* du XVIIIe siècle ; — les Helvétius, dont la tendresse faisait dire à une femme du monde, avec une nuance de dépit : Ces gens-là ne prononcent point comme les autres les mots de : mon mari, ma femme, mes enfants (1) ; — la marquise de Créqui ; la duchesse de Lauzun-Biron ; le duc et la duchesse de Penthièvre ; le comte et la comtesse de

---

(1) Helvétius, assure-t-on, eut quelques passades, ce qui n'empêche pas le ménage d'avoir été un des plus unis, un des plus heureux : la vertu absolue est si rare ! Aurait-il raison, mon spirituel ami le Dr L... quand il prononce : « L'homme est polygame, la femme, non ? »

Plélo (1); — les dames de la maison de Noailles : duchesse d'Ayen, marquise de La Fayette, marquise de Montagu, marquise de Grammont ; — et tant d'autres dont les filles étaient chastes, dont les fils étaient braves, qui trouvaient tous les charmes de l'amour dans une union « qui le plus souvent sert à le détruire ; » celles-ci philosophes, celles-là chrétiennes, les yeux attachés sur ce catéchisme de cinq sous que Massillon recommandait comme remède à l'incrédulité d'une petite fille et d'un vieux courtisan.

Voici encore les d'Argental, auxquels Voltaire adresse ces aimables vers :

> On disait que l'Hymen a l'intérêt pour père,
> Qu'il est triste, sans choix, aveugle, mercenaire :
> Ce n'est point là l'hymen, on le connaît bien mal.
> Ce dieu des cœurs heureux est chez vous, d'Argental ;
> La vertu le conduit, la tendresse l'anime ;
> Le bonheur sur ses pas est fixé sans retour ;
> Le véritable Hymen est le fils de l'Estime,
>   Et le frère du tendre Amour.

Aux déplorables exemples du Régent, de Louis XV, on est heureux de pouvoir opposer ceux de leurs propres fils et petits-fils, le dauphin, Louis XVI, surtout le duc Louis d'Orléans, qui vit dans la plus parfaite union avec sa femme, et, après l'avoir perdue, cherche ses consolations et sa force dans la religion. Les vertus du fils rachètent les vices du père. Exercices de piété,

---

(1) La marquise de Lambert donnait ce conseil à Plélo : « Mon enfant, ne vous permettez que les folies qui vous feront grand plaisir. »

œuvres charitables, étude des sciences, de la théologie, des langues anciennes originales, retraites à l'abbaye de Sainte-Geneviève, absorbent dorénavant une grande partie de son existence. Ce prince paraît peu à la Cour, (il est comme les chats, disait la comtesse d'Armagnac, il est quelquefois six mois sans qu'on le voie); un instant même il songea à se faire prêtre, mais se contenta de s'astreindre à la règle des Génovéfains, et légua tous ses manuscrits à l'Ordre de Saint-Dominique. Aussi passionné pour la théologie que désintéressé des choses de la politique, on le trouva un jour discutant avec des docteurs de Sorbonne sur l'emplacement que devait occuper le Paradis terrestre. Avait-il entendu parler de cette théorie humoristique d'un savant qui veut qu'Ève fût brune et que le fruit mangé fût un ananas, non une pomme ? Sa haine pour le théâtre était telle qu'il aurait voulu *travestir l'Opéra en une chapelle fondée,* et Barbier observe que, si cette conduite est belle pour là-haut, cela ne donne pas le relief d'un grand homme ici-bas. En revanche, ses charités étaient infinies; lui arrivait-il de subir un procès avec un voisin, il lui prêtait de quoi plaider contre lui, et lorsqu'il mourut, au fond d'un cloître, en plein règne de Pompadour, ce fut un cri unanime : « Le père des pauvres est mort. » Cette oraison funèbre en vaut bien une autre. « Grand dans les petites choses, et petit dans les grandes, » disait sur un des parents de ce prince un ironiste raisonnant au point de vue de l'homme d'État.

A côté de l'amour conjugal, et en marge, il faudrait noter les exemples si nombreux d'amour quasi légitime, de celui qui offre tous les caractères d'un bon mariage, sauf la consécration religieuse et légale, qui termine souvent ce qu'elle aurait dû commencer : le président de Meinières et Mme Belot, le duc de Nivernois et Mme de Rochefort, Mme de Sabran et le marquis de Boufflers, Saint-Lambert et Mme d'Houdetot, Mme du Marchais et d'Angivilliers, le président Hénault et Mme de Castelmoron, Mme de Boufflers et le prince de Conti, Watelet et Mme Lecomte, le prince de Condé et la princesse de Monaco, le comte d'Artois et Mme de Polastron, etc.

Tout dans ces liaisons se passe avec une décence extrême. « Aucune familiarité, observe Walpole, n'est permise que sous le voile de l'amitié, et le dictionnaire de l'amour est aussi prohibé que semblerait l'être à première vue son rituel. » Je me rappelle qu'un soir, chez Mme Aubernon de Nerville, certain immortel, en veine de paradoxes, concluant violemment contre les liaisons de ce genre, s'écria : « Pour moi, pas de milieu ; le mariage ou la débauche ! — Bravo, Monsieur B..., s'écria Mme C..., bien connue pour son puritanisme, et comme saisie de délire littéraire ! Je bois avec vous à la débauche ! » Et ils choquèrent leurs verres, et rien n'était plus piquant que d'entendre ces deux parangons de l'austère morale vaticiner en l'honneur de sa négation.

Le mari de Mme d'Houdetot prétendit qu'elle et lui avaient la vocation de la fidélité, mais qu'il y avait eu malentendu. Mme d'Houdetot est aimée, uniquement aimée, pendant quarante-deux ans par le marquis de Saint-Lambert. Fidélité d'autant plus méritoire qu'elle n'est pas jolie. « Oh ! répondait Saint-Lambert, elle n'a de laid que le visage. » Et, par une superstition touchante, elle ne manquait jamais, avant de se coucher, de frapper trois fois le parquet de sa pantoufle, en disant à son cher mort qui restait vivant pour elle : Bonsoir, mon ami ! Seulement Mme d'Houdetot (1) n'est qu'une jolie âme païenne, elle résume toute sa morale dans cette formule d'un poète oriental : « Jouissez, c'est le bonheur ; faites jouir, c'est la vertu; » elle croit avoir rempli tous ses devoirs en se dévouant à l'amour, elle le dit en prose et en vers, n'eut ni remords ni regrets.

> Jeune, j'aimai; le temps de mon bel âge,
> Ce temps si court, l'amour seul le remplit.
> Quand j'atteignis la saison d'être sage,
> Toujours j'aimai, la raison me le dit.
> Mais l'âge vient, et le plaisir s'envole ;
> Mais mon bonheur ne s'envole aujourd'hui :
> Car j'aime encore, et l'amour me console...
> Nul n'aurait pu me consoler de lui.

Un jour même elle remercie Dieu de lui avoir permis d'aimer :

> Tu nous fis pour t'aimer, et non pour te comprendre ;
> En m'ordonnant d'aimer, tu fis assez pour moi.
> Aimer fut mon bonheur et ta suprême loi ;
> De ce sentiment seul mon culte doit dépendre,
> Il m'assure à la fois de mon âme et de toi!

---

(1) Hippolyte Buffenoir : *La Comtesse d'Houdetot*, 2 volumes. — De Lescure : *Les Femmes philosophes au XVIIIe siècle*. — Necra : *Il secolo galanto : la contessa d'Houdetot*. — J.-J. Rousseau : *Les Confessions*.

Du moins devons-nous reconnaître qu'elle eut la science de la vie épicurienne, fut une parfaite amie, simple avec simplicité, discrète, indulgente envers tous, pleine de goût et d'esprit, du caractère le plus doux, ayant l'art de sa bonté, beaucoup de grâce dans l'éloge, le don de saisir le bon côté de chaque chose ; elle était laide et fut adorée, tant elle était aimable. C'est de quoi plaider les circonstances atténuantes en sa faveur.

Tel ne fut pas l'avis de Chateaubriand qui conclut assez sévèrement : « J'ai revu à Sannois la maison qu'habitait Mme d'Houdetot, ce n'est plus qu'une coque vide, réduite aux quatre murailles. Un être abandonné intéresse toujours ; mais que disent les foyers où ne s'est assise ni la beauté, ni la mère de famille, ni la religion, et dont les cendres, si elles n'étaient dispersées, reporteraient seulement le souvenir vers les jours qui n'ont su que détruire? ... Il suffit de tenir bon dans la vie pour que les illégitimités deviennent des légitimités. On se sent une estime infinie pour l'immoralité, parce qu'elle n'a pas cessé d'être, et que le temps l'a décorée de rides... »

Guizot, admis dans le salon de la comtesse, s'en est plus tard souvenu heureusement :

« Les mercredis, Mme d'Houdetot donnait à dîner à un certain nombre de personnes invitées une fois pour toutes, et qui pouvaient y aller quand il leur plaisait. Elles s'y trouvaient en général huit, dix, quelquefois davantage. Point de recherche, point de bonne chère ; le dîner n'était qu'un moyen, nullement un but de réunion. Après le dîner, assise au coin du feu, dans son grand fauteuil, le dos voûté, la tête inclinée sur la poitrine, parlant peu, bas, remuant à peine, Mme d'Houdetot assistait en quelque sorte à la conversation, sans la diriger, sans l'exciter, point maîtresse de maison, bonne, facile, mais prenant à tout ce qui se disait, aux discussions littéraires, aux nouvelles de société ou de spectacle, au moindre incident et au moindre mot spirituel, un intérêt vif et curieux : mélange piquant et original de vieillesse et de jeunesse, de tranquillité et de mouvement. »

Elle avait de ces pensées qui résument une conversation, comme le marteau du commissaire-priseur quand il prononce : adjugé ! Un jour, par exemple, elle dit après une longue discussion sur les femmes : « Sans elles, la vie de l'homme serait sans assistance au commencement, sans plaisir au milieu, et sans consolation à la fin. » Jean-Jacques, prenant une pêche dans un compotier, renversa le reste de la pyramide. « Voilà, sourit-elle, ce que vous faites avec toutes vos organisations sociales ; vous jetez tout par terre d'un simple geste, mais qui rebâtira ce que vous détruisez ? » Vers ou prose, *les perce-neige de son esprit* charmaient ses auditeurs et les réduisaient au silence (1).

Parmi les convives de l'âge d'argent, je distingue :

---

(1) La belle-fille de la comtesse mourut, très jeune encore, d'une maladie de poitrine. Quelques jours avant la fin, comme l'archevêque de Toulouse lui demandait à quoi elle rêvait, elle répondit : « Je me regrette. »

Saint-Lambert, Sommariva qui fut pour Mme d'Houdetot ce que Walpole fut pour Mme du Deffand, les Suard, Saint-John de Crevecœur, Mme de Rémusat, Mme Chéron, d'Allard, Mme de La Briche, Morellet.

La comtesse de Sabran et le marquis de Boufflers s'aiment pendant vingt ans d'un amour profond, tel que nous le concevons, nous, hommes du XIXe siècle, et comme embelli par ce culte de la nature, cette prise de possession du paysage dont Diderot, Rousseau, Bernardin de Saint-Pierre, furent les principaux initiateurs. L'esprit les avait rapprochés d'abord, et, plus tard, Mme de Sabran, devenue marquise de Boufflers, racontait ainsi cette poétique histoire :

> De plaire, un jour, sans aimer j'eus envie ;
> Je ne cherchais qu'un simple amusement :
> L'amusement devint un sentiment,
> Le sentiment le bonheur de ma vie.

C'est pour elle qu'il se sépare d'elle, qu'il sollicite le gouvernement du Sénégal, dans l'espoir d'arriver à une situation qui lui permette de renoncer à ses bénéfices de l'Ordre de Malte, jusque-là sa seule fortune, et d'épouser la comtesse : il veut que la gloire soit sa dot et sa parure, qu'elle fasse oublier son âge et sa pauvreté. Elle n'en demande pas tant, elle ressemble au pigeon sédentaire de la fable, elle pense que l'amour est la pierre philosophale, et qu'on peut aisément se passer de tout quand on possède tout. Cependant elle se résigne, et alors s'engage cette correspondance si originale, où les deux amants échangent impressions, tendresses, regrets, mélancolies, avec une éloquente simplicité, un sentiment exquis du pittoresque, et des élans de passion qui éclatent dans ces lettres comme un Rembrandt, un Michel-Ange, au milieu d'une collection de tableaux de Greuze ou de Fragonard (1).

« Adieu, mon époux, lui écrit-elle, mon amant, mon ami, mon amour, mon âme, mon Dieu... »

« Adieu, répond Boufflers, la plus aimable, la plus aimée, la plus désirée de toutes les créatures de Dieu ! Ce matin une bonne négresse est venue me dire : « Comment portes-tu toi sa matine ? — Je lui ai dit : assez bien, mais je n'ai pu dormir. — Tu l'o pas doremi... non... c'est que tu penses loin... » Elle avait raison, la pauvre femme ! Adieu, toi qui m'empêches de dormir, toi qui me fais *penser loin*. — Pour toi, je ne t'apporte que moi, *moi, dis-je*, et c'est à toi d'achever. »

Il y a dans les Mémoires du Président Hénault une page qui à elle seule le laverait du reproche d'égoïsme, et qui rappelle la réponse de Fontenelle à Mme du Bocage, lorsqu'elle s'étonnait qu'on pût accuser celui-ci de manquer de sensibilité : « C'est que je n'en suis pas encore mort. »

---

(1) *Correspondance inédite de Mme de Sabran et du chevalier de Boufflers*, publiée par E. de MAGNIEU et Henri PRAT, 1 volume, PLON, 1875. — *Nouvelles Lettres de Boufflers à Mme de Sabran*, publiées par PRAT chez PLON. — *Œuvres choisies de Boufflers*, 2 volumes, 1828. — *Contes de Boufflers*, précédés d'une notice, par Eugène ASSE, Paris, JOUAUST, éditeur. — Pierre DE CROZE : *Le Chevalier de Boufflers et la comtesse de Sabran, 1788-1792*, un volume in-18, CALMANN-LÉVY. — Voir aussi mon volume : *Les Causeurs de la Révolution*, pp. 259 et suivantes, in-18, CALMANN-LÉVY.

« Mme de Castelmoron a été, depuis quarante ans, l'objet principal de ma vie. Elle a éprouvé toutes les différentes situations où je me suis trouvé par le sentiment de la plus sincère amitié. Elle a ressenti mes joies, elle a partagé mes peines, elle a été mon asile dans mon ennui, dans mes chagrins ; elle a adouci mes douleurs dans des maladies aiguës que j'ai éprouvées ; je serais seul, sans elle, dans le monde. Je n'ai point connu d'âme plus raisonnable, d'esprit plus solide, de jugement plus sain ; son cœur ne respire que pour ses amis... Elle se compte pour rien et ignore l'exigence ; sans envie, sans jalousie, sans prétention, elle ne vit que pour les autres. Jamais je n'ai pris de parti sans son conseil ; ou si j'ai manqué de la consulter, je m'en suis repenti. Sa santé délicate m'inquiète à tous moments ; mais si son corps est faible, son âme est courageuse. Tous les genres de malheurs, elle les a éprouvés, toujours sans se plaindre et avec une patience qui tromperait tous autres que ses véritables amis... Ah ! mon Dieu ! quand j'écrivais ce portrait, qui m'aurait dit que j'étais si près du plus grand malheur de ma vie ? Mme de Castelmoron est morte le 3 novembre, jour de saint Marcel, 1761... Tout est fini pour moi : il ne me reste qu'à mourir... »

S'il n'y a pas là une affection profonde, une douleur sincère, où peut-on les rencontrer ?

Lorsque Hénault fut décidément sur le point d'aller voir là-haut *si Dieu gagne à être connu,* Mme du Deffand, qui avait été aussi son amie trop intime pendant longtemps, pour en tirer quelques paroles, lui demanda s'il se rappelait Mme de Castelmoron. Ce nom produisit un effet magique, et la questionneuse ayant voulu savoir s'il l'avait plus aimée que Mme de Castelmoron, voilà le mourant qui se lance dans un parallèle où il porte aux nues les qualités de Mme de Castelmoron, détaille les défauts de sa rivale, et cela dura une bonne demi-heure sans qu'on pût l'arrêter. « Ce fut le chant du cygne, » dit Grimm.

D'Aydie et Aïssé (1) nous font assister à une idylle passionnée en pleine Régence. Elle a un charme exquis d'émotion, l'aventure de cette adorable Circassienne ; elle prouve, une fois de plus, qu'il y a au moins autant de différence entre une fantaisie et une passion qu'entre un madrigal et un poème épique.

Achetée, presque enfant, sur le marché des esclaves de Constantinople par le comte de Ferriol, ambassadeur de France, élevée par Mme de Ferriol, femme peu scrupuleuse, propre à toutes sortes d'emplois et digne sœur de Mme de Tencin, qui recevait d'ailleurs une compagnie assez brillante, Aïssé trouve assez de force dans la bonté native de son âme pour résister aux avances du Régent

---

(1) *Lettres de Mlle Aïssé à Mme Calandrini*, avec une notice de SAINTE-BEUVE, un vol., 1846. — *Lettres de Mlle Aïssé*, accompagnées d'une notice biographique de *M. de Barante*, P. CHAMEROT, 1823. — *Lettres de Mlle Aïssé à Mme Calandrini*, publiées par M. Eugène ASSE, Paris, CHARPENTIER, 1873. — GONCOURT : *La Femme au XVIIIe siècle*. — *Correspondance de Mme du Deffand*, édition LESCURE. — Honoré BONHOMME : *Correspondance inédite du chevalier d'Aydie*, un vol., 1874. — *Lettres de Mlle Aïssé à Mme Calandrini*, précédées d'une notice, par PIÉDAGNEL, 1883. — Jules SOURY : *Le Chevalier d'Aydie d'après sa Correspondance*, dans *Revue des Deux-Mondes*, 1er septembre 1874.

lui-même, n'aimer qu'un seul homme, garder sa pudeur dans une société très frivole, et montrer en toute occasion le désintéressement le plus rare. Tout d'elle nous attendrit, la noblesse de son amour, sa discrétion délicate, son admiration pour la vertu, son remords sincère (1), sa conversion exempte de toute momerie.

Elle a vraiment jeté un charme sur ses contemporains : Bolingbroke affirmait : « J'aimerais mieux avoir découvert le secret de lui plaire que la quadrature du cercle. »

« Chez elle, remarque Henry Fouquier, c'est le devoir qui lutte avec la passion, comme chez les héros de Corneille, et non pas les passions qui s'entrechoquent entre elles, comme dans le cœur tumultueux de Mlle de Lespinasse. »

Et, par sa passion, par sa tendre fidélité, d'Aydie se montre digne d'elle. Voltaire et, ce qui prouve mieux, Mme du Deffand le portent aux nues :

« L'esprit de M. le Chevalier d'Aydie, écrit la marquise, est chaud, ferme et vigoureux ; tout en lui a la force et la vérité du sentiment. On a dit de M. de Fontenelle qu'à la place du cœur il a un second cerveau ; on pourrait croire que la tête du chevalier contient un second cœur. Il prouve la vérité de ce que dit Rousseau, que c'est dans notre cœur que notre esprit réside. Jamais les idées du chevalier ne sont affaiblies, subtilisées ni refroidies par une vaine métaphysique. Tout est premier mouve-

---

(1) Il est assez piquant de constater que Mme de Parabère se montra une amie parfaite pour Aïssé, et fut, avec Mme du Deffand et d'Aydie, un des principaux instruments de sa conversion.

ment en lui; il se laisse aller à l'impression que lui font les sujets qu'il traite... Il n'emprunte les idées ni les expressions de personne; ce qu'il voit, ce qu'il dit, il le voit et il le dit pour la première fois. Ses définitions, ses images sont justes, fortes et vives; enfin, le chevalier nous démontre que le langage du sentiment et de la passion est la sublime et véritable éloquence...

« L'on jouit avec lui du plaisir d'apprendre ce qu'on vaut par les sentiments qu'il vous marque, et cette sorte de louange et d'approbation est bien plus flatteuse que celle que l'esprit seul accorde et où le cœur ne prend point de part. »

Quels jolis accents dans les lettres d'Aïssé (1), qui nous révèlent aussi certains détails curieux sur le début du règne de Louis XV:

« Vous êtes, chevalier, mes éternelles amours, et il n'y a en moi d'inconstance que parce que tantôt j'aime votre esprit, tantôt j'aime votre cœur.

« Je ne connais d'autre art que celui de rendre la vie si douce à ce que j'aime qu'il ne trouve rien de préférable. Je veux le retenir à moi par la seule douceur de vivre avec moi. » — « L'avez-vous ensorcelé? lui demande-t-on. — Le charme dont je me suis servie est de l'aimer malgré moi, et de lui rendre la vie du monde la plus douce. »

« Il me semble que, dans le rôle d'amoureuse, quelque

---

(1) Aïssé, Julie de Lespinasse, Louise de Bourbon-Condé, m'ont souvent rappelé la belle invocation à l'Amour d'un de nos premiers poètes, la comtesse Mathieu de Noailles; je regrette de ne pouvoir ici la reproduire.

violente que soit la situation, la modestie et la retenue
sont choses nécessaires ; toute passion doit être dans
les inflexions de la voix et dans les accents. Il faut laisser aux hommes et aux magiciens les gestes violents et
hors de mesure : une jeune princesse doit être plus modeste : voilà mes réflexions. »

« Je vois qu'il n'y a que la vertu qui soit bonne en ce
monde et en l'autre. Pour moi, qui n'ai pas le bonheur
de m'être bien conduite, mais qui respecte et admire les
gens vertueux, la simple envie d'être du nombre m'attire
toutes sortes de choses flatteuses. »

Dans quelques pages, par exemple dans les portraits
des ducs de Gesvres et d'Épernon, elle s'élève au-dessus
de l'amour, presque au niveau de l'histoire anecdotique.
N'est-ce pas une vue prophétique de l'avenir, cette prédiction qui date de 1727 : « Tout ce qui arrive dans cette
monarchie annonce bien sa destruction ? »

Elle semble toujours redire à son ami ce charmant
vers d'*Adélaïde du Guesclin* :

C'est moi qui te dois tout, puisque c'est moi qui t'aime.

Et elle refuse constamment à celui qu'elle adore de
l'épouser, parce qu'elle ne veut pas nuire à son avenir,
parce qu'elle ne veut l'aimer que pour lui-même.

Elle mourut, en 1733, à trente-huit ans ; le chevalier
s'occupa très tendrement de la fille qu'il avait eue d'elle,
l'adopta ouvertement et la maria avec un bon gentilhomme de sa province, le vicomte de Nanthiac. Avant
de connaître Aïssé, il passait pour un homme à bonnes

fortunes, un roué, et avait inspiré un goût très vif à la duchesse de Berry. Il était « clerc tonsuré du diocèse de Périgueux, chevalier non-profès de l'Ordre de Saint-Jean de Jérusalem, » et M. Jules Soury affirme qu'il ressembla toute sa vie, mais en beau, au piquant portrait que Gui Patin traça de ces soldats du Christ (1).

D'Aydie, en 1720, vit Aïssé, fut converti comme par miracle, devint l'homme des affections simples et naturelles, des amitiés viriles et vertueuses. Il eut avec le bailli de Froulay, ambassadeur de l'Ordre de Malte à Paris, une amitié presque aussi célèbre que son amour pour Aïssé ; on ne les appelait que « les deux chevaliers sans peur et sans reproche. »

Il faut convenir aussi qu'il ne s'ensevelit point tout entier dans le souvenir de l'amie disparue ; retiré un peu avant cinquante ans dans le Périgord, ayant pour principe que « ne rien faire est le premier des biens, » revenant parfois à Paris, il n'existe plus, du moins en apparence, que pour l'amitié, la chasse et les dindes truffées. Aucune ambition : il cultive l'art du bonheur pour lui-même et ses amis avec trop de soin pour ne pas regarder par-dessus l'épaule la destinée brillante qui l'attendait peut-être à la Cour, à l'armée. Écrites avec l'élégance aisée, l'exquise politesse des gentilshommes

---

(1) « Les Chevaliers de Malte, dit celui-ci, sont gens fort simples, fort innocents et fort chrétiens, gens qui n'ont rien de bon que l'appétit, cadets de bonne maison qui ne veulent rien savoir, rien vouloir, mais qui voudraient bien tout avoir ; au reste, gens de bien et d'honneur, moines d'épée qui ont fait trois vœux, de *pauvreté, de chasteté* et *d'obédience :* pauvreté au lit, ils couchent tout nus, et n'ont qu'une chemise à leur dos ; chasteté à l'église, où ils

d'autrefois, ses lettres nous révèlent le causeur un peu *empâté dans l'oisiveté*, mais toujours lucide, clairvoyant, nourri des bons auteurs, original, indépendant, doucement ironique, l'homme qui a fréquenté les plus beaux esprits de son temps, et qui, malgré son aimable épicurisme, garde le sentiment du devoir, *aime à aimer* toutes les grandes causes. Tel billet de lui sur l'autorité royale et Frédéric II est d'un vol très haut, d'une pénétration qui devance l'avenir. Il lui échappe des traits comme celui-ci : « Il faudra ou que l'État périsse ou qu'il se refonde. » D'Aydie a compris que sans « les cordes d'imagination » dont parle Pascal, sans le respect traditionnel, l'ancien ordre de choses ne saurait subsister. Le nouvel ordre de choses n'a-t-il pas besoin, lui aussi, de certaines cordes d'imagination ?

S'il faut tout confesser, il soupira, un peu tardivement, pour la comtesse de Tessé, dame du palais de Marie-Josèphe de Saxe, qui n'était pas non plus une jouvencelle, et qui, cependant, le mit à la portion congrue, lui interdit de l'adorer, et enjoignit plus de retenue pour l'avenir. Mais cela se passait en 1749, et Aïssé était morte depuis seize ans. D'Aydie lui survécut jusqu'en 1760.

---

n'embrassent point les femmes... Leur troisième vœu est obéissance à la table ; quand on les prie d'y faire bonne chère, ils le souffrent ; ils mangent... après qu'ils sont soûls, une cuisse de perdrix, puis du biscuit, en buvant par dessus du vin d'Espagne du rosolis et du populo, avec des confitures ou de la pâte de Gènes, et tout cela par obéissance. *O sanctas gentes !...* » Entre ces lignes et le portrait de Mme du Deffand il y a de la marge.

Avec Mlle de Lespinasse (1), nous entendons la symphonie orageuse de la passion, les lamentations, les regrets, les fureurs de Phèdre ou d'Hermione ; elle fait songer aux héroïnes de George Sand, à Musset. Ses lettres, on l'a dit, sont *le plus fort battement de cœur* de tout le XVIIIe siècle. Pour elle comme pour tant d'autres, l'esprit servira plus à fortifier la folie que la raison. Elle aime éperdument le marquis de Mora, et en même temps le comte de Guibert, mais Mora était loin d'elle, à Madrid ; d'autres peut-être furent distingués par Julie, car elle a de la sensibilité « à en jeter aux passants, » selon le mot de son ami d'Alembert, demeure persuadée malgré tout qu'on ne peut être heureux que par les passions, et franchit assez vite en somme le sentier étroit qui sépare l'amitié et l'amour. Mora lui écrit de Madrid, comme elle manifeste quelque jalousie au sujet des dames espagnoles : « Oh ! elles ne sont pas dignes d'être vos écolières ; votre âme a été chauffée par le soleil de Lima, et mes compatriotes semblent nées sous les glaces de la Laponie. »

---

(1) *Lettres de Mlle de Lespinasse,* avec une notice biographique, par Jules JANIN, un vol., 1847. — *Lettres de Mlle de Lespinasse,* avec une notice biographique, par Eugène ASSE, un vol., 1876. — *Lettres inédites de Mlle de Lespinasse,* préface de Charles HENRY, un vol., 1887. — Mary SUMMER : *Quelques salons de Paris au XVIIIe siècle.* — *Mémoires du président Hénault de Morellet, de Marmontel, de Mme Vigée-Lebrun.* — *Correspondance de Mme du Deffand, de Grimm, de La Harpe.* — COLOMBEY : *Salons, Ruelles et Cabarets.* — SAINTE-BEUVE : *Causeries du Lundi,* t. II, p. 121 à 142. — IMBERT DE SAINT-AMAND : *Grandes Dames.* — *Retratos de Antano,* par le Révérend COLONNA. — Pierre DE SÉGUR : *Un grand homme*

Comme Julie eût goûté ce regret de Lamartine à propos des lettres d'Elvire : « J'ai brûlé ces lettres, parce que la cendre même eût été trop chaude pour la terre, et je l'ai jetée aux vents du ciel ! »

Mais laissons parler elle-même « cette nouvelle Héloïse en action, » qui fut aussi une admirable épistolière, qui semble avoir le « secret de tous les caractères, la mesure et la nuance de tous les esprits, » excelle à philosopher sur le sentiment, à se disséquer et à disséquer les autres, à dire ces mots qui brûlent le papier :

« Aimer et souffrir, le ciel, l'enfer..., voilà ce que je voudrais sentir, voilà le climat que je voudrais habiter, et non cet état tempéré dans lequel vivent tous les sots et tous les automates dont nous sommes environnés ; j'aime pour vivre et je vis pour aimer. » C'est ce qu'elle appelait, par un euphémisme assez plaisant, se montrer *honnête et sensible* (1).

Plus loin, et un peu au hasard à travers toute cette

---

de salons, Guibert dans *Gens d'autrefois*, in-18, 1903. — *Notice sur Guibert*, par le général BARDIN. — *Lettres de H. Walpole à ses amis.* — *Œuvres posthumes de d'Alembert*, t. II. — *Éloge d'Éliza*, par M. DE GUIBERT. — *Correspondance inédite de Condorcet et de Turgot.* Paris, CHARAVAY, 1883. — Il faut surtout étudier, pour bien connaître cette héroïne, le livre charmant et substantiel du marquis Pierre de Ségur : *Mlle de Lespinasse*, Paris, CALMANN-LÉVY. — Voir aussi l'étude de Paul BONNEFON : *Revue d'histoire littéraire de la France*, Paris, A. COLIN, 1897.

(1) A propos de sa passion pour Guibert, Grimm rapporte cette médisance : « C'était, dit-on, la cinquième ou la sixième qu'elle avait eue dans sa vie ; et voyez s'il y a plus de sûreté avec la philosophie et les philosophes qu'avec la grâce et ses directeurs. »

correspondance avec le comte de Guibert (1773 à 1776) :

« Vous verrez comme je sais bien aimer ; je ne fais qu'aimer, je ne sais qu'aimer... Vous aimez à admirer, et moi, je n'ai qu'un besoin, qu'une volonté, c'est d'aimer... Que vous êtes heureux ! Un roi, un empereur, des camps, vous font oublier ce qui vous aime. Je ne veux point de votre *reconnaissance,* c'est un sentiment que j'abhorre...

Je vous aime comme il faut aimer, avec excès, avec folie, transport et désespoir. Je vous aime par-delà les forces de mon âme et de mon corps.

Il y a deux choses dans la nature qui ne souffrent pas la médiocrité, les vers et l'amour.

Ah ! mon ami, que j'ai de mal à l'âme ! Je n'ai plus de mots, je n'ai que des cris !

Mon ami, regardez-moi comme atteinte d'une maladie mortelle, et ayez pour moi les soins, la faiblesse qu'on a pour des mourants...

Oh ! combien de fois l'on meurt avant que de mourir !

Je n'aime rien de ce qui est à demi, de ce qui est indécis, de ce qui n'est qu'un peu.

Quelle situation horrible que celle où le plaisir, où la consolation, où l'amitié, où tout devient poison !...

Je pourrai dire de votre amitié ce que le comte d'Argenson dit, en voyant pour la première fois la jolie Mlle de Berville qui était sa nièce : « Ah! elle est bien jolie! Il faut espérer qu'elle nous donnera bien du chagrin... »

Guibert s'excuse d'aimer les voyages, la gloire : « Je remplis ma jeunesse pour que ma vieillesse ne puisse pas me reprocher de ne l'avoir pas employée. — C'est, répond-elle, l'avare qui, en laissant mourir de faim ses enfants, se justifie à lui-même sa dureté, en disant qu'il leur amasse du bien pour qu'ils en jouissent après lui. »

« ... Écoutez-moi donc, et faisons l'un avec l'autre ce que proposa Mᵐᵉ de Montespan à Mᵐᵉ de Maintenon. Étant forcée de faire un voyage assez long avec elle en tête-à-tête : « Madame, lui dit-elle, oublions nos haines, nos querelles, et soyons l'une à l'autre de bonne compagnie... »

Il faut se croire aimé pour se croire infidèle...

Nous faisons du poison du seul bien (l'amour) qui soit dans la nature...

... Ce besoin de *vivre fort* est, je crois, le besoin des damnés. Cela me rappelle un mot de passion qui me fit bien plaisir : *Si jamais, me disait-on, je pouvais redevenir calme, c'est alors que je me croirais sur la roue.* Cette langue n'est à l'usage que des gens qui sont doués de ce sixième sens, *l'âme...*

J'éprouvais ce que dit Rousseau, qu'il y a des situations qui n'ont ni mots ni larmes...

Mon ami, il n'y a donc de manière d'exister qu'en souffrant !

Vous n'étiez pas digne du mal que vous me faites... vous ne méritez pas ce que j'ai souffert...

Ce qui est vous est plus moi que moi-même.

Adieu, je vous aime partout où je suis, mais non partout où vous êtes...

Il faut me plaindre d'être animée d'un sentiment qui donnerait de l'expression aux pierres.

J'ai voulu mourir, j'ai été retenue par le charme attaché à la passion, même à la passion malheureuse.

Je n'ai connu que le climat de l'enfer, quelquefois celui du ciel. »

Quel cri de passion dans une lettre de 1774 ! « De tous les instants de ma vie. Mon ami, je souffre, je vous aime, et je vous attends ! »

Sans cesse Julie reparle du marquis de Mora (1) qu'elle appelle le prodige et le miracle de la nation espagnole, de Mora qui lui écrivait vingt-deux lettres en dix jours (2), et qui, dès qu'elle le connut (1766), remplit l'idée qu'elle a de la perfection, de Mora qui voulait l'épouser. D'ailleurs, les contemporains faisaient grand crédit à Mora, fondaient sur lui les plus rares espérances : « Tout est destinée dans ce monde, écrit Galiani, et l'Espagne n'était pas digne d'avoir un M. de Mora. Peut-être cela dérangeait-il l'ordre entier de la chute des monarchies (3). »

---

1) Pierre de Ségur a tracé du marquis de Mora et du comte de Guibert des portraits achevés.

(2) Voici un trait qui a de quoi surprendre beaucoup de mes contemporains auxquels les petits bleus et le téléphone suffisent amplement : « On a connu ici, affirme Horace Walpole pendant un séjour à Paris, des gens qui s'écrivaient quatre fois par jour. On m'a parlé d'un couple qui ne se quittait jamais, et dont l'amoureux, forcené pour écrire, mettait un paravent entre eux deux, écrivait à Madame de l'autre côté, et lui jetait les lettres par dessus. »

(3) C'est le cas de répéter le mot de Diderot sur l'amour : « bête cruelle et sauvage. » Le même Diderot dit ailleurs : « Il n'y a rien de plus incommode que le désir, si ce n'est la possession. »

Guibert, qui n'avait pas la conscience bien nette, montre, convenons-en, une rare patience à entendre des éloges maladroits qui se présentent comme des reproches à peine déguisés et comme des expiations. Tout au plus se contente-t-il de riposter par quelques paroles comme celles-ci : « Votre âme est tantôt si active et si brûlante, tantôt si froide et si flétrie, toujours si douloureuse et si difficile à manier, qu'on ne sait plus comment traiter avec elle. » Ou bien encore : « Vivez, je ne suis pas digne du mal que je vous fais. »

Comme le dit Pierre de Ségur : « Les souffrances dont elle se plaint, elle-même en est le principal et le premier auteur, et le plus grand tort de celui qu'elle traitera, sans cesser de l'aimer follement, de « meurtrier » et de « bourreau, » est de n'avoir été qu'un homme au lieu d'un héros de roman. »

Notez encore que Julie n'épargne point les jérémiades éloquentes sur sa santé, ses crachements de sang, son désir de mourir, la médiocre tendresse de Guibert. Avec quelle horreur elle écarte l'idée qu'il pourrait se marier ! Comme elle le flatte pour l'en détourner :

« Diderot a dit que la nature, en formant un homme de génie, lui secoue le flambeau sur la tête en lui disant : *Sois grand homme et sois malheureux !* Voilà, je crois, ce qu'elle a prononcé le jour où vous êtes né. » Et quelle douleur quand elle apprend que son ami épouse une jeune et charmante héritière, Mlle de Courcelle !... « J'aurais la force du martyre, j'aurais la force, le dirai-je, oui, la *force du crime*, pour contenter ma passion ou celle de qui m'aimerait ; mais je ne trouve rien en moi qui me réponde de pouvoir jamais faire le sacrifice de ma passion... Il a été un temps où j'aurais mieux aimé que vous fussiez malheureux que méprisable ; ce temps n'est plus... »

Malgré tout ce rabâchage, on trouve là un mélange presque unique d'esprit et de passion, un admirable dédoublement de l'âme. Et puis ces lettres fourmillent de fines et délicates pensées (1).

---

(1) Voici quelques-unes de ces réflexions :

Où est le bonheur ? Chez quelques érudits bien lourds et bien solitaires ; chez de bons artisans, bien occupés d'un travail lucratif et peu pénible ; chez de bons fermiers qui ont de nombreuses familles bien agissantes, et qui vivent dans une aisance honnête. Tout le reste de la terre fourmille de sots, de stupides ou de fous ; dans cette dernière classe sont tous les malheureux, et je n'y comprends point ceux de Charenton, car le genre de folie qui fait qu'on se croit le Père éternel vaut peut-être mieux que la sagesse et le bonheur...

Il y a des hochets pour tout âge : il n'y a que le malheur qui soit vieux, et il n'y a que la passion qui soit raisonnable.

Les livres, la société, l'amitié, et enfin toutes les ressources imaginables, ne servent qu'à faire mieux sentir le prix et le pouvoir de ce qui vous manque...

C'est le public qui fait les réputations, mais c'est le public à la longue, car celui du moment n'a jamais le goût ni les lumières qui mettent le sceau à ce qui doit passer à la postérité.

... Ce que les femmes *veulent seulement, c'est d'être préférées.* Presque personne n'a besoin d'être aimé, et cela est bien heureux, car c'est ce qui se fait le plus mal à Paris...

Il n'y a que les sentiments qu'on fait avec sa tête qui puissent être parfaits...

Il est aimable ! Ah ! la sotte louange ! Elle est destructive de tout vrai mérite...

L'esprit est toujours la dupe du cœur.

Quelqu'un, en me demandant des nouvelles de M. de Saint-Cha-

Cette fille naturelle de la comtesse d'Albon, possédant d'instinct la partie divine de l'art de gouverner un salon, en avait appris en quelque sorte la technique et la stratégie chez Mme du Deffand, où elle demeura dix ans en qualité de lectrice, après avoir joué le rôle d'institutrice et fait un long stage de tristesse au château de Chamrond chez sa propre sœur, la marquise de Vichy, qui oubliait sans façon les ménagements dus au désintéressement le plus romanesque, à l'infortune et à la parenté. Les fonctions subalternes auprès de l'*aveugle clairvoyante*, les ennuis, les humiliations qu'elles entraînèrent, offraient du moins quelques compensations : des amis très distingués se groupèrent autour d'elle, prirent l'habitude de venir deviser dans sa cellule avant que s'ouvrît le salon de la marquise, tandis que celle-ci dormait encore. Mais elle l'apprit, sa jalousie, déjà fort éveillée, se tourna en fureur, elle fit un crime à la pau-

---

mans, me disait : *Vous savez combien je l'aime avec votre cœur et avec le mien.* Cela vaut mieux que la phrase de Mme de Sévigné sur la poitrine de sa fille (J'ai mal à votre poitrine).

Ne convenez-vous pas qu'il y a dans tout un vrai de convention ? Il y a le vrai de la peinture, le vrai du spectacle, le vrai du sentiment, le vrai de la conversation, etc... Eh bien ! Mme de Boufflers n'a le vrai de rien, et cela explique comment elle a passé sa vie sans toucher, ni intéresser, même les gens à qui elle a eu le plus d'envie de plaire...

La première règle dans l'amitié, c'est de servir nos amis comme ils veulent l'être, fussent-ils les plus bizarres du monde...

Vous voulez donc écraser tous les sots et tous les méchants ? Cette ambition a moins d'éclat que celle d'Alexandre, mais elle est tout aussi vaste...

Une définition du mariage : « Un véritable éteignoir de tout ce qui est grand et qui peut avoir de l'éclat... »

vre Julie d'écrémer la conversation de ses intimes ; une explication violente eut lieu, à la suite de laquelle Julie ne tarda pas à quitter la maison (avril 1764).

Une partie des intimes du salon, d'Alembert en tête, rompit sans retour avec la marquise, les autres fréquentèrent chez les deux rivales. D'ailleurs les amis de Julie furent dévoués jusques et y compris la bourse : Mᵐᵉ Geoffrin fit secrètement une pension de mille écus, et vendit trois tableaux à Catherine II pour que sa jeune amie pût emménager et toucher une seconde rente à vie de deux mille livres ; le duc de Choiseul obtint du roi une gratification annuelle de 1,500 livres, la maréchale de Luxembourg offrit un mobilier complet. On arriva petit à petit au chiffre annuel de 8,500 livres, assez pour vivre, mais non pour donner à souper de façon un peu suivie, et Grimm écrivait à ce propos : « Sœur Lespinasse fait savoir que sa fortune ne lui permet pas d'offrir à dîner ni à souper, mais qu'elle n'en a pas moins envie de recevoir les frères qui viendront digérer chez elle. »

Pas de fortune, pas de dîners, pas de beauté ; mais elle était grande, bien faite, des yeux admirables, une physionomie très expressive, un esprit supérieur : moyennant quoi, on l'aima, elle régna chez Mᵐᵉ Geoffrin, et eut elle-même de 1764 à 1776 un salon des plus brillants ; elle ne fut pas seulement la muse de l'Encyclopédie, comme le prétendait la marquise du Deffand, elle fut la muse de la causerie. Rester l'âme de la conversation et ne s'en faire jamais l'objet, jeter en avant la pensée et la donner à débattre, mettre en valeur l'esprit des autres, défendre ses amis en tout état de cause, les forcer à s'aimer en elle-même, n'être jamais au-dessus ni au-dessous de ceux à qui on parle, ne point faire étalage de son instruction, dire d'une manière originale, tels étaient ses talents propres. Elle se compare à cette femme d'esprit qui parlait ainsi de ses neveux : « J'aime mon neveu l'aîné parce qu'il a de l'esprit, et j'aime mon neve le cadet parce qu'il est bête. »

« J'ai cherché, dit Guibert, à m'expliquer le principe de ce charme que personne ne possédait comme elle, et voici en quoi il m'a paru consister : elle était toujours exempte de personnalité, et toujours naturelle... Elle savait que le grand secret de plaire est de s'oublier pour s'occuper des autres, et elle s'oubliait sans cesse... Naturelle, elle l'était dans sa démarche, dans ses mouvements, dans ses gestes, dans ses pensées, dans ses expressions, dans son style; et ce naturel avait en même temps quelque chose d'élégant, de noble, de doux, d'animé... »

Il est vrai que d'Alembert lui reproche de montrer parfois de l'humeur, de la sécheresse, et aussi le *désir banal de plaire à tout le monde;* sûre de conserver les anciens amis, elle s'occupait volontiers à en acquérir d'autres, ne se montrant pas toujours assez difficile sur le choix. Enfin, l'envie d'avoir une cour la rendait de bonne composition, et les ennuyeux ne lui déplaisaient pas trop, pourvu qu'ils fussent dévoués.

Mais Guibert allait au-devant de ce grief : « On ne pouvait concevoir, disait-on, que son cœur pût suffire à tant d'amis... Il en était de ses sentiments comme de ses goûts, ils avaient différents degrés suivant la différence de leur principe. Elle aimait d'estime, d'attrait, de reconnaissance. »

Nourrie de Plutarque, de Tacite, de Montaigne, de Racine, de La Fontaine ; goûtant Prévost, Le Sage, Voltaire, adorant Sterne, Shakespeare, Locke ; passionnée pour Jean-Jacques, Richardson, Gluck, tous les arts de goût et d'imagination avaient des droits sur elle. « Tout ce qui était fort plaisait à son caractère, et tout ce qui était fin ou profond plaisait à son esprit. » Elle souffrait comme d'une blessure d'une faute de goût, mais sans le laisser paraître, et Buffon, qu'elle avait tant désiré connaître, la rendit malheureuse toute une soirée, lorsqu'il lança cette réflexion : « Oh ! diable, quand il s'agit de clarifier son style, c'est une autre paire de manches ! »

Elle-même explique ainsi ses succès de monde et d'amitié : « ... C'est qu'elle a toujours eu le *vrai de tout*, et qu'elle y a joint d'être *vraie en tout*. »

Elle se prend même à la politique, a *l'âme citoyenne*, admire la Constitution anglaise, maudit le pouvoir absolu, porte aux nues ses amis Turgot et Malesherbes, et, toutefois, se montre prompte au désenchantement, au scepticisme. Une seule chose l'ennuie invinciblement, la campagne, peut-être en souvenir amer du passé, tant et si bien qu'au bout de vingt-quatre heures elle soupire après son logis parisien, et s'empresse d'y rentrer.

Elle a appris ou plutôt elle parle d'instinct le langage de Rousseau et de Richardson : « Vous me croirez folle, mais lisez une lettre de Clarisse, une page de Jean-Jacques, et je vous réponds que vous entendrez ma langue. Non pas que je croie parler la leur, mais j'habite le même pays, et mon âme est à l'unisson du cœur douloureux de Clarisse. »

Pas plus que Mme du Deffand, elle n'a le sentiment de la nature, elle n'estime que les passions, les personnes, et considère que pour une âme malade la nature n'a qu'une couleur, tous les objets sont couverts de crêpe. « Quant aux objets inanimés, confesse la marquise, je ne les aime qu'en dessus de porte. »

Elle n'était rien moins que belle, assure Guibert; mais sa laideur n'avait rien de repoussant au premier coup d'œil; au second, on s'y accoutumait, et dès qu'elle parlait, on l'avait oubliée. « *Vous rendez le marbre sensible,* lui disais-je, *et vous faites penser la matière...* » La petite vérole l'avait laissée fortement *grêlée.*

On faisait des lectures rue Saint-Dominique, on y faisait même des académiciens; Julie fut pour beaucoup dans l'élection académique du chevalier de Chastellux, de Suard, de La Harpe, de ce qu'elle appelle ironiquement *une immortalité à vie.*

Citons en passant, parmi ses intimes : Condorcet, que dans les temps de brouille elle nomme le ci-devant bon Condorcet, à qui elle recommande vainement de ne point manger ses lèvres ni ses ongles, et qui lui sert de second secrétaire; le comte de Crillon, Turgot, Loménie de Brienne, Morellet, Malesherbes, Marmontel, de Vaines, l'abbé Arnaud, Thomas, Galiani, Gleichen, Boutin, Saint-Lambert, Schomberg, Caraccioli, Creutz, d'Aranda, lord Shelburne, David Hume, etc. Et parmi les femmes : la maréchale de Luxembourg, la duchesse de La Vallière, la duchesse de Chatillon, la comtesse de Brionne, Mmes Geoffrin, de Flamarens, de Marchais, Necker, la duchesse et la marquise d'Anville, la comtesse de Boufflers (l'Idole du Temple), la comtesse de Forcalquier, celle-là même qui, ayant été frappée par son mari sans témoins, et recevant de son avocat une réponse négative sur les chances d'une séparation, rentre en hâte à son hôtel, applique sur la joue du comte un soufflet retentissant, qu'elle accompagne de ce commentaire : « Tenez, Monsieur, voilà votre soufflet, je vous le rends, je n'en peux rien faire. »

Avec de tels partenaires, Mlle de Lespinasse n'avait pas besoin de donner à manger, elle donnait à causer, elle donnait à aimer, et c'est beaucoup.

Et d'Alembert? Il se crut aimé, seul aimé, et, naïveté charmante, il allait à la poste chercher les lettres de Mora à sa Julie, pour qu'elle les trouvât à son réveil. Cependant il ne put se tenir de lire ces lettres que la mourante lui avait recommandé de brûler. D'abord indigné, il pardonna bientôt, et demeura inconsolable; il disait à Marmontel : « Oui, elle était changée, mais je ne l'étais pas, moi; elle ne vivait plus pour moi, mais je vivais pour elle. » Et, croyant peut-être la retrouver un peu, il essayait de perpétuer son salon en tenant chez lui, trois fois par semaine, des assemblées de conversation.

Faut-il ajouter foi à certain bruit d'après lequel d'Alembert resta toujours avec Mlle de Lespinasse dans les bornes d'une chasteté absolue, pour des raisons d'un ordre délicat auxquelles fit allusion la duchesse de Chaulnes dans sa réponse à cet enthousiaste qui appelait le philosophe un dieu : « Eh bien ! si c'est un dieu, il aurait dû commencer par se faire homme. » Il y aurait là une nouvelle variété d'amour platonique. Peu importe d'ailleurs : l'amour souffle où il veut, et d'où il veut.

Mme du Deffand, en apprenant la mort de son ex-amie (1776), écrivit à Horace Walpole : « Je ne sais pourquoi Mlle de Lespinasse est morte cette nuit, à deux heures après minuit ; ça aurait été pour moi autrefois un grand événement ; aujourd'hui, ce n'est rien du tout. » Et le soir, elle soulignait âprement sa rancune devant ses familiers : « Cette demoiselle aurait bien dû mourir quinze ans plus tôt ; je n'aurais pas perdu d'Alembert. » Le lendemain, elle continuait sur le même ton : « Si elle est en Paradis, la Sainte Vierge n'a qu'à y prendre garde, car elle lui enlèvera l'affection du Père éternel. » A cette époque tout finissait par un mot bon ou mauvais, tendre ou féroce, rimé ou non.

Quant à Guibert, peu d'hommes furent, tout d'abord, salués par des acclamations aussi flatteuses. Qui ne se met alors en frais d'enthousiasme pour lui ? « Il s'élance vers la gloire par tous les chemins, » affirmait Frédéric II. Voltaire, Mme Necker, Mme de Staël, font chorus, le comte d'Estaing envoyait à Guibert un portrait de Bayard, par Van Loo, avec ce quatrain sur la bordure du cadre :

> Si Bayard eût vécu, Bayard te l'eût offert.
> Tu mis dans tout son jour la vertu dont il brille.
> Le portrait d'un héros dans les mains de Guibert
> Sera toujours un portrait de famille.

A l'aube de leur amitié, Julie lui écrit : « Il y a des noms faits pour l'histoire ; le vôtre excitera l'admiration. » Lui-même dira naïvement, en se faisant peindre : « Il ne faut jamais faire le portrait d'un homme à qui la postérité ne voudrait pas ériger une statue. » Reconnaissons que la conversation spirituelle, éloquente, *de ce grand homme de salons,* comme l'appelle Pierre de Ségur, justifiait un peu cet engouement, sans parler de la musique de sa voix, de sa mémoire, de son énergique activité. Les femmes l'adoraient, et, en retour, il les jugeait coquettes, vaines, fausses, faibles, tout au moins romanesques, et comptait pour rien leurs qualités, « parce que c'est plutôt en elles des vices de moins que des vertus de plus. » Seule, Julie de Lespinasse sut le fixer d'une manière relative, oh ! très relative, le ton de ses lettres le prouve de reste, et aussi cette liaison avec Mme de Montsauge qui persistait au plus fort du nouvel attachement.

L'Essai général de tactique, œuvre assez originale, l'avait mis à la mode, tant et si bien qu'une jeune femme confessait avoir à peine parcouru *ce beau Tictac,* et que l'on discuta gravement dans une ruelle cette question majeure : « Lequel devait-on le plus désirer d'être la mère, la sœur ou la maîtresse de M. de Guibert ? » Les princes du sang sollicitent à l'envi une lecture du *Connétable,* la reine s'en déclare fanatique et le fait représenter à Versailles avec un tel luxe de mise en scène, que la dépense s'élève à trois cent mille livres. Plus clairvoyante, Julie ose mettre en garde l'auteur contre lui-même, car elle a senti les défauts de la pièce : forme incorrecte, versification médiocre, et cet effort hâtif, ce contentement de soi-même à bon marché, qui empêchèrent Guibert de dépasser le niveau de l'amateur distingué. La pièce ne réussit pas à la Cour ; poussé par Marie-Antoinette, Guibert voulut en appeler au grand public, et l'on reprit le *Connétable* au grand théâtre de Versailles, malgré les sages conseils de Julie qui suppliait son ami d'en rester là : il opéra force retouches, et la chute fut plus profonde encore. Comment avez-vous trouvé le *Connétable ?* disait-on au marquis de Chastellux. « Je l'ai trouvé d'un changement affreux. Au reste, dès la première fois, il était évident qu'il couvait une grave maladie. » Guibert eut plus tard une grande consolation : il fut élu membre de l'Académie française le 15 décembre 1785.

Lorsque j'ai essayé d'analyser les caractères de l'amour platonique avant et pendant le xviie siècle (1), j'ai cru pouvoir en distinguer quatre principales variétés :

1° L'amour platonique des jeunes filles qui a le charme divin de l'innocence et du printemps ;

2° L'amour platonique littéraire, celui que décrivent romanciers et historiens, et qui, en somme, reflète les mœurs, les sentiments de leur époque ;

---

(1) Tome IV du même ouvrage, pp. 247 à 302.

3° L'amour platonique de conversation ou par lettres, celui que glorifièrent les précieuses de l'hôtel de Rambouillet (1);

4° L'amour quasi platonique, un amour moins éthéré qui, tout en proscrivant

Les bas amusements de ces sortes de choses,

trouve son explication dans le mot d'une grande dame d'autrefois : « Pour vertueuses de la ceinture aux pieds, beaucoup d'entre nous le sont; mais pour vertueuses de la ceinture à la tête, celles-là sont beaucoup plus rares. » Ou encore dans l'observation d'un célèbre musicien qui voulait contenir les épanchements de sa femme après une longue absence : « Madame, je ne vous rapporte qu'un buste (2). »

---

(1) « Il règne dans le monde, dit M. Charles Waddington, sur le compte de l'amour socratique et platonique, des idées fausses, ou superficielles ou exagérées. Les uns n'en saisissent que les défauts; tantôt, se méprenant sur certaines expressions, ils le confondent bien à tort avec des passions impures que Socrate et Platon avaient précisément à cœur de réformer; tantôt, le tournant en ridicule, ils n'y veulent voir que l'affection transie d'un malheureux *patito* ou d'un galant *Sigisbée*, ou je ne sais quelle amitié hypocrite et mal définie entre personnes de sexes différents. D'autres, au contraire, sont frappés du caractère généreux, élevé, enthousiaste, de la doctrine platonicienne de l'amour, et ils ne sont pas éloignés de penser qu'elle contenait déjà, ou à peu près, tout ce que le christianisme embrasse sous le nom adorable de charité... »
Suivant Socrate et Platon, voici le noble rôle de l'amour : disposer les âmes à la vérité ou au bien conçu dans sa beauté idéale... Pour eux, l'amour platonique, c'est l'amour des âmes.
(2) Mon ami M. Henri Chabeuf, auquel je mandais le mot de G..., riposta par cette définition de l'amour : « La concentration sur un être déterminé de l'attrait qui entraîne les deux sexes l'un vers l'autre. »

Et sans doute, il y eut au xviiie siècle, comme au xviie, comme au xixe, d'innombrables exemples de cette sorte d'amour quasi platonique; mais, ce qui peut surprendre davantage, il y en eut beaucoup aussi de platonisme intégral. Quoi de plus simple ? Tant que nos jeunes filles recevront une éducation sévère, tant que le monde, la famille, continueront d'élever des obstacles entre elles et les élus de leurs cœurs, l'amour idéal y trouvera son refuge. Et j'ajoute : tant que nos jeunes femmes auront le sens du devoir, la nature, le hasard, entreront en lutte avec celui-ci, et leur fourniront de glorieuses occasions de le faire triompher, et avec lui l'amitié amoureuse.

C'est une fille de prince du sang (1), Louise-Adélaïde de Bourbon-Condé, qui, en plein xviiie siècle, va traverser la montagne de feu sans y brûler le bout de ses ailes.

A seize ans, *Hébé Bourbon,* la *Blanche déesse à face*

---

(1) Son père avait épousé Mlle de Rohan-Soubise; tous deux s'adoraient, et voilà encore un excellent ménage au xviiie siècle. Le premier-né de cette union se faisant un peu attendre, la duchesse d'Orléans conseillait à sa cousine « d'avaler un précepteur en pilules, pour que l'enfant vînt au monde tout éduqué. » Pierre DE SÉGUR : *La Dernière des Condé,* un vol. in-8°, CALMANN-LÉVY, 1899. — CRÉTINEAU-JOLY : *Histoire des trois derniers Condé.* — Paul VIOLLET : *Introduction aux lettres intimes de Mlle de Condé,* un vol., DIDIER. — DAMAS-HINARD : *Un prophète inconnu. — Vie et Œuvres de la princesse Louise-Adélaïde de Bourbon-Condé,* publiées par les Religieuses bénédictines de la communauté du Temple, trois vol., 1843. — BARBEY D'AUREVILLY : *Littérature épistolaire,* pp. 219 et suiv. — René BITTARD DES PORTES : *Histoire de l'armée de Condé.* — GUIXOT : *Étude historique sur l'Abbaye de Remiremont.*

ronde, comme l'appellent les poètes, avait un instant caressé l'espoir d'épouser le comte d'Artois ; mais Louis XV en ayant décidé autrement, la déception qu'elle ressentit la troubla au point de lui faire prendre en déplaisance le monde et le mariage. Éternel sophisme de l'esprit qui juge l'univers moral et matériel d'après un village, la rue qu'on habite, les personnes qu'on fréquente, la blessure qu'on reçoit, la joie qui survient ! Le monde lui parut « fou, insipide ou méchant, » le bonheur, « une chimère dont la vaine poursuite n'était qu'une peine de plus. » — « N'ayant jamais vu de gens réellement heureux, je n'ai pas cru qu'il en existât. » Elle refusa les candidats, duc d'Aoste, prince de Carignan, prince des Deux-Ponts, etc., que sa beauté séduisait à l'égal de sa fortune et de son rang ; décidée à rester fille plutôt que de donner sa main sans son cœur, elle ne voulait plus vivre que pour son père, son frère, son neveu le duc d'Enghien.

Elle avait compté sans elle-même, sans sa nature romanesque, sans le dieu inconnu qui se rit des serments qu'on se fait d'échapper à ses lois, et compte parmi ses sujets tant de parjures.

A vingt-cinq ans, elle rencontre aux eaux de Bourbon-l'Archambault un jeune officier de carabiniers, le marquis de La Gervaisais : tous deux éprouvent aussitôt l'un pour l'autre une invincible attirance, ils se voient tous les jours pendant six semaines, dans leurs promenades elle jouit du bonheur de poser son bras sur le sien. Et c'est la seule douceur physique qu'elle ait jamais connue. Le jeune homme lui a plu, parce qu'il ne ressemble pas aux êtres réellement frivoles ou fanfarons de frivolité dont elle est entourée : timide, un peu sauvage même, porté à se replier sur lui-même, ayant la pudeur de ses enthousiasmes et de ses nobles ambitions, esprit fumeux, original, novateur, d'où sortent parfois des traits de flamme qui ne suffirent pas à sauver de l'oubli de nombreux ouvrages auxquels manquent la netteté, « ce vernis des maîtres, » et aussi l'ordre, la méthode, le goût, le style, — tel nous apparaît La Gervaisais dans ses lettres, ses écrits, dans les biographies de Mlle de Condé. « Il était, dit M. Pierre de Ségur, de la race des rêveurs enthousiastes, si puissante sur l'imagination des femmes. Les coquettes les dédaignent, les mondaines passent auprès d'eux sans les voir ; mais dès qu'on les remarque, ils frappent, et s'ils plaisent, c'est une passion. »

Louise de Condé rentre à Paris, il repart pour son régiment, la correspondance s'engage, dure un peu moins d'un an. Mlle de Bourbon a tout avoué à son père, celui-ci la laisse faire, estimant sans doute qu'il vaut mieux dénouer doucement que rompre brusquement. Elle-même sent qu'elle ne peut épouser son ami, son rang l'en empêche. D'abord elle seconde son désir de venir à Paris, aux Gardes françaises, mais comme elle est infiniment craintive et tremble qu'on ne devine son chaste secret, elle s'effraie, renonce à ce projet, et peu à peu en vient à l'idée si cruelle de ne pas continuer la correspondance. Mais, dans cette âme séraphique, le marquis n'aura d'autre rival que Dieu : sa foi, jusque-là assez languissante, s'éveille, et la mélancolie d'un

grand amour malheureux la conduit insensiblement
vers l'amour divin. Sur ces entrefaites, elle avait été
élue abbesse du Chapitre noble de Saint-Pierre de
Remiremont, dignité considérable réservée aux princesses du sang, conférant des privilèges quasi royaux,
des prébendes qui rapportaient plusieurs centaines de
mille livres (1), où les trente-deux chanoinesses ne
prononçaient aucun vœu, n'étaient point assujetties à
la résidence, ne renonçaient même pas au mariage,
mais devaient prouver neuf générations continues de
« noblesse chevaleresque » dans les deux lignes d'as-
cendance. La Collégiale de Saint-Pierre était « illustre
depuis deux fois six siècles entre tous les Chapitres
de l'Europe. » Des récits du temps ont décrit l'entrée
solennelle du 1ᵉʳ août 1787, avec la pompe et le cérémonial du moyen âge, le carrosse précédé du régiment
de Noailles, entouré des plus brillants gentilshommes
du pays en uniforme bleu céleste, sur des chevaux
caparaçonnés d'or, les arcs de triomphe, les harangues,
la théorie des chanoinesses « en manteaux longs, à
queue traînante, à grands collets d'hermine. »

Vaines pompes, grandeurs plus éphémères encore
que le roman d'âme de la princesse. Voici venir la Révolution; triste épave de l'émigration, Louise, après
les premiers revers de l'armée de Condé, erre de pays

---

(1) « Je ne serai donc plus *Mˡˡᵉ de La Gueuserie,* » s'écrie la princesse Christine de Saxe, à la nouvelle de son élection en 1762. Sur
les Chapitres nobles, voir le tome V de mon ouvrage : *La Société
française du XVIᵉ au XXᵉ siècle*

en pays, de couvent en couvent, aucun ne lui paraissant assez sévère, assez exempt d'abus. « Cette victime de nos malheurs, écrit malicieusement son père, n'a jamais tant couru le monde que depuis qu'elle y veut renoncer. » A vrai dire, certain directeur de conscience, d'une vertu hérissée et farouche, et d'esprit fort borné ou malade, l'a préparée à cette intransigeance. Ne lui parle-t-il pas dans ses lettres du « bourbier » dont Dieu l'a tirée, de l'amour « déréglé » qu'elle conserve à ses parents. Il ne faudrait pas s'étonner si de telles entorses à la *divine mesure* ont conduit la princesse à lancer des mots plus grands que les choses elles-mêmes. « C'est avec une légèreté qui m'étonne toujours que l'on rogne la part de Dieu pour celle de la créature. Toute l'attention se porte sur d'étroites pratiques et des formalités d'usage, qui ne font guère que remplacer celles de la politesse et des bienséances du monde. » Voilà pour le couvent de Turin ; celui de la Visitation, à Vienne, reçoit aussi son compte : « Règle trop mitigée, vie trop mondaine. » Et à Bodney-Hall : « ... L'état de la religion me navre aussi de douleur, et dans l'ensemble, et dans les détails. » Peut-être aussi, en cherchant partout le cloître idéal, obéit-elle à la loi de son chagrin intime. Peut-être fuit-elle sa douleur. Peut-être l'âme impétueuse des Condé, cette âme d'action et de victoire, qui survit, s'indigne-t-elle inconsciemment d'une vie contemplative que la prière et le regret ne suffisent point à remplir.

C'est un front à porter une couronne... ou un voile de religieuse, avait dit une de ses contemporaines. La pro-

phétie se réalisa ; elle prononça ses vœux en 1802. Mais
ce n'est que bien longtemps après que son âme et sa
parole se pénétreront de sérénité et de complète indulgence : le malheur l'a trop durement éprouvée, ses
lettres sont imprégnées d'amertume, elle garde rancune
aux d'Orléans, témoigne de l'antipathie à la princesse
de Monaco que son père a épousée en 1808, après une
liaison de quarante-cinq ans, légitimée par le plus
noble dévouement (1) ; elle a des mots piquants sur la
petite Cour de Hartwell, *une courette*, où Louis XVIII
poursuit « une vaine ombre de règne. » Un jour, à propos
d'une réunion de princes projetée, elle écrit : « Un ras-
semblement de princes réussit rarement ; ils ne sont
jamais plus amis que lorsqu'ils vivent chacun de leur
côté. » Une autre fois : « Je vous assure que me voilà
presque démocrate, et que j'ai des rois et des empe-
reurs par-dessus les oreilles. Quelle bassesse ! Quel
dénûment de toute espèce de sentiments d'honneur, de
justice, de probité ! » Les sentiments *puants d'enthousiasme* du peuple polonais pour Napoléon, « Robespierre II, » ne l'indignent pas moins. Le 25 mai 1815,
elle mande à son père : « L'Expérience, autrefois, était
une dame de grand crédit ; aujourd'hui elle n'en a plus,
et les choses ne vont pas mieux. Je ne doute pas que
Bonaparte fasse la culbute de manière ou autre ; mais
cela ne suffit pas ; il y a bien d'autres que lui à
craindre pour le présent et pour l'avenir. » Quelques

---

(1) Voir l'excellente étude du marquis DE SÉGUR dans *La
Dernière des Condé*, pp. 169 et suiv.

jours après Waterloo : « Pour consolider le bienfait des efforts des Alliés, il faudra maintenant faire régner la Justice. La Bonté, dans notre siècle, produit trop de mal. » Et elle déconseille le système de clémence, applaudit à l'exécution de Murat, se plaint des « lenteurs » du procès de La Valette et du maréchal Ney !

Après avoir gravi tous les calvaires de l'Église et de la royauté, Louise de Condé revint en France avec la Restauration, rentra dans son état de religieuse, construisit un couvent sur l'emplacement du Temple : le nouvel ordre s'appela : l'*Adoration perpétuelle*, elle en fut la prieure, et vécut jusqu'en 1824, gardant son ancien nom de Sœur Marie-Joseph de la Miséricorde. La grande paix divine était enfin entrée dans cette âme ballottée par tant de tempêtes, et, comme dit Barbey d'Aurevilly, « elle avait fait miséricorde à tout le monde, » même au meurtrier de son neveu le duc d'Enghien ; elle ne l'appelait plus que *le malheureux homme*, priait pour lui depuis longtemps et chargea Mg^r d'Astros de faire dire une messe quand il mourut à Sainte-Hélène. Sans doute elle se remémorait cette pensée de sa cousine Clotilde de France, reine de Sardaigne : « Que la plus belle place pour une chrétienne dans le Paradis serait celle où l'on verrait à côté de soi un ennemi pour lequel on aurait prié. »

Entre les lettres de Mlle de Lespinasse et celles de Louise de Bourbon-Condé, même différence qu'entre le cirque de Gavarnie et la vallée d'Argelès, un verre d'alcool à quatre-vingt-dix degrés et un bol de lait pur : celles-ci sont toute simplicité, toute naïveté, toute pureté ; vous y trouvez ces mille riens du sentiment qui ont tant de prix pour les amoureux. Ils sont en présence d'eux-mêmes comme les enfants, et, de frisson en frisson, découvrent la nature, le soleil, le printemps ; une fleur leur est un univers, un sourire le paradis, une parole moins tendre les inquiète, la lettre suivante les rassure, et l'on se reproche des craintes délicieusement puériles. Ils ont les joies de l'explorateur et de l'inventeur qui arrachent à la nature un secret, de l'écrivain qu'illumine la vision d'un chef-d'œuvre. Elle raconte la vie qu'elle mène dans son hôtel de la rue de Monsieur, et à Chantilly, où la chasse, la comédie de société, sont en grand honneur. Son père, qui adorait la comédie, n'osait l'avouer tout haut et se retranchait derrière sa fille : celle-ci subit avec déférence l'ennui, la fatigue de répétitions interminables. Et comme cet amour humain est déjà de l'immolation, elle dit au marquis qu'il se mariera un jour, et lui demande la seconde place dans son cœur. On se donne des petits noms, on en donne aux autres ; elle est *sa bonne*, sa *Nina*, son père *le Bon*, son frère *le Petit*, ses dames d'honneur *la dévote*, la *singulière*, *l'aimable*.

Point d'éloquence, point de parure, point *d'écriture artiste ;* « sa langue, sans aucune couleur, ressemble à une glace sans tain qui serait mise sur le cœur à nu pour qu'on le vît mieux palpiter à travers le cristal des mots. L'âme ingénue de Mlle de Condé, cette âme suave comme l'enfance, l'innocence et l'aurore, a dans l'expression de l'amour une transparence absolue. » Et sans y penser, elle sème des traits touchants :

« Mon cœur est si occupé de vous que ma figure le dit à tout le monde... L'apparence d'un tort vis-à-vis de mon ami m'en paraissait un véritable... »

« On peut changer de conduite quand on a du courage; changer son cœur, j'ignore si cela est possible... Il faudra que je sois fausse, que mon visage soit calme, que je parle de mille choses auxquelles je serai si loin de penser. Oh! que l'âme de la société aura à faire pour empêcher l'autre de se montrer! »

« Comme je méprise le monde en général, et comme je tiens à ses préjugés! » Les lettres qu'elle écrivit plus tard, pendant l'émigration, à d'autres personnes et qui ont été publiées aussi, gardent le même caractère.

Citons encore quelques lignes de cette virginale correspondance.

« Il est possible que votre mère ne soit pas convaincue de l'extrême innocence de mes sentiments pour vous, et qu'elle me désapprouve de m'y être livrée comme j'ai fait; elle ne me connaît que par vous, et elle peut croire que votre tendresse vous fait exagérer le bien que vous dites de moi. Mon ami, elle ne sait pas que Nina, faible dans mille choses, ne l'est pas pour elle, qu'elle sait sacrifier son bonheur, son plaisir, tout, à ce qu'elle croit son devoir; qu'elle a ses idées sur le bien et sur le mal, qu'elle est intimement persuadée qu'il faut rechercher l'un et fuir l'autre, qu'elle ne pourrait supporter les remords, et que la calomnie (qu'elle craint cependant) lui paraît douce en comparaison. »

La raison, le souci de sa réputation, l'intérêt de son ami, l'emportent. A son tour, son père s'inquiète, il a eu vent de quelques calomnies. Elle comprend qu'une telle amitié pourrait devenir dangereuse ; une confidence de femme a achevé d'éclairer cette victime de la grandeur de sa maison, de cette glorieuse branche des Bourbons qu'elle-même nommait : « la branche de laurier ; » elle écrit à La Gervaisais une lettre d'adieu, une longue lettre d'une tristesse infinie : « Oh ! ne me haïssez pas ! dit-elle en terminant, mais ne m'aimez plus ; ne pensez guère à moi si cela peut troubler votre vie... Mon ami, mon tendre ami, oh ! je ne puis retenir ces expressions : voilà la dernière lettre que vous recevrez de moi, faites-y un mot de réponse pour que je sache si je dois désirer de vivre ou de mourir : oh ! comme je craindrai de l'ouvrir ! Écoutez, si elle n'est pas trop déchirante pour un cœur sensible comme l'est celui de *votre bonne, ayez, je vous en conjure, l'attention de mettre une petite croix sur l'enveloppe !* »

Et, dans une lettre au chevalier de La Bourdonnaye-Montluc, oncle du marquis, elle ajoute :

... « Dites-lui, non pas que je serai heureuse, il ne le croirait pas, mais que l'idée d'avoir rempli mon devoir sera toujours une consolation extrême pour moi, et qu'il est même possible d'en éprouver des moments du plaisir le plus vrai... Je ne puis me détacher de souhaiter que le bonheur reste pour *lui,* au moins qu'il en puisse trouver l'apparence, si véritablement la réalité ne peut exister. Que sa famille s'en occupe ! ... Une femme, des enfants, voilà ce qui pourrait, je crois, l'attacher, l'occuper, l'intéresser. Une femme ! Ah ! qu'il la choisisse *bonne et douce,* et il l'aimera, et il retrouvera

des moments de bonheur... Les cœurs peuvent-ils changer? Je ne le crois pas, ils ne dépendent pas de nous ;
et quand ils en dépendraient ! Mais les actions, la conduite, voilà ce dont on peut être le maître, et ce qu'il
faut que la raison et le devoir gouvernent entièrement... »

Le marquis obéit, se maria, eut des enfants, mais son
cœur demeura fidèle : en 1838   il parlait encore de ses
éternels regrets : « Enlevé au Ciel, puis écrasé contre
terre ! » En 1790, il recevait le manuscrit de sa comédie
que Louise de Condé, passant en revue ses papiers, avait
retrouvé. Un court billet accompagnait le message :

« On renvoie le manuscrit après avoir brûlé la petite
feuille qui y était jointe, et on *supplie* l'auteur de n'en
faire aucun usage.

« On le remercie de son silence, et on lui demande
instamment de ne s'en point écarter. »

Vingt-cinq ans après, en 1815, le marquis de La Gervaisais écrivit une lettre, une seule, à Mˡˡᵉ de Condé, pour
l'avertir du retour de l'île d'Elbe, du danger probable
qui la menaçait. Mais, à l'adresse, elle reconnut l'écriture, et la brûla sans la lire. « Dites-lui, avait-elle écrit
en 1787 à l'oncle du marquis, dites-lui que si, par la
suite du temps, je n'aperçois plus l'ombre du danger, je
reviendrai à lui comme il me le dit, mais qu'il faudra un
temps bien long qui ne peut se fixer actuellement. »
Vingt-huit ans ne lui paraissaient pas encore un temps
assez long.

Que faut-il conclure de cette revue trop rapide des caractères et des variétés de l'amour au xviiiᵉ siècle ?

C'est d'abord qu'il importe de se défier des théories absolues, des définitions générales. Quand on a affirmé que l'amour fut sensuel dans l'antiquité, chevaleresque au moyen âge, précieux sous Louis XIII, impertinent sous Louis XV, romanesque vers 1830, inquiet aujourd'hui, analyste et bourreau de soi-même, on n'a pas tout dit : il fut cela sans doute, et il a été bien autre chose. Ses costumes, ses modes, son langage, changent avec les mœurs et les habitudes sociales, le fond reste assez sensiblement le même dans les pays de haute civilisation. Nos principales théories ne sont-elles pas développées déjà dans le *Banquet* de Platon ? Et ceux qui ont tenté de deviner le Sphinx ont-ils fait autre chose que compléter, discuter ou paraphraser les idées du philosophe grec ?

Non, le xviiiᵉ siècle n'a pas seulement connu l'amour-caprice, l'amour-goût ; mais, répétons-le, toutes les nuances de l'amour se trouvent largement représentées à cette époque : amour conjugal, amour quasi conjugal, romanesque, passionné, idéaliste et cette amitié amoureuse que Sainte-Beuve appelle : *le clou d'or de l'amitié.* Les siècles et les hommes ont leurs fanfarons de vices qui ne méritent pas plus de créance que les fanfarons de vertu.

TABLE DES MATIÈRES

I. — Les Médecins avant et après 1789.

Origine religieuse de la médecine en Grèce; les temples d'Asclépios; Hygieia. — Médecine miraculeuse et médecine scientifique; progrès de celle-ci. — Caractéres de la médecine à Rome; sorte d'industrie libre : éloges et satires. Honoraires des Esculapes romains. Scribonius Largus; portrait du médecin idéal . . . . 1 à 13

La Médecine au moyen âge; importance de l'astrologie, de puissants esprits subissent son joug. Ambroise Paré. — Remèdes de Charles de l'Orme. Pourquoi l'art du médecin n'est pas en faveur au XIIIᵉ siècle. — Création du Collège des Chirurgiens en 1260. — De tout temps des femmes ont exercé la médecine : le chirurgien Maclod, Salomée Rusiecki, Henriette Faber . . . . . 13 à 27

Recettes baroques d'autrefois. Les médicaments coûtent très cher sous l'ancien régime. — Querelle séculaire entre la chirurgie et la médecine; procès de privilèges. Préjugé féodal contre la chirurgie. — Gui Patin et l'antimoine. — Le médecin de Louis XIII. — Thèses de doctorat. Vogue des empiriques et opérateurs de tout genre : Barry, les Capucins du Louvre, le Chevalier Talbot, etc... Médecins d'urine. — Partisans et adversaires de l'antimoine. — Prix des visites au XVIIᵉ siècle. Médecins beaux esprits. Le célibat médical au moyen âge. Défense de faire plus de trois visites au malade non confessé. — Le théâtre réputé passe-temps trop frivole pour les professions sérieuses. — Avantages du premier médecin du roi. Le service médical de Louis XIV. Daquin et Fagon. Le parti Vautier . . . . 27 à 47

Aucune profession ne fut attaquée et défendue avec autant de violence, de bon et de mauvais esprit. *Un bénéfice du centre.* Railleries de Cyrano de Bergerac et de Molière. — Epigrammes et anecdotes. Mots de Crébillon, Villemain, Emile Augier. — Marchand de santé. Vieux-neuf. — Opinion de Cherbuliez. — Légende médicale de l'amoureux. — Hippolyte Royer-Collard. — L'art de la consultation. — La plus inexacte des sciences. — Une demi-journée bien payée. — Le père de Flaubert. — Quatrain d'Alexandre Dumas. — Médecins fonctionnaires et politiciens. Réplique de Pajot. Un sonnet de Ronsard. — Assurance sur la vie, François Coppée. — M⁻ᵉ de Sévigné, ses aphorismes et ses remèdes . . .   47 à 67

• Les médecins au xviiiᵉ siècle. — Les femmes se mettent à apprendre la médecine. Le cadavre de Mᵐᵉ de Coigny. Révolution dans les habitudes et l'hygiène de la société. — Lorry. — Conseils, lettres de Tronchin, ses dévotes : il préconise l'inoculation ; le duc d'Orléans fait inoculer ses enfants. *Le rire sardonique.* Sévérité de Tronchin pour ses confrères ; ses axiomes, sa définition du bonheur ; son opinion sur Voltaire et J.-J. Rousseau, sa clientèle. — Tronchin médecin du duc d'Orléans. — Gatti, Bouvard. — Pousse et la Dauphine. — Barthez, type du médecin pour dames. — Pomme. — L'innocence mercurielle de la du Barry. — Sylva. — Quesnay, médecin de Mᵐᵉ de Pompadour, et patron des physiocrates. — Une scène de comédie de Palissot. — L'esprit est le dieu du xviiiᵉ siècle, et les médecins suivent le goût du temps. Sénac de Meilhan et le Dauphin . . . .   67 à 87

Rôle de plus en plus considérable que jouent les médecins vis-à-vis de la société française à partir de 1789. Eloges d'ensemble et critiques de détail. — Chateaubriand et Méry défenseurs des médecins. — L'abus de la logique ; le chirurgien Souberbielle. — Le Dʳ Thierry et l'infirmerie de la Conciergerie pendant la Terreur. Médecins délateurs et faux témoins à cette époque. — Les médecins à la Constituante, à la Législative, à la Convention. — Cabanis. — Liens étroits qui unissent l'Art et la Science. Beaucoup de médecins bons prosateurs, Un seul poète. — Cabanis et Mᵐᵉ Helvétius. — Médecins célèbres du Premier Empire : Boudois de la Motte, son salon. Plaisante confusion. — Larrey. Le service de santé auprès de Napoléon Iᵉʳ. Corvisart, ses conversations avec l'Empereur. La canne de Jean-Jacques. Le

père Baudelocque, le Baron Portal; remèdes simplistes. 87 à 110
Le Dr Sauzay et les Montagu. — Physionomies de médecins de province bienfaisants, dévoués et modestes. Le Dr Bretonneau : belle maxime de Mme Dupin. — Le Dr Blanche, sa charité, ses dîners, ses convives. — Trois grands médecins sous la Restauration. — Dupuytren auprès du duc de Berry, son livre d'heures; la réponse du charlatan. — Le Dr Koreff, opinions contradictoires sur lui. Gruby, sa mise en scène, cures et remèdes extraordinaires. — Salons de médecins : Alibert, Orfila, Trélat, Fauvel, Péan, Chéron, etc. — Ricord et Emile Augier; le Marivaux de la médecine : mots de Ricord. — Passions, passionnettes, goûts et manies d'Esculapes. — Velpeau. — Aphorismes du Dr Latour. — Lassègue sur le suicide au jour le jour. *L'absinthe* du chirurgien Philips . . . . 110 à 13o
Le médecin collectionneur, Louis La Case. — Médecin faux jacobin. — Médecin envieux. — Médecin intéressé. — Féroce vanité médicale. — Un médecin qui manque de tact. — Médecin épicurien. Cabarrus possède le savoir, le savoir-vivre, le savoir-faire; son mariage avec Mlle de Lesseps. — Médecin mauvais hôte, Axenfeld. — Doctoresse diplomate. — Médecin reconnaissant. — Médecin trop modeste. — Un type de médecin heureux : Billroth. — Médecin opéré malgré lui. — Mise en scène médicale : Sacharine et Alexandre III. — Le Médecin de villes d'eaux. — Médecins distraits. — Le chirurgien de la Tsarine Elisabeth. — Le médecin de Bismarck. — Léon XIII et le Dr Lapponi. — Conclusion d'un vieux médecin. — Les médecins russes. — Le médecin de théâtre. — Les médecins dans les romans. — Chirurgien minotaurisé : Jobert de Lamballe. — Guéneau de Mussy. La pelote d'Augustine Brohan . . . . 13o à 15g
Honoraires de médecins et chirurgiens. — Lettre de Phalaris à Polyclète. — La fistule de Louis XIV. — L'Olympe médical. Ici comme ailleurs on rencontre un prolétariat intellectuel. — Héroïsme de Trousseau. — Le Dr Récamier; ses amis, ses hôtes à la campagne; le P. de Ravignan. Autre physionomie de médecin chrétien : Hamon à Port-Royal des Champs; ses pensées. — Pierre-Carl Potain; une grande conscience morale : les saints de la médecine; le Dr Flaubert. — Le client. — Malade trop curieux. Malades harpagons. — La financière et Magendie. — L'âge d'or du client. — Remèdes moraux. Le client accouché. — Clients vindicatifs, griefs réels et

imaginaires. Un édit de Henri II. Le dernier remède. — Epitaphe d'un client. — Cliente superstitieuse. — Client rébarbatif. — Henri Heine malade. — Une forme de la préciosité. — *Le trust de l'acier.* . . . . 159 à 193

Définitions et conversations de médecins. — Le secret médical. Axiome d'Hippocrate. La loi et l'honneur. Problèmes angoissants. Une lettre du D' Henri de Rothschild. — La vengeance de l'avarié. — Le vrai et le faux fiancé. — Un moyen de tourner la règle. Exceptions légales au secret professionnel. Nul n'est assez sûr de lui-même pour mettre sa conscience à la place de la loi. — Un arrêt de la Cour de Cassation. Nécessité du secret professionnel. — La responsabilité médicale : elle existe devant la loi et la morale. Dialogue entre magistrat et docteur. — Le médecin doit-il révéler son état au mourant? Celui-ci a le droit de compléter sa vie en se préparant à mourir. — *Les médecins universels* : Renaut, Delbet, Pozzi. Le professeur Landouzy : les Voyages d'Études Médicales. — Conclusion. . . . . 193 à 219

II. — L'Amour au XVIIIᵉ siècle.

Le xviiiᵉ siècle est un siècle calomnié. Pourquoi la calomnie a revêtu l'autorité de la chose jugée : ses moralistes, ses philosophes fulminent eux-mêmes sa condamnation. — Les faits sont des courtisans commodes : ils démontrent ce qu'on veut leur faire démontrer. Tout ou presque tout n'est-il pas comparaison? Le xviiiᵉ siècle vaut son prédécesseur et son successeur. — Ce qu'on peut dire contre lui. Dans beaucoup de familles le mariage est une indécence convenue. Mariage du prince de Ligne. — Les comédies de Mᵐᵉ de Staal-Delaunay : l'*Engouement*, la *Mode*. Dialogue entre deux amies. — Le théâtre de Collé : Le *Galant Escroc*, la *Vérité dans le vin.* Une définition de l'Amour-caprice. Anecdotes. — Qualités nécessaires pour être trompé dignement. — Sang-froid cynique de certains maris. M. d'Ormond. — Apologie des libertins par Diderot. Réflexions de divers . . . 219 à 236

Les héros de l'amour-galanterie au xviiiᵉ siècle. Le duc de Richelieu. Ses débuts à la Cour de Louis XIV; il y devient *un petit joujou à la mode,* et fait son apprentissage de courtisan. — *Monsieur de Maintenon.* — Caractère de

Richelieu ; défauts et qualités ; sa chance. Gouverneur
de la Guyenne. Le souper des vingt-neuf femmes aimées.
— Il avait le don des larmes ; sa théorie du libertinage ;
plaît à des Altesses ; son genre d'esprit. Son premier
séjour à la Bastille : réponse presque grandiose à force
de cynisme. Vers de Voltaire. Troisième mariage à quatre-vingt-quatre ans. Inventions originales en amour :
avant et *après*. — La Marquise de Saint-Pierre : Mme de
la Popelinière ; la plaque de cheminée . . . .   230 à 251
Une amoureuse du xviie siècle : Ninon de Lenclos. —
Ninon reçoit les hommes et les femmes les plus considérables dans la seconde partie de sa vie ; son éloge
par Scarron, l'abbé Fraguier, la princesse Palatine,
Saint-Simon. — Rancune de Mme de Sévigné. — Ninon
se fait *homme* à vingt-trois ans ; sa conception de
l'amour. Scepticisme précoce ; elle demeure disciple
d'Epicure et Gassendi. — Ripostes heureuses, aphorismes de Ninon ; ses amis. Le quatrain de Saint-Évremond. Les contemporains admirèrent en elle une puissance sociale. . . . .   251 à 261
L'amour conjugal fleurit au xviiie siècle, et il a la majorité.
— Le siècle des bons ménages de ministres. — Quelques
exemples : le duc Louis d'Orléans. — L'amour quasi légitime au xviiie siècle ; décence extérieure de ces liaisons. Mme d'Houdetot ; ses vers ; une jolie âme païenne.
— La comtesse de Sabran et Boufflers. — Une page du
président Hénault. — Mot de Fontenelle à Mme du Bocage. — D'Aydie et Aïssé : une idylle passionnée en
pleine Régence. Éloges d'Aydie et d'Aïssé par leurs contemporains. Les lettres d'Aïssé . . . .   261 à 277
Julie de Lespinasse : la symphonie orageuse de la passion.
Le plus fort battement de cœur du xviiie siècle. Extraits
de la correspondance de Julie avec le comte de Gui-
bert : *elle eut de l'amitié pour l'amour.* — Plaisant euphémisme. — Maximes et réflexions de Julie. — Le marquis de Mora : l'amant idéal. — Le record de la manie
épistolaire. — Reproches à Guibert, patience de celui-
ci. Jérémiades éloquentes et flatteries adroites. — Julie
lectrice de Mme du Deffand ; la rupture. Les amis de
Julie, son salon, ses grandes qualités de maîtresse
de maison ; elle fut la muse de la causerie. Le grand
secret de plaire : s'oublier pour s'occuper des autres.
Les intimes de Julie. — Le soufflet de Mme de Forcalquier.
— Naïveté de d'Alembert : il se crut seul aimé. Réponse
de la duchesse de Chaulnes à un enthousiaste. — Bril-

lants débuts de Guibert ; son esprit, ses succès auprès des femmes. *L'Essai général de tactique. Le Connétable.* — Election de Guibert à l'Académie Française . . . . 277 à 293
Quatre sortes d'amour platonique. Les exemples de platonisme intégral ne manquent pas au xviii° siècle. — Louise de Bourbon-Condé et le marquis de la Gervaisais. Leur rencontre aux eaux de Bourbon-l'Archambault. — Un roman d'âme. — La princesse élue abbesse du Chapitre noble de Saint-Pierre de Remiremont. — Sa vie pendant l'émigration ; elle erre de couvent en couvent ; sa sévérité intransigeante. Louise de Condé prononce ses vœux en 1802. Retour en France ; elle fonde un nouvel Ordre, vit jusqu'en 1824. — Sa correspondance avec la Gervaisais. La *branche de laurier ;* lettre d'adieu au Marquis. — Conclusion . . . . 293 à 306

LA CHAPELLE-MONTLIGEON (ORNE). — IMP. DE MONTLIGEON

BILLARD (Dʳ Max). — *Les Tombeaux des Rois sous la Terreur.* 1 vol. in-8° écu orné de 26 gravures. **3 fr. 50**

— *Un interrègne de quelques heures* (la nuit du 23 octobre 1812). *La Conspiration de Malet.* 1 vol. in-8° écu avec gravures . . . . **3 fr. 50**

DARD (Émile). — *Un épicurien sous la Terreur. Hérault de Séchelles (1759-1794),* d'après des documents inédits. 1 vol. in-8° écu avec gravures. **5 fr. »**

HOCQUART DE TURTOT (E.). — *Le Tiers-État et les privilèges.* 1 volume in-16 . . . . . **3 fr. 50**

LANG (Andrew). — *Les Mystères de l'histoire,* traduit de l'anglais avec l'autorisation de l'auteur par Teodor de Wyzewa. 1 vol. in-16 . . . **3 fr. 50**

LAUZUN (duc de). — *Un Duc et Pair au service de la Révolution. Le duc de Lauzun* (Général Biron) (1791-1792). *Correspondance intime* publiée pour la première fois *in extenso* par le Comte de Lort de Serignan. 1 vol. in-8° écu avec portraits . **5 fr. »**

MEUNIER-DAUPHIN. — *La Comtesse de Mirabeau (1752-1800),* d'après des documents inédits, avec des illustrations et des fac-similé d'autographes. 1 vol. in-8° écu . . . . **5 fr. »**

MONNIER (Philippe). — *Venise au XVIIIᵉ siècle.* 1 vol. in-8° écu . . . . **5 fr. »**

— *Le Quattrocento. Étude sur le xvᵉ siècle littéraire italien (Ouvrage couronné par l'Académie française).* 2ᵉ édition revue. 2 vol. in-8° écu. . **10 fr. »**

ROCA (Émile). — *Le Grand Siècle intime. Le Règne de Richelieu (1617-1642),* d'après des documents originaux. 1 vol. in-16 . . . . **3 fr. 50**

VAISSIÈRE (Pierre de). — *Lettres d'Aristocrates. La Révolution racontée par des correspondances privées (1789-1794).* 2ᵉ édition. 1 vol. in-8° carré orné de gravures . . . . **7 fr. 50**

9 782012 876071